07102

HEYNE BÜCHER

3,9

HAZELDEN MEDITATIONSBÜCHER

Antworten des Herzens

Tägliche Meditationen über Liebe und Sexualität

WILHELM HEYNE VERLAG
MÜNCHEN

HEYNE ESOTERISCHES WISSEN
Herausgegeben von Michael Görden
08/9916

Titel der amerikanischen Originalausgabe:
ANSWERS IN THE HEART
Ins Deutsche übertragen von Gabriel Stein

Die Originalausgabe erschien im Verlag
der Hazelden Foundation, Minnesota, USA

Printed in Germany 1994
Umschlaggestaltung: Atelier Ingrid Schütz, München
Satz: Schaber, Wels
Druck und Bindung: Presse-Druck, Augsburg

ISBN 3-453-07854-3

Dieses Buch ist den Männern und Frauen meiner Therapiegruppe gewidmet, deren Erfahrungen in den folgenden Meditationen zum Ausdruck kommen.

Anmerkung des Herausgebers: Die Autoren, ein Mann und eine Frau, wollen anonym bleiben. Die Urheberschaft wird jeweils am Ende einer Meditation durch die beiden Ligaturen ›PW‹ beziehungsweise ›SK‹ angezeigt.

Zur Einführung

Das zwanghafte sexuelle Verlangen, das die Harmonie zwischen Seele und Körper verneint, ist ein Verrat am liebenden Herzen. Es ist eine Art Sucht, und wie alle Süchte wirkt es auf raffinierte, verwirrende Weise und besitzt zerstörerische Macht. Oft liegt die Ursache dafür in der Kindheit, in ungesunden familiären Beziehungen, wo Grenzen überschritten wurden und Verführung, Gewalt und andere Mißhandlungen an der Tagesordnung waren. Dieses fehlgeleitete Bedürfnis nach Sex kann dann insgeheim von Generation zu Generation weitergegeben werden.

Jene unter uns, die häufig mißhandelt wurden, trafen immer wieder auf Situationen, die Freude und Vergnügen zu versprechen schienen, zwangsläufig aber Erniedrigung und Schmerz mit sich brachten. Wir versuchten, den dunklen Mechanismus, der unser Verhalten steuerte, zu verstehen, und vielleicht haben wir es sogar geschafft, uns irgendeine Art von Erklärung dafür zurechtzulegen. Meistens jedoch fuhren wir damit fort, unsere Sucht auszuleben und die hoffnungslosen Szenarien zu wiederholen. So blieb unser Verhalten unerklärlich, unvereinbar mit uns selbst, und zeitigte verheerende Folgen.

Wir sahen, daß es notwendig war, die Überzeugungen zu ändern, die unseren Verhaltensweisen zugrunde lagen und sie hervorriefen — dadurch erst konnten wir begreifen, was mit uns geschehen war. Und was wir herausfanden, bleibt für jedes weitere Stadium unserer inneren Heilung verbindlich: Wir müssen ehrlich sein im Umgang mit uns selbst, unerschrocken, und der eigenen Niedergeschlagenheit mutig entgegentreten, indem wir unsere Geheimnisse und Schamgefühle hinter uns lassen. Vor allem müssen wir eine neue Art und Weise entwickeln, wie wir unsere Gefühle deuten und sie ausdrücken, wie wir lieben und mit der Welt in Beziehung treten.

Die Liebe ist das Heilmittel gegen die Sucht. Unter Liebe verstehen wir jene tiefe, unverbrüchliche Zuneigung, die aus der Verbindung mit anderen Menschen erwächst. Diese Liebe schließt unsere Sexualität mit ein und stärkt sie in dem Maße, wie wir die Beziehung zwischen Liebe und Macht neu überdenken. Solche Liebe gibt es nicht in der völligen Abgeschiedenheit, und so fühlen wir uns zu anderen Männern und Frauen hingezogen, um sie bei ihnen zu finden und zu fördern.

Die meisten von uns waren ihrer Sucht so lange verfallen, wie sie glaubten, nicht liebenswert und daher unfähig zu sein, andere zu lieben. Die Suche nach Liebe führte viele zu den Zwölf-Schritte-Programmen, die lebendige und hilfreiche Gemeinschaften anbieten, in welchen wir die einfachen Wahrheiten des Liebens lernen und zulassen können, daß wir geliebt werden. Hier sind wir imstande, die innere Gelassenheit und Stärke zu finden, um unseren Kummer jeden Tag einer Macht anzuvertrauen, die größer ist als wir. Oftmals bedeutet spirituelle Heilung zugleich auch Heilung der Sexualität, da wir uns selbst als ganze Menschen mit sowohl männlichen wie weiblichen Aspekten erkennen und diese zum Ausdruck bringen. Im Rahmen dieser Programme stoßen wir immer wieder auf Vertrauen und erleben den Geist der Zusammengehörigkeit, sobald wir uns anderen und unserer Höheren Macht öffnen. Wir fangen an, uns in einer Gemeinschaft wohl und zu Hause zu fühlen.

Es ist unsere Hoffnung, daß diese Meditationen auch den Leser Teil einer größeren Gemeinschaft werden lassen.

Bei der Niederschrift haben wir versucht, jenen Menschen Gehör zu verschaffen, die durch ihre Sex-Sucht Leid, Einsamkeit und Scham erfahren haben und dennoch nicht die Zuversicht verloren oder sich feindlich gegenüber dem Leben verhielten. Sie haben — vielleicht wie Sie — damit begonnen, von neuem Hoffnung zu schöpfen und im Verlauf ihrer inneren Heilung ein neues Leben zu erlangen.

Mögen sie durch uns zu Ihnen sprechen — von Herz zu Herz.

Januar

1. Januar

Wir flehen Dich an: Erhebe uns zu Deiner Gegenwart, wo wir ruhig und zuversichtlich sein können und wissen, daß Du Gott bist.

Aus dem Gebetbuch der anglikanischen Kirche

Das Alleinsein birgt ein Risiko in sich: die Einsamkeit. Es ist, als befänden wir uns im Zentrum einer Stadt und träfen dann die Entscheidung, von dort wegzugehen. Sobald wir in Richtung der Randbezirke kommen, werden die Menschen immer weniger. Schließlich liegt die Stadt hinter uns, und wir sind allein. Und da wir nicht an zwei Orten gleichzeitig leben können, erfahren wir die Freude des Alleinseins und zahlen den Preis der Einsamkeit.

Das gleiche geschieht, wenn wir den Lärm der eigenen Gedanken hinter uns lassen und uns aufmachen in unser Inneres. Es erfordert Mut, der Tatsache, daß man allein ist, ins Auge zu sehen — jenen Mut, den unsere Höhere Macht uns schenken wird, wenn wir entdecken wollen, was wir im Beisein vieler Menschen nicht entdecken können: Friede, Inspiration, Verjüngung, geistige Nahrung, Erleuchtung, Stärke — dies sind die Gaben der Abgeschiedenheit.

Jenseits der Einsamkeit und der Sehnsucht nach anderen finden wir Befriedigung in der Gesellschaft mit uns selbst und mit Gott. Wir brauchen diese ebensosehr wie die Gesellschaft von Menschen — und so werden wir empfangen, was wir benötigen, um die Risiken des Alleinseins auf uns zu nehmen.

Es gibt nichts zu befürchten in der Abgeschiedenheit. Ich mag mich allein fühlen — aber ich bin es niemals.

SK

2. Januar

Wo könnte es Würde geben ohne Aufrichtigkeit?
Cicero

In unserem Programm zur inneren Heilung ist nichts wertvoller und fruchtbarer als Ehrlichkeit. Die Sex-Sucht machte uns verschlossen und unaufrichtig und verfälschte unser Urteilsvermögen. Viele von uns mögen sogar ein abartiges Vergnügen daran gehabt haben, ein Doppelleben zu führen, obwohl wir damit am Ende vor allem uns selbst betrogen und verletzten.

Wir sind auf dem Weg, unsere Integrität und unsere Ehre wiederzuerlangen. Wir fangen an, uns der Liebe und der Zuneigung würdig zu fühlen, sowie wir lernen, anderen Liebe und Zuneigung zu schenken.

Unser Programm fordert uns auf, »eine gründliche und furchtlose Inventur in unserem Inneren vorzunehmen«. Ohne rigorose Ehrlichkeit ist ein solcher Schritt nicht möglich — doch wenn wir diese Aufgabe nicht erfüllen, wird unser Programm ohne Erfolg bleiben. Nur wenn wir ehrlich sind, können wir uns in Richtung der eigenen Wahrheit bewegen und unsere Würde zurückgewinnen. Zunächst wird dieser Vorgang schmerzlich sein, aber jeder Tag und jeder Schritt auf diesem Weg bringt uns wirklich voran: hin zur Kraft der Aufrichtigkeit und der inneren Einheit.

Es ist schwer für mich, aufrichtig zu sein, aber ich lerne, über meine Sucht und ihre lähmenden Auswirkungen auf mein Leben ohne Furcht nachzudenken und zu sprechen.

PW

3. Januar

Lieber Gott: Warum bestürme ich den Himmel um Antworten, die ich schon im Herzen trage? Jede Gnade, derer ich bedarf, ist mir bereits zuteil geworden. O führe mich in mein inneres Jenseits.

Macrina Wiederkehr

Als wir eine Zeitlang enthaltsam lebten, war es eine überwältigende Erfahrung, all jene Gefühle zu erkunden, die unsere Sex-Sucht überdeckt hatte. Vielleicht waren sie erkaltet oder sind verdrängt worden. Vielleicht wurden sie verzerrt, ähnlich wie Zorn, der sich, wenn er nicht ausgelebt wird, in Selbstgerechtigkeit verwandelt. Vielleicht auch wissen wir nicht einmal, wie wir uns eigentlich fühlen, oder wir sind nicht imstande, unsere Gefühle zu benennen. Es ist schwierig, die eigenen Empfindungen zuzulassen, vor allem, wenn sie mit einem früheren traumatischen Erlebnis verbunden sind wie sexueller Mißhandlung oder Inzest in der Kindheit. Auch ist es schmerzhaft, jene Gefühle noch einmal zu durchleben, die wir empfanden, als wir unserer Sucht frönten. Aber es ist unumgänglich.

Es gibt keine Freude ohne Leid; unsere Gefühle können nicht fein säuberlich abgeteilt und kontrolliert werden. Wenn wir uns über die eigene Gefühlswelt im klaren sind, geben wir unserem Leben mehr von seiner wahren Fülle, sehen wir in Farbe, was wir sonst nur in Schwarzweiß gesehen haben. Unsere Gefühle sind die Grundlage unserer Wirklichkeit und unserer Handlungen.

Wenn ich meine Höhere Macht demütig bitte, meine Unzulänglichkeiten von mir zu nehmen, trägt dies zur Gesundung meiner Gefühle bei, weil mir mein Selbstverständnis zurückgegeben wird.

SK

Ich mag die Träume von der Zukunft lieber als die ganze Geschichte der Vergangenheit.

Thomas Jefferson

Unsere Vergangenheit nimmt bereits den Platz ein, der ihr gebührt, und nichts vermag sie mehr zu ändern. Dennoch interpretieren wir sie ständig neu, denn unsere gegenwärtigen Einstellungen können dadurch erneuert werden, daß wir sie zu unseren vergangenen Erfahrungen in Beziehung setzen. In vielen Fällen — und vor allem dann, wenn es um unsere Familie und Freunde geht — fahren wir unablässig fort, unsere Deutungen und Bewertungen der Vergangenheit zu überprüfen. Wir müssen dies sogar tun, um richtig und frei leben zu können.

Erst wenn wir die Vergangenheit aus einer gesunden Perspektive betrachten, sind wir fähig, ein erfülltes Leben zu führen und von der Zukunft zu träumen. Dann erschließen sich uns Räume, wo wir experimentieren und spielen können.

Wir brauchen unsere Träume, und wir sollten sie hegen. Sie werden sich jedoch ungezwungener einstellen, wenn wir uns in Einklang befinden mit der eigenen Geschichte. Die Arbeit an den Zwölf Schritten gestattet uns, einander teilhaben zu lassen an den Gefühlen, die um die Vergangenheit kreisen, und Träume zu entwerfen, während wir uns auf dem Weg der inneren Heilung befinden.

Ich weiß, daß ich meine Vergangenheit begreifen muß, ehe die Zukunft wirklich ein Ort der Träume werden kann.

PW

5. Januar

Schamgefühle sind die treibende Kraft für zwanghaftes Verhalten.
Anonym

Scham. Schon das Wort ist von einer herben Strenge. Wenn wir Scham empfinden, kommen wir uns völlig nichtswürdig vor — nicht der Sache wegen, die wir getan haben, sondern des Menschen wegen, der wir zu sein glauben. Wir glauben, wir seien nicht liebenswert und unfähig, Liebe zu geben. Mit Fortschreiten der Sucht verstärkte sich unser Gefühl, die Kontrolle über uns selbst verloren zu haben und machtlos zu sein. Das war der Augenblick, als wir feststellten, daß in all dem Chaos die Scham uns erwartete. Wir wollten unsichtbar sein, wollten verschwinden.

Aber es gab etwas, was wir noch mehr herbeisehnten: einen Ausweg. Wir fanden ihn, indem wir festhielten an dem Wissen, daß wir Würde besitzen, weil wir am Leben sind. Dieses Leben wurde uns geschenkt von unserer Höheren Macht, die uns bedingungslos liebt. Wir brauchen nicht länger Scham zu empfinden, weil wir nicht länger andere Menschen benutzen oder zulassen, daß wir benutzt werden. Statt dessen leben wir in der Gnade und dem Licht der inneren Heilung, mit Würde und in Frieden.

Was wirkt der Scham entgegen? Ehrlichkeit gegenüber meinen Gefühlen, klare Grenzen, das Leben in der Gegenwart, der Sprung aus meiner Selbstversunkenheit. Diese Mittel zeigen mir, wie ich Sorge tragen kann für mich selbst. Vor allem Sanftheit, Güte und eine versöhnliche Haltung mir selbst gegenüber werden mein emotionales Gleichgewicht wiederherstellen.

SK

Ein falsch erzogenes Kind ist ein verlorenes Kind.
John F. Kennedy

So viel Geld wird für Bomben und Raketen ausgegeben und so wenig für Erziehung. Angesichts der zahlreichen Kinder in immer noch überfüllten Klassenzimmern und alten Schulgebäuden und angesichts so schlecht ausgebildeter und schlecht bezahlter Lehrer scheint es uns leichter zu fallen, Leben zu zerstören, als es zu hegen, zu pflegen und zu stärken.

Wie war es für uns als Kind? Erziehen bedeutet: jemanden herausführen aus … herausführen aus der Unwissenheit, aus der Bedrängung, aus Angst und Furcht. Wurden wir in diesem Sinne erzogen, oder wurden wir vernachlässigt, gar mißhandelt?

Vor allem die Kindheit sollte eine Zeit des inneren Wachstums und der Hoffnung sein. Wenn die Kindheitserinnerungen getrübt sind, führt das in der Folge zu Verbitterung und Ressentiment, und diese wiederum können ein unberechenbares oder suchterzeugendes Verhalten nach sich ziehen. Als Sex-Süchtige wissen wir, wie es war, weggestoßen, ausgebeutet oder gar verführt und mißhandelt zu werden. Wir verabscheuten diese Situationen, und sie machten uns argwöhnisch und böse.

Nun, da wir uns im Heilungsprozeß befinden, fühlen wir die Macht der Erziehung in dem Maße, wie wir lernen, die Unwissenheit, die Angst und den Schmerz unserer Kindheit hinter uns zu lassen. Wir haben allmählich Freude daran, uns selbst zu umsorgen und uns intensiv um jene Menschen zu kümmern, denen wir nahestehen.

Ich möchte mit Erziehung insofern befaßt sein, als sie einen Weg darstellt, Unwissenheit, Mißtrauen, Isolation und Angst zu überwinden.

PW

7. Januar

Die meisten Menschen betrachten ihre Sehnsucht nach Freunden und nach der Familie als einen sehr hohen Verlust für ihr Leben, dabei sollten sie die Tatsache, daß ihr Herz zu so großer Sehnsucht und so starker Liebe fähig ist, zu ihren größten Wohltaten zählen.
Etty Hillesum

Es war ein einsames Geschäft, der eigenen Sex-Sucht nachzugehen. Wenn wir mit einem anderen Menschen intim wurden, konnten wir in der momentanen Hochstimmung die Wahrheit eine Zeitlang verdrängen. Doch hinterher, als die Realität uns einholte, wurde das Gefühl der Einsamkeit noch verheerender. Wir konnten zwar so tun, als würde uns das nichts ausmachen, indem wir uns sagten, wir bräuchten keine Menschen. Aber wir wußten, daß dies gelogen war. Im Grunde sehnten wir uns nicht nach der Abgeschiedenheit, sondern nach einer tiefen persönlichen Beziehung.

Es ist möglich, diese Beziehungen, die uns durch die Sucht abhanden kamen, wiederaufzubauen. Doch selbst im Heilungsprozeß verliert sich die Einsamkeit nicht sofort. Es braucht Zeit. Je mehr wir uns auf ehrliche Weise den Menschen nähern und daran glauben, daß wir ihrer Zuneigung wert sind und selbst etwas zu geben haben, desto weniger einsam fühlen wir uns. Es gibt eine Welt da draußen — und wir leben in ihr.

Wem zuliebe bin ich einsam? Gott zuliebe? Mir selbst oder anderen Menschen zuliebe? Sobald ich diese Frage beantwortet habe, kann ich etwas dagegen tun.

SK

Ein alter Irrtum ist immer beliebter als eine neue Wahrheit. Deutsches Sprichwort

Oft fühlen wir uns unbehaglich angesichts des Neuen, weil es uns dazu veranlaßt, unser Blickfeld zu erweitern und uns an anderen Dingen zu orientieren. Das mag schmerzlich sein — und wir mögen diesen Schmerz nicht, der mit Veränderung und innerer Heilung einhergeht.

Unsere Sex-Sucht war angenehm und vermittelte uns eine seltsame Art von Wohlbehagen und Beruhigung. Wir wandten uns ihr zu, als wir einsam, ängstlich oder ohne Hoffnung waren. Wir hatten uns an sie gewöhnt und mußten nicht viel dazu tun, um auf die gewohnte Art und Weise weiterzumachen.

Plötzlich sahen wir den Irrtum in unserem Verhalten ein. Die Tatsache, daß man uns durchschaut hatte, die damit verbundene Schmach, eine Anklage wegen des Schadens, den wir einem anderen zugefügt hatten, vielleicht sogar Gefängnis, Isolation, Verzweiflung, der Verlust des Partners, die Verachtung seitens unserer Freunde — all dies sind mögliche Konsequenzen dieser »wohltuenden« alten Sucht. Ja, eines Tages ist uns vielleicht bewußt geworden, daß diese Sucht unser Leben ruiniert hatte. Daraufhin fingen wir an, uns um den schwierigen Prozeß der Veränderung zu bemühen.

Schwierige Veränderungen vorzunehmen ist schmerzhaft; doch dieser Schmerz ist weitaus wünschenswerter als die Qual, die durch die unvermeidlichen Folgen unserer Sucht verursacht wird.

Ich orientiere mich am Neuen und heiße es willkommen, selbst wenn es manchmal eine Zeitlang Schmerz bereitet.

PW

9. Januar

Das Leid bringt die standhaftesten Seelen hervor; die stärksten Charaktere sind von Narben gezeichnet.
E. H. Chapin

Wenn wir Leid erfahren — wie gehen wir damit um? Nehmen wir es als Anlaß, uns selbst schlecht zu behandeln, uns selbst zu beschämen oder zu hassen? Wenden wir uns unserer Sex-Sucht zu, um dem Schmerz zu entfliehen, der doch zum Leid dazugehört?

Als wir unsere Sucht ausagierten, litten wir und fühlten den Schmerz — gewöhnlich aber verstanden wir nicht, weshalb. Das Leid und der Schmerz, die mit dem inneren Heilungsprozeß einhergehen, unterscheiden sich davon — sie bewirken die Genesung oder werden irgendwann dazu führen, wenn wir es zulassen. Manchmal bringen wir es fertig, unseren Schmerz der Höheren Macht anzuvertrauen und zugleich darauf zu bauen, daß er uns hilft, innerlich zu wachsen, und einmal vorübergehen wird. Damit stärken wir den Glauben daran, daß der Schmerz einen Sinn hat.

Egal, wie schwer es fällt, einige dieser Gefühle zu durchleben: Wir ertragen sie durch die tiefe Anteilnahme, die wir uns selbst gegenüber aufzubringen lernen, und durch das Erbarmen, das Gott für uns empfindet.

Ich kann mich dafür entscheiden, meinen Schmerz im Licht der inneren Heilung zu sehen. Er wird nicht ewig dauern. Ich werde überleben.

SK

Und nichts hinter uns, worauf mit Stolz wir blicken,
Nichts vor uns, woran die Hoffnung sich heftet.
Robert Frost

Die Sex-Sucht ist eine Krankheit, die uns leicht dazu bringen kann, den Stolz und die Hoffnung zu verlieren. Oft scheint unser Leben bereits in seinen allerersten Anfängen vergiftet zu sein. Wir können uns keiner Zeit der Unschuld, der Freude oder des Vertrauens in uns selbst und in unsere Beziehungen erinnern. Vielleicht wurden wir als Kind sexuell mißbraucht oder durch Wörter verletzt. Wir wissen nicht sicher, wo unsere Grenzen verlaufen, und blicken ängstlich und sorgenvoll in die Zukunft. Wird nie sich etwas ändern?

Um vorwärtszukommen, müssen wir zugeben, daß wir nicht die Macht besitzen, die Verletzungen und Mißhandlungen der Vergangenheit ungeschehen zu machen. Und wir lernen, daß wir den Weg nicht länger alleine gehen können; zu lange sind wir allein gewesen.

Die ersten beiden Schritte unseres Programms helfen uns, das Vergangene zu überwinden und die Zukunft mit zunehmender Hoffnung und wachsendem Vertrauen in Angriff zu nehmen. Dann wird die Gegenwart, wie das Neue Jahr, von Versprechen erfüllt sein.

Indem wir akzeptieren, daß wir unser Leben nicht mehr in der Hand haben, und uns der Höheren Macht zuwenden, entdecken wir in unserem täglichen Leben neue Gefühle von Stolz und Hoffnung.

PW

11. Januar

Unser oberstes Ziel muß unsere eigene innere Heilung sein. Erst wenn es uns gelungen ist, die Achtung gegenüber uns selbst zu erhöhen, werden wir fähig sein, in einer Beziehung zu leben, weil wir uns dazu entschlossen haben und nicht, weil wir vom anderen abhängig sind.

Jennifer und Burt Schneider

Sex ist kein Klebemittel. Er bewirkt nicht, daß Menschen bei uns bleiben. Oft haben wir die Bedeutung von Sexualität und Intimität mißverstanden, als wir unsere Sucht ausagierten: denn sie verfälschte unsere Erfahrungen.

Es ist schwierig, den Weg zu einer echten Intimität mit uns selbst, mit Freunden, mit einem uns wichtigen Menschen oder der Familie zu finden. Aber wir wissen, daß diese Intimität eine natürliche Verbindung zwischen uns und anderen herstellt.

Es bedarf der Selbstachtung, um zu erkennen, daß ein Mensch uns um unserer selbst willen liebt und einfach deshalb bei uns sein möchte, weil wir so sind, wie wir eben sind. Wir haben kein Mittel, womit wir über unsere Beziehungen bestimmen könnten, vor allem dann nicht, wenn es sich um eine intime Verbindung handelt, so daß sie Sexualität mit einschließt. Wir müssen einfach loslassen und Vertrauen haben. Das ist wahre Freiheit.

Die Sexualität ist Teil meines Wesens — ob ich mich nun entscheide, sie auszuleben oder nicht. Ihre Energie und ihre positiven Wirkungen sind Gottes einzigartiges Geschenk an mich.

SK

Ich hatte nie Männer gesehen, die einander umarmten. Ich dachte, das einzige, was sie tun dürften, wäre Hände schütteln oder kämpfen.

Rita Mae Brown

Viele von uns — Männer vielleicht mehr als Frauen — sind aufgewachsen, ohne die Wärme des liebevollen Einander-Berührens erfahren zu haben. Einige von uns hatten Väter, die sich in eine stereotype männliche Rolle flüchteten und Angst davor hatten, uns zu halten und uns ihre Liebe zu zeigen. Vielleicht haben wir dadurch gelernt, uns innerlich unabhängig zu machen, um Zuneigung zu wetteifern oder uns abzusondern. Oft gerieten wir in unangenehme Situationen und fühlten uns isoliert. Besonders die Männer unter uns scheuten davor zurück, die Hand auszustrecken und einen anderen Mann zu umarmen und zu halten.

Ob Mann oder Frau: So viele von uns haben den Kontakt zu sich selbst und zu anderen verloren. Wir sind zu lange allein gewesen.

Eine wirklich hilfreiche Sache bei vielen Zwölf-Schritte-Treffen ist die Angewohnheit, einander freundschaftlich zu berühren und zu umarmen. Zuerst mag uns das verlegen machen, und wir halten Abstand. Aber in dem Maße, wie wir lernen, lockerer zu werden und uns zu öffnen, freuen wir uns auf das herzliche Gefühl und die Stärke, die wir durch eine gegenseitige, von Freundlichkeit und Fürsorge getragene Umarmung erfahren. Es ist wichtig zu lernen, einen anderen ohne Angst und auf nicht sexuell gemeinte Weise zu berühren.

Ich bin froh, anderen Menschen durch Umarmungen und zärtliche Gesten nah sein zu können.

PW

13. Januar

Die Menschheit schuldet dem Kind das Beste, was sie zu geben hat.

Aus der UNO-Deklaration zum Schutz der Kinder

Wir müssen uns für unsere eigene innere Heilung einsetzen, doch es gibt noch andere Menschen in unserem Leben, für die dieser Prozeß ebenfalls von großer Bedeutung ist: unsere Kinder zum Beispiel. Die im Zwölf-Schritte-Programm begründete Weisheit besagt, daß unsere Kinder am gleichen Tag anfangen, gesund zu werden, an dem wir in den Heilungsprozeß eintreten. Egal, wie unsere eigene familiäre Vergangenheit war: Sobald wir genesen, ist uns klar, daß wir den Teufelskreis der Sucht nicht nur für uns allein durchbrochen haben, sondern auch für unsere Kinder, die wir liebevoll umhegen.

Unsere Kinder können mit dem Zwölf-Schritte-Programm, das sie führt und ihnen die mit der Sucht verbundenen Tatsachen nahebringt, auf gesunde Weise heranwachsen. Sie haben dadurch eine größere Chance, in der Liebe und der neuen Lebensweise, die wir lernen, zu gedeihen. Unsere Kinder heiter und gelassen zu sehen, festzustellen, wie sie sich ihre Fähigkeiten aneignen, kann eine der glücklichsten Gaben unseres Heilungsprozesses sein.

Gott, mit Deiner Hilfe werden meine Kinder leuchten wie die Sonne. Ich bitte Dich, halte sie heute geborgen in Deiner Hand.

SK

Es ist besser, gehaßt zu werden für das, was man ist, als geliebt zu werden für das, was man nicht ist.

Andre Gide

Wenn wir mit einem Menschen zusammen sind, den wir wirklich lieben, und ihn mit unserer Sex-Sucht betrügen, leben wir in der Lüge. Mehr und mehr weichen wir dem intimen Umgang aus und wenden uns der eigenen verdrehten Welt zu.

Doch was geschieht mit den geliebten Menschen? Jene, die wir hintergehen, beginnen, uns zu mißtrauen und fühlen sich schließlich völlig durcheinander. Täuschungen, Halbwahrheiten, versäumte Verabredungen, verantwortungslose finanzielle Transaktionen, der Verlust der Arbeitsstelle, Lügen über Lügen — durch all dies wird aus einer liebevollen Beziehung ein verworrener Alptraum. Es scheint keinen Ausweg zu geben.

Einen einzigen Schritt, den Ersten Schritt unseres Programms, müssen wir tun — und die Reise in Richtung innerer Heilung beginnt. Wir fangen an zu lernen, wie man ehrlich ist und anderen Menschen wieder in die Augen schaut. Wir werden fähig, unsere Verhaltensweisen einzugestehen und dem geliebten Menschen gegenüberzutreten. Zunächst wird unsere Reise schmerzlich sein, aber mit Liebe und Geduld und Vertrauen werden wir es schaffen.

Indem ich meine Sex-Sucht überwinde, werde ich die Liebe und das Vertrauen der Menschen, die ich liebe, zurückgewinnen.

PW

15. Januar

Dieser Kelch enthält Freud und Leid, Licht und Dunkelheit zu gleichen Teilen. Wer aus ihm trinkt, wird sich verwandeln. May Sarton

»Diese Sucht ist so quälend«, pflegte eine Frau zu sagen, die sich nun auf dem Weg der Heilung befindet. Als Sex-Süchtige verstehen wir, wie sie sich fühlt. Unser Kampf gegen entwürdigende sexuelle Gewohnheiten und Beziehungen ist oft schwierig und scheint uns manchmal zu überwältigen. Und trotzdem stellen wir Fragen; wir fordern uns selbst heraus, um Veränderungen zu bewirken. Niemals dürfen wir die Hoffnung aufgeben. Wir müssen weitermachen, selbst wenn uns die ganze Sache so schwerfällt, daß wir nicht wissen, wie wir es schaffen sollen. Wenn wir jemals einen Tag, ja nur eine einzige Stunde lang bestehen, kann uns das helfen durchzukommen.

Wir sind nicht allein. Wir haben unsere Höhere Macht zur Seite. Wir haben die Unterstützung unserer Gruppe, mit all ihrer Liebe und ihrem Verständnis, woran sie uns so reichlich teilhaben läßt. Vor allem aber haben wir die Fähigkeit, enthaltsam zu leben, und den Willen, Dinge zu ändern. Selbst wenn wir nur einige Tage lang enthaltsam leben und unser Wille nur schwach ist, ist es schon genug.

Auf dem Weg der Heilung sein heißt: gewillt sein, alles Erdenkliche dafür zu tun. Ich weiß, daß ich dazu in der Lage bin.

SK

Ich bin Teil all dessen, was mir widerfährt.
Alfred Lord Tennyson

Zu oft kommen wir von unserem Weg ab, weil wir vergessen, daß wir Teil einer Gemeinschaft, einer Gesellschaft, einer Welt sind. Als wir in unserer Sucht gefangen waren, zogen wir uns von anderen zurück und wanderten ziellos umher, allein. Unsere Phantasien, sexuellen Gewohnheiten und Handlungen führten uns nicht aus unserer Isolation heraus, sondern um so tiefer in die Einsamkeit.

Während wir durchs Leben gehen, treten wir in Kontakt mit anderen Menschen, selbst wenn uns das nicht immer bewußt ist. Schauen, sprechen, lächeln, berühren, essen, spazierengehen, arbeiten, spielen — all diese Tätigkeiten bringen uns mit anderen Menschen in Berührung. Dabei ist die Art und Weise, wie wir agieren und reagieren, von großer Bedeutung. Oft kann ein einfaches Lächeln dem anderen zu einem guten Tag verhelfen. Eine Umarmung bringt das Eis der Einsamkeit zum Schmelzen. Ein freundliches Wort trifft genau den richtigen Ton, und man wird es in Erinnerung behalten.

Ja, wir sind Teil der Menschheit, und aus diesem Wissen empfangen wir Liebe und Kraft.

Ich möchte mich jenen Menschen zugehörig fühlen, die gemeinsam auf dem Weg der Heilung sind.

PW

17. Januar

Wenn Ihr doch heute auf Gottes Stimme hören wolltet: »Verschließt Euer Herz nicht!« Psalm 95, 7—8

Manchmal sieht es so aus, als ob unsere sexuelle Obsession niemals aufhören würde. Die Phantasien, die geheimen Wünsche, der innere Zwang — ausgelöst durch ein Lied, einen Film, einen Blick —, all dies scheint so tief in uns verwurzelt zu sein. Manchmal können wir uns gar nicht mehr vorstellen, ohne unsere Sucht zu leben, sosehr wir uns dies auch wünschen.

Und dennoch: Wir sind im Verlauf unserer Heilung Menschen begegnet, die von ihrer zwanghaften Beschäftigung mit Sex befreit sind. Das kann plötzlich passieren oder auch Jahre dauern — aber unser Vertrauen in den inneren Wandlungsprozeß sagt uns, daß es geschehen wird. Wir sind auf unserem Weg, und wir haben so viel Zeit, wie wir brauchen. Alles, was wir heute tun müssen, ist: den Willen dazu zu haben und die beste Wahl zu treffen, zu der wir imstande sind. Das ist genau der Punkt, an dem unsere Höhere Macht eingreift.

Vielleicht erfahren wir in der Gruppe, wo wir über unsere Fortschritte sprechen, gerade das, was uns im Moment weiterhilft. Vielleicht ruft ein Freund genau dann an, wenn wir glauben, niemand kümmere sich wirklich um uns. Oder vielleicht helfen uns einfach jene friedlichen Augenblicke, die wir erleben, wenn Gebet und Meditation zu einem echten Bestandteil unseres täglichen Lebens werden. Allmählich erkennen wir, daß die Freiheit die ganze Zeit schon bestand — ein Geschenk, das uns gehört, wenn wir bereit sind, es anzunehmen.

Gott kann das Unmögliche vollbringen. Ich weiß: Gott ist stärker als meine Sucht.

SK

Sex ist eine der neun Ursachen für Reinkarnation. Die anderen acht sind unbedeutend. Henry Miller

Es ist gut und gesund, über sexuelle Dinge zu lachen — solange das Lachen dem Leben zuträglich ist. Schließlich ist die Sexualität Teil der Lebenskraft und führt, wenn sie von Achtung und Aufrichtigkeit begleitet wird, zu einer freudvollen Intensivierung unserer Beziehung mit anderen und mit der Welt. Dann trägt sie — wie das Lachen — zu unserer inneren Ausgeglichenheit bei.

Sehr oft aber verrät das Lachen über Sex ein Unbehagen; es offenbart vorhandene Schamgefühle, Ekel und den Wunsch, andere zu verletzen. Wir reden über »schmutzige Witze« und verbannen den Sex an Orte, wo er nicht wirklich hingehört. Wir trennen unser sexuelles Verlangen von den anderen Gefühlen ab und verbergen es hinter Tabus, seltsamen Ritualen und Spott. Wenn das unsere Vorstellung von Sex ist, werden wir durch Sex einsam.

Wir müssen lernen, selbstbewußt über unsere Sexualität zu sprechen und sie zu bejahen. Wenn wir uns in einer Gruppe oder mit einem Freund oder einem geliebten Menschen über Sexualität unterhalten und über sie lachen, so ist das einer der Schritte, den wir unternehmen, um unser sexuelles Verhalten von allen unnötigen Heimlichkeiten zu befreien — damit es, innerhalb der Vielfalt des Lebens, die ihm gebührende Stelle einnimmt.

Ich will zu meiner Sexualität stehen, ohne Scham über sie sprechen und sie als lebenswichtigen Teil meines Lebens geltend machen.

PW

19. Januar

Mut ist nichts anderes als Angst, die ihre Gebete gesprochen hat.

Aus: »Einen Tag nach dem anderen in Al-Anon«

Nichts läßt uns so erstarren wie die Angst. Wie oft schon haben wir erfahren müssen, daß die Angst uns von dem abhielt, was wir eigentlich vorhatten? Vielleicht wollten wir uns nach einer Arbeit umsehen, aufrichtig gegenüber einem Freund sein, jemanden um eine Verabredung bitten, ein Haus kaufen. Doch wir konnten es nicht, weil wir Angst hatten. Tatsache ist: In dem Moment, da die Angst uns beherrscht, sind wir zugleich auch gefangen in unserer Welt und unserem Eigensinn.

Als erstes müssen wir dann uns selbst eingestehen, daß wir Angst haben. Als zweites müssen wir herausfinden, weshalb wir Angst haben. Den Grund dafür zu entdecken, kann bedeuten, daß wir einen Freund anrufen sollten, um mit ihm zu sprechen, daß wir beten, eine Inventur unseres Inneren machen, ein Gruppentreffen besuchen. Wenn wir spüren, daß die Angst nachläßt, haben wir uns selbst wiedergefunden. Dann, wenn wir wissen, wie wir uns fühlen, wissen wir auch, was zu tun ist.

Kann ich, wenn ich Angst habe, von meiner Höheren Macht und von anderen Menschen Hilfe annehmen? Emotionales Gleichgewicht und innere Gelassenheit, die durch keine Angst getrübt wird, sind die Gaben des Heilungsprozesses.

SK

Ein fröhliches Herz ist besser als jede Medizin.
Die Sprüche Salomos 17, 22

Wenn wir niedergeschlagen und melancholisch sind, scheint es, als bewegten wir uns in einer schwarzen Wolke. Wir ziehen andere mutlose Menschen an, und bald sieht es so aus, als marschierten wir in einem Leichenzug.

Das ständige Gefühl der Niedergeschlagenheit erscheint uns als eine Verletzung des Lebens. Schließlich gibt es viele Menschen, die schlechter dran sind als wir — und doch schaffen sie es, die Kraft und die Liebe zu finden, um eine Hand auszustrecken und ihre Freude zum Ausdruck zu bringen. Weshalb also sollten wir in der traurigen Minderheit sein?

Oft ist es unsere Sucht, die über unsere Stimmungen gebietet. Als wir sie ausagierten, führten wir ein Doppelleben, das zur einen Hälfte in der Scham, zur anderen in der Angst gründete. Kein Wunder, daß es uns schlechtging — und daß wir diese Gewohnheit, diese Einstellung manchmal auch noch haben, wenn wir bereits auf dem Weg der Heilung sind.

Ein Teil dieses Heilungsprozesses besteht darin, ein Glücksgefühl wiederzugewinnen, das in unser tiefstes Inneres hinabreicht. Wir können uns selbst wieder lachen hören und spielen lernen. Wie erfrischend es doch ist, glücklich zu sein!

Die Freude ist ein wichtiger Bestandteil des Lebens, und ich will sie tief in mir empfinden.

PW

21. Januar

Wir suchen Gott, bis Er uns findet.

Madeleine L'Engle

Es kommt der Tag, da wir plötzlich erkennen, daß wir nicht in unserer Sucht gefangen sind. Das ist der Augenblick, in dem wir feststellen, daß wir uns auf dem Weg der Heilung befinden, daß wir in all unseren Lebensbereichen die Grundsätze der Genesung praktizieren.

Dieses Erwachen kann völlig unvermittelt eintreten, als Folge einer inneren Krise, oder auf subtile Weise im Lauf der Zeit. Immer ist damit die Einsicht verbunden, daß wir noch stärker dem Zwölf-Schritte-Programm verpflichtet sind. Wir beobachten, wie wir uns von der Sucht ab- und unserer Höheren Macht zuwenden. Wir finden Freude daran, nach Gottes Willen zu leben.

Die Arbeit am Programm befreit uns von der Tyrannei unserer Sex-Sucht, denn sie gibt uns die Gewißheit, daß Gott diese Sucht von uns genommen hat, weil wir von ihr abließen. Die Dinge kommen wieder an ihren vorgesehenen Platz. Dann ist die Sucht außerhalb von uns, wir ruhen in uns und vertrauen auf unsere Höhere Macht.

So können wir uns dann anderen Menschen nähern, die sex-süchtig sind — denn schließlich haben wir ihnen etwas zu geben: uns selbst.

Ich bin nicht identisch mit meiner Sucht. Und meine Sucht ist nicht meine Höhere Macht.

SK

Womit wurden wir im neunzehnten Jahrhundert konfrontiert? Es war ein Zeitalter, in dem die Frau geopfert wurde und man ein dreizehnjähriges Mädchen für ein paar Pfund kaufen konnte.

John Fowles

Oft ist die Einstellung von Männern Frauen gegenüber von einer doppelten Moral geprägt. Männer idealisieren Frauen — vielleicht aufgrund ihrer Liebe zur eigenen Mutter —, und doch nutzen sie sie aus und erniedrigen sie in der Pornographie und Prostitution.

Die Sex-Sucht vertieft diese Spaltung. Männer, die ihrer Sucht verfallen sind, stellen Frauen auf ein Podest, und zugleich zerlegen sie deren wahre Identität in die Wunschbilder und Bruchstücke pornographischer Filme. Sie unterhalten Beziehungen zu Frauen nicht aus Liebe und Achtung, sondern um ihre anonyme Lust zu befriedigen.

Als Menschen haben wir unsere Fehler und unsere Tugenden. Wenn wir es zulassen, daß Menschen wirklich sie selbst sein können, geben wir damit auch ihren Gefühlen Raum. Dann erst gibt es wahren Respekt und wahre Liebe, die es nicht nötig hat, sich so weit in der Idealisierung zu versteigen, bis keine Übereinstimmung mehr mit der Realität vorhanden ist, oder den anderen völlig zu erniedrigen.

Im Verlauf unserer Heilung gewinnen wir eine neue Perspektive bezüglich unserer Einstellungen und bewegen uns auf unsere Mitmenschen zu.

Ich lerne, andere Menschen nicht als Objekt für selbstsüchtige Bedürfnisbefriedigung zu behandeln, sondern als würdevolle und wunderbare Kinder des Universums.

23. Januar

Ich bin ein herrliches Wesen. Ein Wunder. Was in Gott ist, ist auch in mir. Ich überlebe alle Stürme, und wie ein Baum, der nahe am Wasser gepflanzt wurde, bin ich unerschütterlich. Susan L. Taylor

Die Sex-Sucht ist eine spirituelle Krankheit. Sicher, unser Denken, unser Körper, unsere Gefühle waren davon betroffen, aber eigentlich war es unser Geist, der zutiefst in Mitleidenschaft gezogen worden war. Und dies deshalb, weil zwischen unserer Sexualität und unserem Geist eine wundersame und empfindliche Verbindung besteht.

Ungeachtet der traumatischen Zustände, die die Sucht hervorrief, ungeachtet der schweren Erschütterungen, die unser Geist hinnehmen mußte — er ist doch niemals daran zerbrochen. Ein Teil von uns blieb unversehrt, bis wir zur Heilung geführt werden konnten.

Wer wir wirklich sind — das zu erkunden, übersteigt die menschliche Auffassungsgabe; es kann nur im Herzen erfahren werden: Freudig und demütig erhalten wir manchmal einen flüchtigen Einblick in dieses Wissen, während unsere Heilung voranschreitet. Wir sind dankbar, daß ein Teil von uns unverletzt blieb und bereit war für den inneren Wandlungsprozeß. »Wir gehen durch Wunder«, sagte ein Mitglied unserer Gruppe. So ist es.

Sich selbst getreu sein heißt: Ja sagen zu Gottes Willen und zum Leben an sich.

SK

Wenn der Mensch mit sich zu kämpfen beginnt,
Erwirbt er sich Verdienst. Robert Browning

Die Sex-Sucht ist eine mächtige Krankheit, die uns kaputtmacht. Wenn unser Leben von ihr, von unseren gedanklichen Obsessionen und zwanghaften Verhaltensweisen, beherrscht wird, scheinen wir für unser übriges Leben nicht mehr sehr viel Kraft — oder Mut oder Hoffnung — zu haben. Wir werden zurückgedrängt in uns selbst, und es fehlt uns jegliche Energie, die uns helfen könnte, dem inneren Gefängnis zu entfliehen und am Leben teilzunehmen.

Das ist die Macht, die die Sex-Sucht ausübt. Viele von uns verbrachten Stunden damit, eine Gelegenheit ausfindig zu machen, wo sie sie ausagieren oder sich ihren Phantasien hingeben konnten. Wieder und wieder bekämpften wir diese Sehn-Süchte, aber am Ende waren wir zu müde, um uns ihrer zu erwehren. Vielleicht hatten wir sogar den Wunsch, die Auseinandersetzung mit unserer Sucht aufzugeben und zuzulassen, daß sie ganz Macht über uns gewinnt und unser Leben ruiniert.

In das Programm eintreten heißt: erkennen, daß wir vorhaben, den Kampf unter anderen Bedingungen aufzunehmen. Wir sind es leid, krank und müde zu sein; wir brauchen ein neues Fundament, das uns Kraft gibt; wir wollen aus dem Gefühl wahrer Stärke handeln. Wenn wir uns umschauen, sehen wir Männer und Frauen, die im Aufbruch sind und sich aktiv dafür entscheiden, den Kampf mit der Sucht ihrer Höheren Macht zu überlassen. Wir schließen uns ihnen an und fühlen, wie sich unsere Kräfte erneuern. Wir erkennen die Zeichen der Hoffnung entlang jener Straße, die ins Offene führt.

Ich bin es leid, von meiner Sucht besiegt zu werden.

PW

25. Januar

Wenn der Wille im Widerspruch verharrt, bleibt er abhängig von dem, wogegen er sich richtet. Falls in einer derartigen Lähmung des Willens die völlige Apathie verhindert werden soll, muß der einzelne sich fragen: »Gibt es etwas in mir, das diese Lähmung verursacht oder dazu beiträgt? Rollo May

Wenn wir uns ausschließlich auf unseren Willen verlassen, so ist das ein Kennzeichen von Suchtverhalten. Als wir süchtig waren, setzten wir unseren Willen auf törichte Weise ein und versuchten dadurch, die Vergangenheit zu verleugnen oder sie gar zu beschönigen. Wir benutzten unseren Willen, um damit uns selbst und andere zu beherrschen. Willenskraft als solche hat im Heilungsprozeß keinen Platz. Erst die Arbeit am Zwölf-Schritte-Programm hilft uns, die Art, wie wir mit unserem Willen umgehen, zu ändern.

Je mehr wir erkennen, daß der Wille einer Höheren Macht in unserem Leben am Werk ist, desto mehr können wir unseren Willen einsetzen, wie es sein sollte — nämlich so, daß wir die notwendige Anstrengung unternehmen, um den Willen Gottes, der uns zugute kommt, auszuführen. Das führt uns aus der Vergangenheit heraus in die Gegenwart. Wenn wir der Vergangenheit aufrichtig begegnen, anstatt unseren Willen für die erneute Bestätigung unserer Version der Vergangenheit einzusetzen, stehen wir mit beiden Beinen in der Gegenwart und leben ganz dem heutigen Tag.

Die Vergangenheit ist vorüber. In dem, was mir heute widerfährt, werde ich entdecken, was Gott für mich vorgesehen hat.

SK

Der Mensch erachtet sich selbst als Schöpfer statt als fürsorglichen Benutzer, und dieser Irrglaube beraubt ihn der Erde.
Helen Hoover

In unserer hochtrabenden Meinung über uns selbst und unsere Welt glauben wir manchmal, so viel Zeit und Raum zur Verfügung zu haben, wie wir wollen, um unseren Willen durchzusetzen. In Wirklichkeit aber sind unsere Ressourcen begrenzt: die Rohstoffe werden knapp, und wertvolle Pflanzen- und Tierarten, die niemals mehr auf unseren Planeten zurückkehren werden, sterben aus.

Wir wollen uns daran erinnern, daß wir nur für kurze Zeit auf Erden sind, daß aber andere nach uns kommen werden. Wir müssen genauso sorgsam mit dieser Erde umgehen wie mit uns selbst. Wenn wir nur an unseren eigenen Genuß denken, ist die Gefahr groß, daß wir selbstsüchtig werden und ein destruktives Leben führen.

Diejenigen unter uns, die sich ihrer Sex-Sucht bewußt sind, erkennen, wie sehr wir unsere Energie verschwendeten und lebenswichtige Kräfte in die falsche Richtung lenkten. Wir versuchten, unsere Phantasien und unseren Willen anderen Menschen aufzuzwingen, und wir mißbrauchten jene, die unsere Liebe und unser Vertrauen benötigten. Wir hielten uns für kleine Götter und dachten, die Welt sei nur für uns geschaffen worden.

Nun aber, da wir auf dem Weg der Heilung sind, können wir lernen, Sorge zu tragen für uns selbst und für die Welt, die uns umgibt.

Es ist gut, sich all dessen bewußt zu sein, was wertvoll in unserer Welt ist — eingeschlossen wir selbst.

PW

27. Januar

Das Sprichwort ist wahr, das besagt, daß du anfangen wirst zu hinken, wenn du mit einem Lahmen lebst.
Plutarch

Die Erinnerungen an die Kindheit aufzuarbeiten ist eine Aufgabe, der jeder irgendwann einmal gegenübersteht. Genauso, wie in einer Familie, in der der Alkohol regiert, der Trunksucht Vorschub geleistet wird, so beeinflußt auch eine Familie, die mit der Sex-Sucht zu tun hat, unser Suchtverhalten, wenn wir erwachsen sind.

Wir selbst entscheiden, wie wichtig es für uns ist zu wissen, ob und auf welche Weise die Sex-Sucht in unseren Familien wirksam wurde. Wir können uns dieses Wissen aneignen. Schon die einfache Einsicht, daß die Sucht eine Tatsache ist, daß sie im familiären Bezugsrahmen existiert und daß wir sie nicht verursacht haben, hilft uns, daß wir aufhören, uns selbst verantwortlich zu machen.

Wichtig ist, sich auf den eigenen Heilungsprozeß zu konzentrieren. Wir können weder unsere Familie noch unsere Vergangenheit ändern, aber wir können unsere Einstellung ihnen gegenüber ändern. Wenn wir in das Suchtverhalten eines Familienmitglieds verwickelt sind, können wir nun unsere Aufmerksamkeit auf uns selbst zurücklenken. Auf diese Weise werden aus Ressentiment und fruchtlosem Ärger Aufrichtigkeit und Demut. Die innere Befreiung von den Dingen, die wir nicht ändern können, die versöhnliche Haltung angesichts eines uns zugefügten Schadens, das Loslassen der Vergangenheit — all dies sind wichtige Abschnitte unserer Heilung.

Gerade heute werde ich mich meiner Familie gegenüber freimachen von Ärger und Groll und mich auf den sorgsamen Umgang mit mir selbst konzentrieren.

SK

Wenn der Winter naht —
Kann dann der Frühling fern sein?

Percy Bysshe Shelley

Wir brauchen vor dem Winter keine Angst zu haben. Im Winter liegt die Natur brach, um sich auf das neue Jahr vorzubereiten. Alles Leben benötigt eine Ruhepause, um mit noch größerer Kraft zu wachsen. So ist der Winter die Zeit des Rückzugs, die der Erneuerung vorausgeht.

Manchmal hat es den Anschein, als sei unser Leben düster und hoffnungslos geworden, und wir sehen keinen Weg vor uns. Vielleicht ist eine Beziehung kaputtgegangen, und wir glauben, das müsse nun überhaupt das Ende sein. Mit der Arbeit geht es schlecht voran; wir haben finanzielle Probleme; unsere Kinder ziehen von zu Hause fort. Wir verlieren uns in Melancholie und haben das Gefühl, die Dinge würden niemals besser werden.

Aus dem Wissen um den jahreszeitlichen Ablauf können wir Kraft beziehen. Die kahlen Äste werden wieder grünes Laub tragen, und der jetzt noch harte Erdboden wird erneut reiche Ernte hervorbringen. Wir können diese Umwandlung schätzen lernen, da sie jedes Jahr von neuem geschieht, und wir können dadurch Hoffnung schöpfen. Wir können vor allem begreifen, daß unser Leben dem Wechsel unterworfen ist.

Nichts in meinem Leben kann mich umwerfen, denn ich weiß, daß Frühling und Sommer immer wiederkehren werden.

PW

29. Januar

Ich werde mich nicht fürchten, denn du bist immer bei mir; nie wirst du mich allein lassen in den Gefahren, denen ich ausgesetzt bin. Thomas Merton

Wenn wir gegen unsere Sucht ankämpfen, ist es an der Zeit, sich daran zu erinnern, daß wir nicht zwei Dinge gleichzeitig haben können. Wir dürfen nicht annehmen, daß, wenn etwas im Leben uns Schwierigkeiten bereitet, wir zugleich ungehindert der Sucht frönen könnten, um vor der Wirklichkeit die Augen zu verschließen. Die Sucht mag an uns zerren, aber es ist eben nur ein Zerren, nichts weiter — bis wir uns entscheiden, etwas gegen sie zu unternehmen.

An dieser Stelle wollen wir innehalten, um uns auch der wahnhaften Gedanken zu erinnern, die wir benutzten, um das Ausagieren der Sucht zu rechtfertigen. Wir sollten uns weiter ins Gedächtnis rufen, daß es eine Macht gibt, die größer ist als wir und die unser Leid sowie den durch die Sucht verursachten inneren Druck von uns nehmen wird. Welch eine Erleichterung ist es doch, zu wissen, daß wir nicht allein sein. Es gibt Hoffnung. Wir können in Frieden und enthaltsam leben und am glücklichen Leben teilhaben, das der Heilungsprozeß verspricht. Wir können aber auch die Schrecknisse unserer Sucht durchmachen, die uns noch in guter Erinnerung sind. Die Wahl ist nicht immer leicht — aber sie liegt bei uns.

Ich bin fähig, die Konsequenzen der Wahl, die ich treffe, klar zu sehen. Ich entscheide mich für die Heilung.

SK

Aus einem winzigen Funken wird eine mächtige Flamme. Dante

Vielen von uns fällt es schwer zu sagen, wie und wann sie süchtig danach wurden, ihre sexuelle Lust auf destruktive Weise auszuleben. Das erste Mal standen wir vielleicht unter dem Einfluß von Alkohol oder anderer Drogen, vielleicht handelten wir aus Wut oder aus Verzweiflung. Es mag nur ein kleiner Fehltritt, ein unbedeutender Anlaß gewesen sein, der uns auf die schiefe Bahn mit all den verheerenden Folgen brachte.

Wir wissen, daß die unscheinbarste Handlung starke Auswirkungen in Richtung auf das Gute oder das Schlechte haben kann. Diese Einsicht mag erschreckend, kann aber auch tröstlich sein, denn sie bedeutet, daß wir nicht auf irgendein welterschütterndes Ereignis warten müssen, um in den Heilungsprozeß einzutreten. Wir lernen zu gehen, indem wir den Ersten Schritt unternehmen. Wenn wir verletzt waren, müssen wir lernen, uns erneut aufzurichten und zu gehen, selbst wenn wir zunächst einmal humpeln.

Laßt uns also jetzt einen Anfang machen. Laßt uns den Funken entzünden, der imstande ist, die Welt zu verändern.

Heute bin ich bereit, den Ersten Schritt zu unternehmen in Richtung auf ein neues Leben, das von Versprechen und Hoffnung erfüllt ist.

PW

31. Januar

Wir werden nicht aufhören zu forschen,
Und unsrer ganzen Suche Ziel
Wird sein: dort anzukommen, wo wir begannen,
Und diesen Ort zum ersten Mal erleben.

T. S. Eliot

Wie sieht jemand aus, der von der Sex-Sucht beherrscht wird? Wie verhält er sich? — Die Neulinge in unserer Gruppe sagen oft, wie erleichtert sie sind, wenn sie feststellen, daß ein Sex-Süchtiger sich im Grunde nicht von anderen Menschen unterscheidet. Und für den Süchtigen, der immer noch leidet, ist es in der Tat ein erster Hoffnungsschimmer, wenn er voller Angst und Scham zu einem Treffen kommt und dort die kameradschaftliche Atmosphäre von herzlichen, aufrichtigen und freudigen Gleichgesinnten vorfindet.

Wir haben eine Krankheit; man nennt sie Sex-Sucht. Wir sind nicht schuld daran, daß wir Süchtige sind. Und niemals müssen wir in Schande leben, egal, was wir in der Vergangenheit getan haben.

Durch die innere Heilung werden Tag für Tag meine Würde und meine Selbstachtung wiederhergestellt. Ich kann es mir selbst hoch anrechnen, daß ich den Mut habe, meiner Sucht zu begegnen.

SK

Februar

1. Februar

Tu, was du kannst, unter Zuhilfenahme dessen, was du hast, und wo auch immer du bist.

Theodore Roosevelt

Wie oft wünschen wir doch, jemand anders zu sein, irgendwo zu leben, nur nicht hier. Unsere Phantasievorstellungen tragen uns fort von der Stelle, wo wir gerade sind, in Traumwelten der Macht, der Genugtuung und des Wohlbehagens. Oft nehmen unsere Phantasien eine Wendung ins Sexuelle und überwältigen uns mit Bildern, in denen wir andere beherrschen und uns leicht und schnell befriedigen. Wir schlittern in eine zeitlose Welt selbstsüchtigen Vergnügens, wo es keine wirklichen Menschen mehr gibt.

Wir alle brauchen das Träumen und das Tagträumen. Aber wir wollen unsere Kräfte doch eher auf das Leben und dessen Bereicherung im Hier und Jetzt konzentrieren als auf die Flucht in eine passive Welt, in der Menschen nichts als manipulierbare Objekte sind. Nun kennen wir den Unterschied zwischen gesunden und krankhaften Beziehungen. Diese schwer errungene Einsicht kann zu einem heilsamen Wissen werden, während wir nach einem erfüllteren Leben streben.

Ich lerne, auf die Realität des gegenwärtigen Augenblicks zu achten und koste ihn voll und ganz aus.

PW

Gib mir, Gott, die Gelassenheit,
Die Dinge zu akzeptieren, die ich nicht ändern kann,
Den Mut, die Dinge zu ändern, die ich ändern kann,
Und die Weisheit, den Unterschied zwischen beidem zu erkennen.
Das Gebet der Gelassenheit

»Ich bin in meiner Sucht gefangen, und ich weiß nicht, wie ich da herauskommen soll.« Wenn wir so aufrichtig sind gegenüber uns selbst, gegenüber dem Freund im Programm, der uns mit Rat und Tat zur Seite steht, oder gegenüber unserer Gruppe, beginnen wir, einen Weg ausfindig zu machen, der uns aus der Sucht herausführt. Das Wissen darüber, was Sex-Sucht eigentlich ist, wie sie sich auswirkt und wie man sich fühlt, wenn man ihr nachgibt, ist entscheidend für die eigene innere Heilung. Niemand außer mir selbst kann mir dieses Bewußtsein vermitteln.

Es ist schmerzhaft, süchtig zu sein; aber wir wissen, daß uns geholfen wird, indem wir den Ersten Schritt unternehmen. Wenn ich zugebe, daß ich machtlos bis, wenn ich jemanden anrufe, ein Treffen besuche und behutsam mit mir selbst umgehe, so sind das jeweils wichtige Bestandteile meines Heilungsprozesses. Alles mögliche kann dazu beitragen. Vor allem aber danke ich meiner Höheren Macht für die Aufrichtigkeit und Demut, daß ich mir eingestehe: Ich habe zu kämpfen. Es ist in Ordnung, sich mit der Sucht auseinanderzusetzen, aber es ist gefährlich, in ihr zu verharren.

Ich begreife, daß das Eingeständnis, kämpfen zu müssen, mich stark macht. Ich weiß, daß die Unterstützung, die ich brauche, um den Kampf zu bestehen, da ist, wenn ich um sie bitte.

SK

3. Februar

Wenn es Sinn hat, etwas zu machen, so ist es auch sinnvoll, es schlecht zu machen. G. K. Chesterton

Manchmal ist es hilfreich, ein Sprichwort umzudrehen, um zu sehen, was dabei herauskommt. Viele von uns werden dazu erzogen zu glauben, daß sie ihre Aufgabe erfüllen, andere übertreffen, als erste fertig sein, sich einer Arbeitsgruppe anschließen, gute Arbeit leisten, ihre Sache vorantreiben, rechtzeitig fertig werden, es richtig sagen, vorankommen müssen und so fort — und daß sie im Lauf der Zeit immer besser werden müssen. Warum? Weil das die Art ist, wie Vater und wie Großmutter es gemacht haben — und weil das einfach die Art ist, wie es sein sollte.

Dadurch scheitern wir dann zwangsläufig und kommen zu Fall. Und so ziehen wir uns beschämt in uns selbst zurück, zerfleischen uns, stürzen uns auf Drogen oder gehen unserer Sex-Sucht nach. Wenn wir draußen im Leben versagten, zimmerten wir uns unsere eigene Welt zurecht, wo nichts schiefging. In dieser kleinen Welt regierten die Phantasievorstellungen — und darin gibt es nur Erfolge; jeder gewinnt immer. Hin und wieder auch lebten wir unsere Phantasien aus, entweder im geheimen oder mit anonymen Partnern, die niemandem von unseren Mißerfolgen berichten würden.

Aber es muß nicht so sein. Wir können den Bann brechen, können aufhören, uns selbst zu bestrafen, und uns der zornigen Stimme des Vaters oder dem enttäuschten Blick der Mutter entziehen. Wir können Dinge ganz nach unserem eigenen Tempo, auf eigene Weise tun, Tag für Tag — einfach aus Freude daran, daß wir sie tun.

Ich habe diesen Perfektionismus satt. Ich kann mich an meinen eigenen Fähigkeiten erfreuen.

Leid mag Freude sein, nur mißverstandene.
Allein der Gute weiß, was gut ist.
Elizabeth Barrett Browning

Es mag uns seltsam vorkommen, daß wir zunächst betrübt sind, wenn die Sucht überwunden ist, aber in der Tat gibt es eine Zeit des Trauerns, die notwendigerweise mit der inneren Heilung einhergeht. Da ist so vieles, was wir aufgeben müssen, sobald wir erkennen und zugeben, welchen Tribut die Sex-Sucht von uns gefordert hat. Das Loslassen all dieser Dinge schließt das Verlustgefühl mit ein.

Die Aufgabe besteht darin, die Trauerarbeit zu leisten, ohne über sich selbst oder die eigenen Gefühle zu richten. Vielleicht half uns die Sucht, mit dem Leben fertig zu werden, als wir dazu auf gesunde Weise nicht fähig waren. Vielleicht trug sie dazu bei, solche Gefühle oder Ereignisse zu verbergen, die zu schmerzlich waren, als daß wir uns ihnen hätten stellen können. Vielleicht war es für den Moment wirklich das Beste, was wir tun konnten: das Leben eines Menschen zu führen, der seiner Sucht nachging.

Tragisch war, daß die Sucht uns in dem Maße zu beherrschen begann, wie wir uns tiefer in ihr verloren. Sie wurde unsere Höhere Macht, unsere Geliebte, unsere Arbeit, unser Freund. Deshalb ist es wichtig, nicht nur darüber zu trauern, daß wir die Sucht überwunden haben — denn sie war ja ungesund —, sondern auch über den Verlust unserer Identität und der Dinge, die wir im Leben verpaßt haben durch unsere Sucht. Der Schmerz ist eine heilsame Erfahrung, wenn er aufrichtig empfunden und ausgedrückt wird.

Wenn ich heute Kummer habe, lasse ich ihn auch zu.

SK

5. Februar

Erfolg, Anerkennung und Konformität sind die Schlagworte der modernen Welt, in der jeder sich nach der betäubenden Sicherheit sehnt, mit der Mehrheit identifiziert zu werden.

Martin Luther King

Als wir jung waren, litten wir zweifelsohne manchmal unter dem von unseren Altersgenossen ausgeübten Zwang, uns anzupassen. Vielleicht wurden wir überredet, Drogen auszuprobieren, pornographische Magazine anzuschauen, das andere Geschlecht zu verhöhnen oder über jene zu lachen, die konventionellere Einstellungen in puncto Sex hatten — mit einem Wort: Wir sollten einer von ihnen sein. Wir sahen uns zwar anders, fühlten uns als unabhängige Einzelperson, ließen es aber dennoch zu, in ein Schema gepreßt zu werden. Vielleicht waren wir einsam und dachten, wir bräuchten die Anerkennung unserer Altersgenossen; und dabei übersahen wir den eigenen Schaden. Aber viele von uns zahlten einen hohen Preis.

Im Verlauf unseres Heilungsprozesses müssen wir unsere innere Unabhängigkeit wiederherstellen und wirklich herausfinden, wer wir sind. Wir werden zurückgehen müssen, um das verlorene, vom Weg abgekommene Kind, das wir waren, wiederzufinden. Zugleich entscheiden wir uns, jetzt Teil einer neuen Gemeinschaft von Männern und Frauen zu sein, die zusammen daran arbeiten, ihre Unabhängigkeit im Innern zu bewahren. Wir können uns dieser Gemeinschaft aus freien Stücken anschließen und dennoch die eigene Identität bewahren: als Frau, als Mann.

Ich werde mir meine eigenen Wertmaßstäbe setzen und mein Leben dementsprechend führen.

PW

Das Verständnis ist der Schlüssel zu richtigen Grundsätzen und Einstellungen, und die richtige Handlung ist der Schlüssel zu einem guten Leben.
Aus: »Zwölf Schritte und Zwölf Traditionen«

Leicht kann man die Zwölf Schritte als eine Art Unterrichtsführer, als Handbuch für den sich selbst heilenden Menschen ansehen: Man unternehme den Ersten Schritt, dann den Zweiten, daraufhin den Dritten — und so fort. Doch so einfach ist es nicht. Die Schritte sind etwas, woran wir arbeiten und womit wir unser ganzes Leben lang umgehen, Tag für Tag. Wir machen sie nicht alle auf einmal und folgen ihnen nicht immer geradewegs.

Die Zwölf Schritte sind eher wie die Punkte eines Kreises: Nachdem wir den Ersten Schritt getan haben, kann jeder dieser Punkte wieder ein Anfang sein — je nachdem, was wir gerade brauchen. Die Tatsache, daß die Zwölf Schritte eine Lebensweise darstellen und daß wir uns an ihnen orientieren, bildet die Verbindung zwischen uns und anderen Mitgliedern der Gruppe, ob wir nun Neuling oder langjähriges Mitglied sind.

Anstatt mühsam zu versuchen, die Schritte zu entschlüsseln und uns zu fragen, ob wir sie richtig machen, können wir auf unser Herz hören und dankbar sein, daß es Zwölf Schritte gibt, um uns zu führen.

Alle Weisheit, derer ich für die Veränderung bedarf, liegt in den Schritten, im Gemeinschaftsgeist und in mir selbst: Dabei wird mir die Hilfe meiner Höheren Macht zugute kommen.

SK

7. Februar

Ich liebe es, Theater zu spielen. Es ist so viel realistischer als das Leben. Oscar Wilde

Viele von uns Sex-Süchtigen haben sich daran gewöhnt, eine Rolle zu spielen. Wir haben Bedenken, unser Innerstes zu offenbaren, weil wir uns über den schämen, der wir in Wirklichkeit sind. Wir sind imstande, durchs Leben zu gehen und unser wahres Selbst hinter den Masken unseres falschen Selbst zu verbergen. Unsere Krankheit zwang uns dazu, unaufrichtig zu sein, und vielleicht haben wir sogar an dieser Schauspielerei Vergnügen gefunden. Manchmal mag es uns ein gutes Gefühl gegeben haben zu wissen, daß wir jeden Menschen unserer Umgebung hintergingen — die Freunde und Geliebten eingeschlossen. Es gab Zeiten, als wir uns in die eigene Raffiniertheit verliebten.

Früher oder später wurden wir es leid, jemand anders zu sein. Die geliebten Menschen, unsere Kinder und Freunde kamen völlig durcheinander und wurden verletzt durch unsere Spielereien und unser inkonsequentes Verhalten. Sie sehnen sich danach, uns so zu erleben, wie wir wirklich sind. Indem wir den Mut gewinnen, uns selbst kennenzulernen und zu lieben, können wir unsere Masken fallen lassen und zulassen, daß wir von anderen gesehen und erkannt und geliebt werden. Unser Leben — und das ihre — wird dadurch reicher.

Ich kann ich selbst sein in der Öffentlichkeit und im privaten Bereich — vor allem in Gegenwart jener, die ich liebe.

PW

Denn es ist, wie es ist: Und so hilf mir, meinen Teil zu erfüllen.
Ein tibetanischer Meister

Es heißt, Gott existiere nur in der Gegenwart. Das bedeutet, wir müssen im Jetzt leben, wenn wir Gott finden wollen. In Gottes Augen sind wir wertvoll und liebenswert, so wie wir sind, heute. Niemals weist Gott einen Teil seiner Schöpfung von sich.

Können wir akzeptieren, daß unsere Höhere Macht uns selbst da liebte, als wir unsere Sucht ausagierten? Können wir glauben, daß Gott uns liebt, wenn wir uns heute mühsam durchkämpfen oder sogar wieder ausrutschen? Wenn das passiert, können wir uns selbst vom Boden aufheben und uns entscheiden, ob wir eine Gruppensitzung besuchen, einen Freund oder den Menschen, der uns mit Rat und Tat bei den Zwölf Schritten zur Seite steht, anrufen oder zu unserer Höheren Macht beten.

Durch die Macht seiner Gegenwart kann Gott uns bedingungslos lieben, eben weil er von uns keine Perfektion erwartet und einfach nur unser Bestes will. Nur in der Gegenwart haben wir die Kraft, unsere Einstellungen und Handlungen frei zu wählen — und diese Freiheit ist es, die uns mit Gottes Kraft verbindet.

Meine Höhere Macht liebt mich, weil *ich ein Mensch bin, nicht* obwohl *ich es bin.*

SK

9. Februar

Gute Menschen sind deshalb gut, weil sie durch Mißerfolge zur Einsicht gekommen sind.

William Saroyan

In unserer Sucht neigen wir dazu, andere Leute für besser zu halten als uns selbst. Wir sind schnell dabei, jemanden zu bewundern, zu idealisieren. Wir sind überzeugt, daß gute Menschen deshalb gut sind, weil sie dazu geboren wurden. Und wir sind natürlich schlecht.

Aber der eigene Wert wächst durch Erfahrung, und Erfahrung schließt Rückschläge und sogar Katastrophen mit ein. Es kommt nicht so sehr darauf an, was uns widerfährt, sondern auf die Art und Weise, wie wir damit umgehen. Was wir vielleicht als Mißgeschick betrachten, kann uns unter Umständen zu einem tieferen Verständnis für uns selbst und für andere Menschen führen.

Weisheit kann nicht gelehrt, nicht übertragen werden; sie entwickelt sich direkt durch unsere persönlichen Erfahrungen mit der Welt. Und dabei lernen wir, daß gute Charaktereigenschaften einen Wert darstellen, der aus den schweren Prüfungen und Abenteuern resultiert, mit denen wir auf unserem eigenen Weg konfrontiert wurden. Wir können im stillen stolz sein auf unseren Wert.

Als ein Mitglied der menschlichen Familie glaube ich an meine inneren Qualitäten und meinen Wert.

PW

Die Liebe besteht darin, daß zwei Einsamkeiten einander schützen, grenzen und grüßen.

Rainer Maria Rilke

Eine langjährige Teilnehmerin am Programm erzählte über ihre Ehe: »Mein Mann wartete sieben Jahre auf mich, in denen ich wahllos meine sexuelle Sucht ausagierte, bis ich schließlich davon geheilt wurde. Danach wartete ich drei Jahre auf ihn, bis er anfing, sich mit seiner Co-Abhängigkeit auseinanderzusetzen.

Es bleibt ein Geheimnis unserer Herzen, warum wir einander lieben. Trotz der schlechten Wahl, die ich jedesmal in bezug auf Männer getroffen hatte, heiratete ich am Ende einen Menschen, der die Sanftheit, Ehrlichkeit und Fürsorglichkeit besitzt, die ich brauche. Ich versuche nicht zu analysieren, weshalb wir aufeinander warteten oder wie wir es schafften, in all diesen Jahren verheiratet zu bleiben. Ich akzeptiere es einfach, und heute ist unsere Beziehung die stärkste und beste, die je zwischen uns bestand.«

Egal, ob wir Mann oder Frau sind, der oder die sich von der Sex-Sucht befreit: Wir sollten uns die Hoffnung, die aus dieser Geschichte spricht, zu eigen machen. Wenn wir eine gesunde Beziehung wünschen und uns gedulden, können wir daran glauben, daß sie kommen wird, sobald die Zeit dafür reif ist.

Ich kann heute daran arbeiten, die Qualitäten zu entwickeln, die aus mir einen liebevollen Partner machen.

SK

11. Februar

Das Herz kennt Gründe, von denen die Vernunft nichts weiß.
Pascal

Im wissenschaftlichen Zeitalter vertrauen wir der Vernunft, um die Welt zu erklären und uns dadurch zu orientieren. Wenn uns der Verstand sagt, etwas sei sinnlos, so werden wir es wahrscheinlich nicht tun. Unser Kopf regiert unser Herz.

Aber unser Herz hat auch eine Stimme, und sie verdient es, gehört zu werden. Gefühle haben nicht nur eine Kraft; sie haben auch eine Sprache, deren Worte oft mächtiger und wirkungsvoller sind als die des Verstandes. Unser Herz ist imstande, uns etwas zu sagen über Fürsorglichkeit und Zuneigung, über Beistand und Liebe und Nähe.

Gefangen in unserer Sucht, hörten wir auf, der Stimme des Herzens zu lauschen. Unser Herz ging daran fast zugrunde. Aber durch den Heilungsprozeß beginnt es wieder zu schlagen: in Hoffnung und Liebe.

Ich werde fähig, der Sprache meines Herzens — der Sprache der Liebe — zu vertrauen.

PW

Das Gefühl gehört dem inneren Leben an; sein Ausdruck dem äußeren Leben. Alexander Lowen

Es gibt eine Verbindung zwischen unserer Fähigkeit zu fühlen, der Fähigkeit, unsere Gefühle auszudrücken, und der Fähigkeit, sie loszulassen. Wahrscheinlich gibt es viele schmerzliche Gefühle, die wir zu unterdrücken lernten, als wir jung waren — zu ihnen gehören vor allem Zorn und Traurigkeit. Es mag dann schwierig sein, andere Gefühle zu empfinden, die mit früheren schmerzlichen Erlebnissen verknüpft sind: gerade wenn es dabei um sexuelle Mißhandlung in der Kindheit oder unsere Sucht geht.

Dennoch kann es kein Loslassen, keinen Schritt nach vorn geben, ehe wir nicht damit aufhören, solche Gefühle wie Trauer, Wut oder Verzweiflung zu unterdrücken. Eine Möglichkeit, mit der Aufarbeitung schwieriger Gefühle zu beginnen, besteht darin, sich anderen Menschen zuzuwenden — durch einen Telefonanruf oder den Besuch eines Gruppentreffens. Eine andere Möglichkeit ist, zu schreiben, einmal zu weinen, ein heilsames Ritual vorzubereiten — etwa für einige Tage zu meditieren. Wir können uns auch darauf besinnen, uns der Höheren Macht zuzuwenden, um die benötigte spirituelle Hilfe zu erhalten.

Die innere Befreiung, bewirkt durch die zum Ausdruck gebrachten Gefühle, wird den Schmerz lindern helfen. Wir können die ganze Vergangenheit nicht auf einmal loslassen, aber wir können heute einen Teil davon loslassen.

Wenn ich heute leide, kann ich mich um die heilsame Botschaft des Programms bemühen. Ich werde mir selbst die gleiche Anteilnahme entgegenbringen wie einem anderen Menschen, der Schmerz ertragen muß.

SK

13. Februar

In unserer Vorstellung ist reichlich Mut vorhanden — aber er zeigt sich nicht. Helen Keller

In Gedanken sind wir oft die mutigsten Menschen der Welt und vollbringen täglich große Taten. Gewöhnlich ist es die weitausholende Geste, die unsere Phantasie fesselt und uns zu hohem Ansehen verhilft — in unserer Vorstellung. Und dann warten wir auf den Tag, an dem wir unseren Mut vor aller Augen unter Beweis stellen können.

Doch in der Zwischenzeit — wie steht es da um unsere Sucht? Sitzen wir weiterhin allein herum, gefangen in unseren sexuellen Phantasien? Fahren wir fort, unser Verlangen auf Kosten anderer auszuagieren? Fliehen wir vor wirklicher Intimität und haben Angst vor Aufrichtigkeit? Sind wir außer Kontrolle geraten?

Wir wollen uns die Dinge, die wir in unserem Sexualleben ändern *können*, einmal genauer ansehen. Vielleicht verstehen wir jetzt noch nicht, warum wir so handeln, wie wir handeln, aber wir wissen, was wir ändern wollen. Wir wollen unsere Sexualität in unser übriges Leben integrieren und vermeiden, daß sie je wieder davon getrennt wird und uns zerstört. Das ist etwas, wozu wir Mut brauchen — und zwar jeden Tag.

Ich will mich ganz auf meine Sucht konzentrieren und Mut aufbringen für die täglichen Schritte zu meiner inneren Heilung.

PW

Mit jedem Schritt nach vorne lassen wir einen dunklen Schatten unserer selbst zurück. John Spalding

Jemand, der bereits auf dem Weg der Heilung ist, machte einmal die Bemerkung, daß er jeden Tag beim Aufwachen sagte: »Okay, lieber Gott, versetze mich heute in Erstaunen.« Obwohl jeder Tag neue Herausforderungen mit sich bringt, gibt es etwas, was er uns nicht bescheren wird: Vollkommenheit. Für heute können wir nichts als ein gemischtes Paket von Erfahrungen mit einer breiten Skala dazugehöriger Gefühle erwarten.

Wenn wir uns angesichts unserer Lebensumstände entmutigt fühlen oder ihnen negativ gegenüberstehen, können wir eine dankbare Einstellung dadurch gewinnen, daß wir einen Blick zurück werfen und sehen, wie weit wir schon gekommen sind. Wir sollten uns daran erinnern, daß wir nach inneren Fortschritten streben, nicht nach Perfektion. Es gibt immer etwas, wofür man dankbar sein kann — einschließlich der Fähigkeit, etwas entdecken zu können, wofür man dankbar ist.

Wenn das Leben so schlimm ist, daß ich weinen möchte, werde ich versuchen, statt dessen zu lachen.

SK

15. Februar

Wer sein Leben halbtot zubringt, ist ein lebender Toter. John Milton

Die Sex-Sucht mag uns, wie jede andere Sucht, einen Moment lang die Illusion gegeben haben, wirklich lebendig zu sein. Als wir sie dann ausagiert hatten, verfielen wir wieder in Passivität. Unsere Phantasien und Handlungen können uns ein Hochgefühl vermitteln — deshalb ist unsere Sucht auch so schwer von einer objektiven Warte aus zu betrachten, deshalb ist der Beginn der Heilung so mühsam. Aber wir wissen, daß wir, solange die Sucht uns quält, nur halb am Leben und eingeschlossen sind in unsere geheimen Phantasien und obsessiven Gedanken. Und halb am Leben sein heißt: halb tot sein.

Wenn wir wie Halbtote durchs Leben gehen, verweigern wir uns die wertvollste Gabe, über die wir verfügen: die Möglichkeit, ein Leben voller Freude und im Überfluß zu führen. Wir sind so vieler Dinge fähig: in unserer Arbeit; wenn wir uns ausruhen; mit unseren Freunden und geliebten Menschen; während wir spielen. Wir können tanzen, weinen, lachen, singen, malen, Ski fahren, reisen, eine Pause einlegen, kochen, anderen helfen, spazierengehen, sprechen. Es gibt tausend Arten, eine Stunde, einen Tag, ja ein Leben zu verbringen.

Viel von dieser Herrlichkeit ginge verloren, würden wir uns entscheiden, aufgrund der Sucht vom Leben ausgeschlossen zu bleiben. Wenn wir den Ersten Schritt auf dem Weg der Heilung unternehmen, bereichern wir unser eigenes Leben und das der Menschen um uns.

Jeden Tag kann ich ins Leben zurückkehren und es erfüllter und freudiger verbringen.

PW

Du kannst auf einem gewundenen Weg nicht geradeaus fahren. Russisches Sprichwort

Was war nötig, damit wir an den Punkt gelangten, an dem wir unsere Machtlosigkeit und Unfähigkeit, mit der Sex-Sucht noch fertig zu werden, bereitwillig zugaben? Die meisten von uns erreichten diesen Punkt erst, als sie mit einigen schrecklichen Konsequenzen konfrontiert wurden — nicht nur einmal, sondern immer wieder.

Selbst wenn wir bereits auf dem Weg der Heilung sind, kann es sein, daß wir vieles verdrängen. Wenn wir uns der eigenen Sucht nur auf verstandesmäßiger Ebene nähern, ohne unsere Gefühle anzuerkennen, ist die Wahrscheinlichkeit, daß wir weiterhin die Augen verschließen, wesentlich größer. Wir können die Geschichte unseres Lebens nicht neu schreiben, und wir können die schmerzlichen Erinnerungen nicht auslöschen. Was immer wir getan haben, es ist geschehen. Wenn wir uns mit dieser Tatsache abfinden, können wir der Machtlosigkeit entgegenwirken. Wir können die Hand ausstrecken und um Hilfe bitten, und wir können anfangen, uns selbst zu helfen.

Das Eingeständnis, machtlos zu sein gegenüber meiner Sucht, bietet mir einen Ausweg aus ihr. Es ist eine Aufforderung, mich selbst so anzunehmen, wie ich bin, und von da aus weiterzugehen.

SK

17. Februar

Die düsteren Zeichen an der Wand sind vielleicht eine Fälschung. Ralph Hodgson

Zu oft sind wir Süchtige abergläubisch und interpretieren die Zeichen auf negative oder feindliche Weise. Weil wir nicht an uns selbst glauben, neigen wir dazu zu glauben, das Schicksal sei gegen uns.

Doch das Leben ist nicht für uns oder gegen uns. Bei aufmerksamer Beobachtung werden wir im Verlauf jeden Tages viele Zeichen erkennen, die ein Versprechen darstellen: Zeichen der Hoffnung, Zeichen der Güte, Zeichen der Schönheit. Und wenn wir uns selbst und unserer Höheren Macht vertrauen, werden wir wissen, wie die Dinge der Welt zu deuten und so zu nutzen sind, daß sie uns Gutes bringen.

Manchmal sind wir vielleicht nicht sicher, welchen Schritt wir als nächsten unternehmen oder gar, welche Richtung wir generell einschlagen sollen. Wenn wir geduldig und wachsam sind gegenüber der Welt rings um uns, werden wir Andeutungen und Hinweise wahrnehmen, die uns auf unserem Weg weiterhelfen — zum Beispiel den Telefonanruf eines Freundes, eine herzliche Umarmung, eine zufällige Begegnung, ein Angebot für eine Arbeit, einen kleinen Rat von dem geliebten Menschen. Wenn wir innerlich darauf vorbereitet sind, werden wir wissen, wie wir zu reagieren haben und was zu tun ist.

Allmählich begreifen wir, daß wir einer Sache sicher sein können: In dieser Welt der Zeichen sind wir nicht allein.

Ich will nicht an ein feindliches Schicksal glauben. Die Welt ist gut, und ich finde meinen Weg in ihr, indem ich geduldig bin und lerne, die Zeichen zu lesen.

Was ist deine leidendste Erfahrung?
Ist dir Trinken bitter, werde Wein …
Und wenn dich das Irdische vergaß,
Zu der stillen Erde sag: Ich rinne.
Zu dem Wasser sprich: Ich bin.

Rainer Maria Rilke

Wir wollen ja gar nicht, daß Gott alles, was mit uns zu tun hat, ändern oder uns noch einmal als vollkommene Menschen erschaffen soll. (Gut, vielleicht wollen wir es doch.) Und wir wollen auch nicht jemand anders sein als der, der wir sind; eines Tages mögen wir uns sogar. Es geht vielmehr darum, daß wir Vertrauen haben wollen in uns selbst, ein tiefes, beständiges Vertrauen, das uns innerlich festigt. Wir möchten unsere Wurzeln tief in der Erde haben und nicht Wurzeln aus Glas, die leicht zerbrechen.

Kräftige und tiefe Wurzeln bilden sich durch Selbstachtung, Hoffnung, Liebe, innere Bereitschaft, Demut und Glauben. Unsere Sehnsucht, fest im Leben verankert zu sein, mag in dem Wunsch zum Ausdruck kommen, nicht mehr süchtig zu sein nach Sex — aber das ist nur die Außenseite jener tieferen Dinge, die wir eigentlich wollen.

Der innere Heilungsprozeß ordnet die Aspekte unserer Persönlichkeit, ja selbst unserer Seele, neu an um bisher unbekannte spirituelle Prinzipien. Wir mögen jetzt und für allezeit Sex-Süchtige bleiben — aber das hält uns nicht davon ab, Vertrauen in uns selbst und Mut zu haben, innerlich weiter zu wachsen.

Ich bin ein Gefäß, das Leben enthält. Ich bin ein Gefäß, das zerbrochen und wieder zusammengefügt wurde. Ich werde überdauern.

SK

19. Februar

Wenn die anderen versuchen, mich zu hetzen, sage ich immer: »Ich habe nur eine andere Gangart — die langsamere.« Glenn Ford

Wir neigen dazu, uns selbst unter Arbeits-, Produktions- und Leistungsdruck zu setzen. Doch dieser Zwang gibt uns das Gefühl der Hetze, und wir werden nachlässig gegenüber uns selbst und anderen. Wir übersehen die kleinen einfachen Dinge im Leben und versäumen, uns an ihnen zu erfreuen. Wir verlieren Menschen und Dinge aus unserem Blickfeld.

Der Druck kann jedoch auch von innen kommen — durch unsere Schamgefühle und die Vorstellung, nichts wert zu sein. Dann fällt es uns — infolge unseres verheimlichten Sexuallebens — schwer, der Welt in die Augen zu sehen. Vielleicht glauben wir, wir müßten uns einfach weiter vorantreiben, um uns der Beurteilung der wahren Natur unserer Krankheit und des Schadens, den sie uns und anderen zugefügt hat, zu entziehen.

Aber jetzt wissen wir, daß wir uns Zeit lassen und jeden Tag, jede Stunde, jede Minute so nehmen können, wie es gerade kommt. Indem wir es langsamer angehen lassen, lernen wir, die Welt klarer zu sehen und die Gesellschaft anderer Menschen zu genießen. Wir haben wirklich Zeit, uns selbst kennenzulernen und die Hand nach anderen auszustrecken. Ein erfüllteres, ruhigeres, schöneres Leben ist die Belohnung.

Die Zeit ist kein Gegner, der erobert werden muß, sondern Teil des Lebensrhythmus. Jeden Tag versuche ich, langsamer voranzugehen und wirklich zu leben.

PW

Ich will nicht den Käse — ich will einfach nur aus der Falle herauskommen. Spanisches Sprichwort

Die Sex-Sucht hat zwei Seiten: zum einen agieren wir sie aus; zum anderen versuchen wir, das Ausagieren zu kontrollieren, um die Sucht in den Griff zu bekommen. Als wir der Sucht nachgingen, versuchten wir, uns durch Willenskraft und Verstand zu beherrschen. Jetzt aber verfügen wir über weitaus gesündere Möglichkeiten, um zu leben. Möglichkeiten, die das Wissen mit einschließen, daß es kein Mittel gibt, einer Sucht vollkommen Herr zu werden. Die einzige Wahl besteht darin, sie innerlich loszulassen.

Wir haben all die Zeit, die wir brauchen, um zu definieren, was Enthaltsamkeit für uns bedeutet. Im Verlauf der Heilung mag es Tage geben, an denen wir nichts anderes tun können, als sie krampfhaft aufrechtzuerhalten, um die Sucht nicht wieder auszuagieren. Unsere Enthaltsamkeit mag nicht gerade so sein, wie wir sie uns wünschten; aber solange wir auf uns achtgeben und unsere Bedürfnisse nicht ausagieren, leben wir abstinent. Später wird diese Abstinenz sich festigen und vertiefen, um die Wiedergewinnung unserer Sexualität auf neue Weise, frei von Sucht, zu gewährleisten. Eines wissen wir ganz sicher: Wie auch immer wir unsere Enthaltsamkeit definieren — ohne sie gibt es keine Heilung.

Ich weiß, daß ich meine Sucht nicht in den Griff bekommen kann — aber ich kann sie loslassen mit Hilfe meiner Höheren Macht. Aus dieser Einsicht definiere ich meine Enthaltsamkeit. Ich bin bereit, heute enthaltsam zu bleiben.

SK

21. Februar

Welche Einsamkeit wäre einsamer als die des Mißtrauens?
George Eliot

Die Isolation, in die wir uns mit der Sex-Sucht manövriert haben, entsteht zum Teil durch unseren Mangel an Vertrauen. Als wir Kinder waren, begegneten viele von uns den Erwachsenen mit Offenheit und Vertrauen — und wurden weggestoßen, allein gelassen oder mißhandelt. Wir wichen näherem Kontakt aus, denn Berührungen wurden mit Verführung oder Verletzung assoziiert. Wir zogen uns zurück in die tiefe Einsamkeit der Verzweiflung.

Wie können wir uns davon befreien? Wenn wir unsere Treffen besuchen, haben wir die Gelegenheit, mit einem anderen allein zu sprechen oder uns in kleineren wie auch in größeren Gruppen zu unterhalten. Wir können dort einen Freund finden, der uns mit Rat und Tat zur Seite steht, uns mit jemandem am Telefon austauschen und Gruppenmitglieder zum Frühstück treffen. Allmählich kommen wir mit Menschen in Berührung, die uns nicht verletzen, nicht allein lassen — und die uns auch nicht mißhandeln.

Ein wesentlicher Bestandteil der inneren Heilung ist, das Vertrauen in andere Menschen wiederzugewinnen, und das braucht Zeit. Aber wir haben Zeit. Und wir sind am richtigen Ort und bei den richtigen Menschen. Unsere Zwölf-Schritte-Gruppe ist die Grundlage für eine neue, vertrauensvolle Beziehung mit der Welt.

Ich weiß, daß es Zeit braucht, um aus der Isolation auszubrechen und zu lernen, anderen Menschen zu vertrauen — aber ich weiß auch, daß es möglich ist und ich derjenige bin, der es schaffen kann.

PW

Gott verzögert die Dinge, aber er vergißt sie nicht.
Spanisches Sprichwort

Es ist frustrierend, krank zu werden, die Arbeit zu verlieren oder finanzielle Rückschläge zu erleiden. Plötzlich fühlen wir uns beeinträchtigt, und der Rhythmus unseres Lebens hat sich in einer Weise verändert, die wir nie vorausgeahnt hätten. Aber unsere Höhere Macht läßt uns aus gutem Grund ein wenig innehalten.

Die Not hält Gaben für uns bereit. So bekommen wir Zeit, die wir alleine verbringen können, Zeit, um nachzudenken. Das Alleinsein gibt uns die Chance, auf neue Weise zu uns selbst zu finden. Wir sind vielleicht überrascht, innere Quellen zu entdecken, von deren Existenz wir bisher nichts wußten. Eine Zeit des Wartens, in der wir die Not überwinden, vermag uns auch zu Gott hinzuführen, wenn andere Menschen den Trost, den wir brauchen, nicht geben können.

Es ist eine Herausforderung, zum Nichtstun fähig zu sein, wenn die Welt uns zu verstehen gibt, daß wir ständig in Aktion sein müssen. Wenn es nicht möglich ist, etwas zu unternehmen, so befähigt uns die Annahme unserer Lebensumstände dazu, den Wert zu erfahren, den das *Sein* hat vor dem Tun.

Wenn ich auf einen meiner Lebensbereiche keinen Einfluß habe, kann ich geduldig sein und einfach abwarten. Untätigkeit ist nicht notwendigerweise Trägheit.

SK

23. Februar

Im Schwierigen liegen die freundlichen Kräfte, die Hände, die an uns arbeiten. Rainer Maria Rilke

Zu oft stellen wir uns das Leben als einen fliegenden Teppich vor, der uns mitnimmt, wohin wir auch wollen. Vielleicht sehen wir fern und ein Werbespot bemächtigt sich unserer Phantasie und überzeugt uns davon, jeder würde nach unserer Pfeife tanzen. Wir sind plötzlich wieder omnipotent wie in der frühen Kindheit: »Seine Majestät das Baby«.

Aber was würde solch ein wunderliches Leben bringen in bezug auf Wandlung und inneres Wachstum? Warum würden wir die Mühen auf uns nehmen, wenn alles, wonach wir uns sehnen, zu unserer Verfügung stünde? Wir wären dann mit Fünfzig die gleichen, die wir mit Dreißig und Fünfzehn und mit fünf Monaten waren: »Seine Majestät das Baby«.

Wir brauchen Veränderungen, und die meisten von uns heißen sie auch willkommen — selbst wenn diese Veränderungen mit Wachstumsschmerzen verbunden sind. Unter der Führung unserer Höheren Macht können wir nach dem Guten streben. Wir sind nicht omnipotent, aber wir sind auch nicht allein. Wir sind Teil einer menschlichen Gemeinschaft, und wir können in Kontakt sein mit einer Macht jenseits von uns selbst. Das ist das wahre Wunder.

Ich habe keine Angst vor den Schwierigkeiten, sofern sie zu meinem inneren Wachstum beitragen.

PW

Liebe dich selbst so, wie du wirklich bist.

Anne Sexton

Wie oft haben wir nicht gewünscht, lieber ein anderer, irgendein anderer zu sein, als wir sind? Wenn wir laut und heftig waren — haben wir uns dann nicht danach gesehnt, ruhiger zu sein? Wenn wir uns introvertiert verhielten — haben wir dann nicht davon geträumt, extrovertiert zu sein? Und, natürlich, haben wir als Sex-Süchtige nicht den Wunsch gehabt, ganz »normal« zu sein?

In Wahrheit gibt es so etwas wie »normal« gar nicht. Jeder von uns ist ein besonderes Wesen; wir haben die Möglichkeit, unser eigenes einzigartiges Schicksal zu erkennen. Die fortdauernde Entwicklung, zu der wir fähig sind, beruht auf Qualitäten, die wir jetzt besitzen. Wir können uns selbst verändern, aber wir sind niemals imstande, etwas in uns hineinzulegen, was einfach nicht in unserem Charakter angelegt ist. Wer dies trotzdem versucht, will perfekt sein: Er wird seine Energie auf äußere Dinge konzentrieren, wodurch die Sucht möglicherweise überhaupt erst ausgelöst wird.

Statt dessen können wir lernen, von unserem Innern geführt zu werden. Wir können uns selbst schätzen und lieben, so wie wir sind, und im Laufe des Lebens Menschen wählen, die das gleiche tun.

Je mehr ich das Geheimnis des Menschen, der ich bin, würdige, desto weniger werde ich den Wunsch haben, ein anderer zu sein.

SK

25. Februar

Die Sünde hat viele Namen — aber die Lüge paßt zu jedem. Oliver Wendell Holmes jun.

Wenn wir süchtig sind nach Sex, kann es sehr gut sein, daß unser Leben auf Lügen gebaut ist. Wir alle haben unsere Fehler, doch wenn wir süchtig sind, steht das Lügen an oberster Stelle. Wir sind derart beschämt von unserem Verhalten, daß wir vor der Wahrheit fliehen und, schon bei den unwichtigsten Dingen, zum Mittel der Lüge greifen.

Die Lüge ist ein Verstoß gegen das Leben und gegen diejenigen, die wir lieben. Warum können wir dem geliebten Menschen nicht in die Augen sehen? Warum wenden wir uns ab von unseren Kindern und täuschen sie vor lauter Scham?

Unser Programm verlangt bedingungslose Ehrlichkeit, und zwar von Anfang an. Wir müssen aufrichtig sein, mit uns selbst und denen, die mit uns leiden. In der Gemeinschaft unserer Gruppe, die die innere Heilung zum Ziel hat, kommen wir, wenn wir die Wahrheit furchtlos und offen aussprechen, allmählich klar mit uns selbst und lernen, für andere da zu sein.

Die Lüge trennt uns von den anderen; die Wahrheit verbindet uns.

Ich bin es müde, zu lügen, wenn ich denen in die Augen schaue, die mir vertrauen. Ich weiß: Ich kann lernen, ehrlich zu sein und mir selbst und der Wahrheit zu vertrauen.

PW

Die Liebe muß erlernt und wieder und wieder erlernt werden; dieser Prozeß nimmt kein Ende. Der Haß dagegen bedarf keiner Unterweisung; er wartet nur darauf, daß man ihn herausfordert.

Katherine Anne Porter

Oft beginnen wir eine Beziehung in dem Glauben, es gebe eine perfekte Art, mit dem anderen umzugehen, und wenn wir diese nur herausfänden, würden wir Erfolg haben und akzeptiert werden. Aber so etwas wie »eine einzige und bestmögliche Weise«, um mit einem anderen Menschen zusammenzusein, gibt es nicht. Das Wunder jeder Beziehung besteht darin, daß zwei unvollkommene Menschen daran beteiligt sind.

Wenn man glaubt, der Perfektionswahn schütze die Liebe, so ist das ein geradezu suchterzeugendes Denken. Die Liebe ist ein Geschenk, das ohne jede Vorbehalte gewährt werden muß. Wir können nichts tun, um einen anderen grundlegend in seiner Entscheidung zu beeinflussen, ob er uns liebt oder nicht. Alles, was wir tun können, ist: unseren Teil beizutragen, indem wir lernen, so gut zu lieben, wie wir dazu imstande sind. Es mag schwer sein, in uns solche Qualitäten zu finden wie: emotionale Reife, die Fähigkeit, allein zu bleiben, Ehrlichkeit, die Bereitschaft zu verzeihen, Geduld und Selbstachtung. Aber gerade auf diese Qualitäten müssen wir Wert legen, um lieben zu können.

Vielleicht macht es Angst, einem anderen Menschen soweit zu vertrauen, daß wir auch Risiken auf uns nehmen und aufhören, bestimmte Ergebnisse erzwingen zu wollen. Aber die Liebe ist ein Wagnis, das einzugehen sich lohnt.

Ich lerne, daß ich nicht vollkommen sein muß, um von anderen angenommen und geliebt zu werden.

SK

27. Februar

Wenn ich groß werde, will ich ein kleiner Junge sein.
Joseph Heller

Als Kinder haben wir uns vielleicht vor der eigenen Sexualität gefürchtet, oder wir haben sie ignoriert, sind falsch mit ihr umgegangen oder haben sie unterdrückt. Mag sein, daß wir uns nicht wohl fühlten mit unseren sexuellen Regungen — so, als gehörten sie nicht zu uns. Vielleicht auch wurden sie uns schlichtweg geraubt — von einem Menschen, der uns sexuell mißbrauchte.

Diese Empfindungen haben uns vielleicht soweit gebracht, daß wir nicht mehr Kind sein wollten, weil sie uns davon abhielten, die Kindheit wirklich zu genießen. Dadurch fühlte sich das Kind in uns krank, und wir hatten den Wunsch, zu vergessen, andere zurückzuweisen und sie oder ihn immer wieder zu verlassen.

Aber das Kind in jedem von uns ist ein lebendiger, kraftvoller, kreativer Teil, mit dem wir in Berührung sein müssen, um uns wieder als ganze Menschen zu empfinden. Vielleicht haben wir das Bedürfnis, eine Photographie, die uns als Kind zeigt, ständig mit uns zu tragen, so daß wir daran erinnert werden, wer wir waren und wer wir in gewisser Weise immer noch sind. Dieses Kind braucht uns, und wir brauchen dieses Kind, um weiterhin zu spielen, schöpferisch zu sein und zu lieben.

Ich will das Kind in mir erwecken und es mein ganzes Leben lang wachsen lassen.

PW

Getrennt vom Körper, wird das Geistige zu einer bloßen Abstraktion, genauso wie der Körper, der seine Geistigkeit verleugnet, zu einem bloßen Objekt wird.
Alexander Lowen

Als wir unsere Sucht ausagierten, behandelten wir andere Menschen oft als Objekt. Wir wählten Partner oder Beziehungen aufgrund von Äußerlichkeiten aus. Wir fragten uns: Ist sie schön? Ist er eine stattliche Erscheinung? Ist dieser Mensch jemand, mit dem wir uns auf einer Party zeigen wollen? Und das wichtigste Kriterium war natürlich: Konnten wir uns vorstellen, mit ihm oder ihr ins Bett zu gehen?

Auch uns selbst behandelten wir als Objekt, indem wir mehr darauf achteten, wie wir aussahen oder was die Leute über uns dachten, als darauf, was wir selbst über uns dachten. Wir besaßen kein echtes Gefühl von Würde, weil wir in einer Phantasiewelt gefangen waren, in der wir nach dem vollkommenen sexuellen Erlebnis suchten.

In dem Maß, wie wir geheilt werden, erkennen wir, daß wir nicht nur Körper sind und daß unser Körper kein Objekt ist. Jeder ist ein menschliches Wesen mit Gefühlen, Bedürfnissen und gewissen Standpunkten. Wir verdienen es, uns selbst und andere Menschen mit Respekt zu behandeln, uns daran erinnernd, daß wir die Menschenwürde gemeinsam haben.

Ich betrachte mich selbst als ganzen Menschen. Das hilft mir, andere Menschen auch so zu sehen.

SK

29. Februar

Wenn man zur Bitterkeit neigt, ist das ein Zeichen dafür, daß die Gefühle versagt haben.

Bertrand Russell

Manchmal begegnen wir verbitterten, zynischen Menschen, die uns eine Zeitlang vielleicht sogar gut unterhalten. Sie scheinen sich ihrer selbst so sicher zu sein und so vieles erlebt zu haben in der Welt.

Aber sobald wir uns intensiver mit diesen Menschen beschäftigen, erkennen wir, daß sie in Wirklichkeit große Angst haben vor Gefühlen — und vor dem Leben. Ihre Bitterkeit verschleiert nur die Unfähigkeit, sich selbst und anderen Menschen nahe zu sein.

Die Sex-Sucht verbitterte uns, denn sie blockierte unsere wahren Gefühle durch mechanische, obsessiv ausgeführte Handlungen. Wir kamen uns schändlich vor und unverbesserlich, und unsere Einstellungen wurden nüchtern und feindlich. Die echten Gefühle versiegten, und wir wendeten uns ärgerlich von der Liebe und vom Leben ab.

Der Heilungsprozeß hilft uns, die Gefühle zu befreien und aufrichtig und direkt auf andere Menschen und die Welt um uns zu reagieren. Mit jedem Tag erweitern wir die Skala unserer Gefühle, weil wir uns nicht mehr vor ihnen fürchten.

Ich weiß, daß Bitterkeit und Zynismus das Leben herabwürdigen. Ich will weiterhin die Welt durch meine wahren Gefühle erreichen.

PW

März

1. März

Die Wörter »Ich bin ...« sind mächtige Wörter; sei vorsichtig, womit du sie in Verbindung bringst. Manches, was du für dich beanspruchst, wird möglicherweise plötzlich Macht über dich gewinnen.

A. L. Kitselman

Das Heute bietet uns die Chance, die Vergangenheit zurückzulassen und in der Gegenwart zu leben. Was wir früher taten, als wir unsere Sex-Sucht ausübten, ist gleichgültig. Wenn wir heute enthaltsam leben, wenn wir heute an unserem Programm arbeiten, wenn wir heute unser Bestes geben, dann ist das schon alles, was zählt.

Es ist leicht, mit der Scham und der negativen Haltung aus der Vergangenheit zu leben, ohne daß man dies überhaupt merkt. Aber solche Zeiten sind vorbei — wir führen nicht mehr dieses Leben. Heute können wir uns selbst oder einem anderen verzeihen und unser jetziges, verändertes Leben als unsere Wiedergutmachung für die Vergangenheit einbringen.

Eine versöhnliche Haltung, Dankbarkeit, vertrauter Umgang mit anderen, Sanftheit, Aufrichtigkeit: dies sind die Geschenke, die wir uns selbst und anderen machen, wenn wir in der Gegenwart leben.

Wie fühle ich mich im Augenblick? Bin ich gelassen, oder gibt es etwas, das mich stört? Wenn ich ehrlich mit meinen Stimmungen und Gefühlen umgehe, bin ich auf dem besten Weg, in der Gegenwart zu leben.

SK

Die meisten Menschen führen ein Leben in stiller Verzweiflung. Henry David Thoreau

Je tiefer wir in unsere Sucht gezogen wurden, desto verzweifelter waren wir auf der Suche nach Erleichterung und auf der Flucht vor Verantwortung. Wechselnde Partner, Videos, pornographische Magazine, anonyme Begegnungen — all dies ist Ausdruck der Niedergeschlagenheit und Verzweiflung; keine Liebe, keine Hoffnung ist damit verbunden.

Im Heilungsprozeß müssen wir ganz unerschrocken uns selbst erforschen und unnachsichtig die Inventur in unserem Inneren vornehmen. Dabei können wir einen anderen Menschen und unsere Höhere Macht teilhaben lassen an den spezifischen Kennzeichen unserer Irrtümer wie auch unseres inneren Fortschritts. Wir können präzise über unsere Sucht sprechen und uns zugleich über die eigenen Stärken äußern. Der Weg zur Heilung führt notwendigerweise über die ehrliche Auseinandersetzung mit unseren charakterlichen Mängeln und schließt die nochmalige Überprüfung unserer Überzeugungen und Werte mit ein.

Die Ehrlichkeit uns selbst gegenüber und das Eingeständnis unserer Unzulänglichkeiten gegenüber anderen bewirken, daß wir uns wieder mit der eigenen Wahrheit und mit der menschlichen Gemeinschaft, in der wirkliche, vitale Menschen leben und lieben, verbunden fühlen.

Alles ist gut, wenn ich mich selbst und andere als Mitglieder der menschlichen Gemeinschaft willkommen heiße.

PW

3. März

Alles Lebendige erfreut sich seines Daseins.
William Blake

Auf welche Weise gehen wir mit anderen Menschen Verbindungen ein? Setzen wir dabei auf Konflikte, auf das Leiden des anderen, auf Manipulationen, Klatsch, auf die Kunst, dem Gegenüber immer um eine Nasenlänge voraus zu sein? Bauen wir Beziehungen auf, die sicher im Griff zu haben sind, und bezeichnen das dann als »Wirklichkeit«?

Eine wahre Verbindung erfordert zwei Menschen, die den Wunsch haben, die Beziehung überhaupt einzugehen und sich einander als Gleichberechtigte zu nähern. Eine harmonische Beziehung beschert uns Glück, Reife und ein befriedigendes Gefühl von Nähe. Wir sind fähig, wir selbst zu sein, ohne unsere Überzeugungen oder unser Verhalten dem anderen so anzupassen, daß wir ihm gefallen oder daß dadurch die Beziehung aufrechterhalten wird. In dem Augenblick, da wir unsere Gleichberechtigung aufgeben, haben wir einen Machtkampf, keine Beziehung.

Als wir unsere Sucht ausagierten, bestand die einzige Verbindung, die wir eingegangen waren, zwischen uns und dem süchtigen Hunger, einem Verlangen, das nie gestillt wurde. Im Prozeß der Heilung hingegen können wir mit anderen Menschen in Beziehung treten, geben und empfangen und die Freude entdecken, die sich durch eine wahre Verbindung einstellt.

In meinen Beziehungen besteht ein Dreieck: Es setzt sich zusammen aus mir selbst, der anderen Person und meiner Höheren Macht. Ich kann der inneren Verbundenheit, die ich empfinde, vertrauen und geben, was ich geben kann, ohne mir Gedanken darüber zu machen, was ich als Gegenleistung dafür bekommen könnte.

SK

Ich will in meinem Leben nur diesen Ruhm erwerben: daß ich es friedlich verbracht habe.

Montaigne

Der Wunsch, einen guten Ruf zu haben, kann uns oft vom Wesentlichen ablenken. Wir sind so eifrig um Anerkennung bemüht, daß wir uns selbst aus den Augen verlieren. Wir denken nur mehr daran, was andere Leute von uns halten. Wir unterwerfen uns ihrem Urteil und versäumen es, uns selbst einmal näher zu betrachten.

Es ist schön und angenehm, wenn andere eine gute Meinung von uns haben … solange wir selbst eine gute Meinung von uns haben. Wir müssen unseren eigenen Garten bestellen und das lieben, was darin gedeiht. Wenn ihn die Nachbarn bewundern — schön; aber das ist nicht unbedingt nötig.

Ein friedliches Leben bringt uns in Berührung mit uns selbst, und allmählich erkennen wir, wieviel wir unserer Ansicht nach wert sind. Mit diesem Vertrauen in uns selbst sind wir imstande, die Hand auszustrecken und zu lieben — nicht weil wir leer und bedürftig wären, sondern weil wir an unsere Einzigartigkeit und an unseren Wert glauben.

Ich entschließe mich, innere Ruhe und die Liebe zu suchen, die in der Selbsterkenntnis ihren Ursprung hat.

PW

5. März

Was ich wollte, war:
Wieder ich selbst sein. Sandra Hochman

Wenn wir den Glauben an unsere Gefühle verlieren, verlieren wir den Glauben an uns selbst und geraten in Abhängigkeit von der Außenwelt. Wir blicken in die Welt, damit sie uns zu verstehen gebe, was wir tun und wie wir mit unseren Empfindungen umgehen sollen. Wir suchen Anerkennung und Liebe von anderen, um uns selbst beweisen zu können, daß wir achtbare Menschen sind. Paradoxerweise bedeutet diese Abhängigkeit von äußeren Dingen, daß man im Grunde nur mit sich selbst beschäftigt ist. Weil wir uns unserer selbst so unsicher sind, können wir nicht loslassen und spontan, wirklichkeitsnah sein.

Die Aufgabe im Heilungsprozeß besteht darin, uns selbst wiederzugewinnen, indem wir uns mehr und mehr von unserer inneren Stimme führen lassen. Das bedeutet, daß wir in uns selbst die Richtung erkunden müssen, die wir brauchen. Auch wenn wir bloß lernen, unseren Gefühlen zu vertrauen, kann dies schon quälende Schmerzen zur Folge haben. Das bedeutet aber auch, darauf zu vertrauen, daß unsere Bedürfnisse echt sind und daß wir das Recht haben, sie auszudrücken. Erst dann können wir den Glauben an uns selbst und an das Leben finden, der uns fehlte.

Um von der eigenen inneren Stimme geführt zu werden, müssen wir uns selbst annehmen, uns selbst lieben. Nur so können wir uns selbst finden — einen anderen wahren Frieden gibt es nicht.

Ich kann meinen eigenen Gefühlen treu sein. Ich bin mir selbst der beste Lehrer, weil ich weiß, was ich wirklich brauche.

SK

So sind die Menschen. Oft scheint es wirklich schade, daß Noah … die Arche nicht verpaßt hat.

Mark Twain

Ist es schade? Wäre es besser gewesen, die Menschheit wäre in der Sintflut untergegangen? Vielleicht dann, wenn wir tief in unserer Sucht gefangen sind, mögen wir versucht sein, dem zuzustimmen: Die Menschen sind schlecht. Sex ist ekelhaft, wir taugen zu nichts, das Leben ist miserabel. An den Tagen, da wir schrecklich unter unserer Sucht leiden, scheint die Welt tatsächlich ein düsterer und trostloser Kerker zu sein.

Das ist das Elend der Sex-Sucht: Sie beraubt uns der Liebe und der tieferen Empfindungen und macht aus der Welt einen Ort der Schatten und der Verzweiflung. Dann ist alles, was wir unternehmen, von Schwermut begleitet und getrübt von unserem Gefühl, nichts wert zu sein.

Aber wir wissen: Es gibt einen Ausweg. Wir müssen uns im Heilungsprozeß anderen Menschen öffnen und unseren Schmerz, unseren Kummer zum Ausdruck bringen. Wir können gewiß sein, daß sie uns zuhören werden, weil sie vorher in der gleichen Situation waren wie wir. Und jetzt sind sie für uns da. Wenn die Sucht uns wie eine Sintflut erscheint, die Gott in unser Leben geschickt hat, dann kann unser Programm das Schiff der Hoffnung sein. Sobald wir uns den neuen Gefährten anschließen, wird unser Erster Schritt den Beginn eines neuen Lebens markieren.

Wenn ich mich über meine Sucht erhebe, sehe ich die Welt in neuem Licht.

PW

7. März

Das schöpferische Potential des Menschen ist das eigentlich Göttliche an ihm. Mary Daly

In jedem von uns steckt ein schöpferischer Mensch. Wenn man mit der eigenen Kreativität vertraut wird und gut damit umzugehen lernt, legt man damit häufig eine allzu engstirnige, starre Denkweise ab, so daß die spontane, künstlerische Seite an uns offenbar wird.

Ob wir uns selbst für einen künstlerisch veranlagten Menschen halten oder nicht: wir sind es. Künstlerisch veranlagt sein heißt: etwas schaffen — und das ist eine Begabung, die wir alle besitzen. Im Prozeß der Heilung finden wir jeden Tag den Mut, uns selbst neu zu erschaffen. Eine Möglichkeit, unsere Kreativität zu fördern, besteht darin, ein Betätigungsfeld für sie zu finden. Das kann Klavierspielen, eine Stickerei, Gartenarbeit oder das Aufpolieren von Möbeln sein. Nahezu alles, was uns veranlaßt, etwas aus uns hervorzubringen, ist dafür geeignet.

Die Freude, die wir durch die Arbeit mit unserem Körper, unserem Geist, unserem Verstand und mit unseren Gefühlen haben, ist wirklich eine lustvolle Erfahrung, die am Ende eine erstaunliche Belohnung bereithält: Wir stellen fest, daß wir etwas Neues geschaffen haben — und darin können wir uns selbst sehen.

Ich lasse ab von starren Denkweisen, die meine Kreativität an ihrer Entfaltung hindern. Meine Kreativität ist mir wichtiger als starre Denkweisen.

SK

Wenn du nicht in der Lage bist, die toten Gerippe in deiner Familiengeschichte loszuwerden, kannst du sie genausogut einfach tanzen lassen.

George Bernard Shaw

Viele Sex-Süchtige kommen aus Familien, in denen Heimlichkeiten und versteckte Schamgefühle vorherrschend waren. Manchmal gab es über Generationen hinweg keine offene Auseinandersetzung über Gefühle, keinen direkten und ehrlichen Austausch unter den Familienmitgliedern. Ein System unausgesprochener Mitteilungen und verborgener Schuldgefühle umgibt die Kinder in diesen Familien. Sie werden immer einsamer.

In unserer Abgeschlossenheit pflegten wir uns selbst als schlechte Menschen zu betrachten, weil wir die Botschaft empfingen, mit unserer Sexualität stimme etwas nicht, sie sei irgendwie unanständig. Unsere Wünsche fielen auf uns selbst zurück und wir verheimlichten sie dann — so bekriegten wir uns ständig selbst. Wir wurden zum Schlachtfeld für eine Art Bürgerkrieg, den wir immer verloren.

Wir befreien uns aus dieser schädlichen Isolation, sobald wir lernen, über unsere persönlichen Hintergründe und unsere Stellung innerhalb des eigenen familiären Beziehungsgeflechts zu sprechen. Wenn es darin einige tote Gerippe gibt, wollen wir sie ein wenig rütteln und schütteln. Wir lernen sogar, über die verrückte Welt aus Scham und Unterdrückung, die uns vom eigentlichen Leben fernhielt, zu lachen. Indem wir sprechen und lachen, beginnen wir, aus ihr auszubrechen.

Ich will frei sein von Schuld und Scham, die mich in einem suchterzeugenden Kreislauf gefangen halten.

PW

9. März

Ich blicke in den Spiegel durch die Augen jenes Kindes, das ich einmal war. Judy Collins

Man sagt, die grundlegende Aufgabe von Vater und Mutter bestehe darin, den Geist des Kindes zu erwecken. Viele unter uns wurden von Eltern großgezogen, die alles andere taten als das. Es kann tatsächlich sein, daß unser Geist durch ihre Handlungsweisen gebrochen wurde.

Wenn wir selbst Eltern sind, haben wir eine neue Chance. In uns lebt ein Kind, das sich an den Schmerz erinnert, den kein Kind jemals zu fühlen bekommen sollte. Und wir haben ein Kind in uns, das sich an Unschuld und Freude erinnert. Der Blick des freudigen, unschuldigen Kindes ist das Geschenk, das wir unseren Kindern machen können. Wir können ihnen die Sanftheit, den Respekt und das Einfühlungsvermögen zukommen lassen, die sie verdienen. Wir leben nicht durch unsere Kinder; sie sind eigenständige Menschen, die ihr eigenes Leben führen. Aber wir können ihren Geist erwecken, indem wir ihnen die bedingungslose Liebe zeigen, die wir für sie empfinden und die sie sehnsüchtig von uns erwarten.

Wenn ich mich selbst gut behandle, bin ich fähig, auch meine Kinder gut zu behandeln. Ich lerne, mir selbst und ihnen die Fürsorge und das Verständnis entgegenzubringen, die nötig sind, damit unser Geist Nahrung erhält.

SK

In unseren Träumen und Zielen entdecken wir unsere Möglichkeiten. Sue Atchley Ebaugh

Viele der großen, schöpferisch tätigen Menschen, wie etwa Albert Einstein, haben wichtige Entdeckungen gemacht, während sie ihren Tagträumen nachhingen. Auch wir können für uns die Energie erschließen, die aus zufälligen Assoziationen und dem Unbewußten kommt. Das ermöglicht uns eine neue Sicht der Dinge.

Als wir zur Schule gingen, wurde uns vielleicht beigebracht, immer aufmerksam zu sein und unser Leben nicht zu verträumen. Auch die Eltern haben uns möglicherweise gebremst, als wir in unseren Phantasievorstellungen lebten. Unsere Zivilisation neigt dazu, das Rationale und Pragmatische zu belohnen und den Träumer als einen Menschen von minderer Bedeutung zu betrachten.

Doch wir wollen unsere Kraft zum Träumen nicht verlieren. Unsere Träume können viel mehr sein als sexuelle Phantasien, die durch Sucht erzeugt werden. Unsere tiefsten Wünsche und Hoffnungen kommen oft dann zutage, wenn wir vor uns hindösen oder unsere Gedanken einfach alle Möglichkeiten abtasten lassen, die das Leben bietet. Häufig stoßen wir in unseren Träumen auf die Wahrheit. Wir brauchen die Energie und die Vision, die sich mit dem Träumen einstellen.

Ich nehme gerne das Geschenk der Ideen an, die mir einfallen, während ich meiner Phantasie freien Lauf lasse.

PW

11. März

Nichts hält wahre Hoffnung auf — sie fliegt mit Schwalbenflügeln. William Shakespeare

Wenn wir im Zweiten Schritt lesen, daß »uns unsere geistige Gesundheit wiedergegeben wird«, so können wir daran glauben, daß wir irgendwo tief im Innern auch gesund sind. Dieses »Wiedergeben« bedeutet, daß uns etwas zurückgegeben wird, was wir bereits besitzen: Ganzheit. Durch diesen Schritt beginnen wir mit der Versöhnung: Wir werden mit uns selbst und unserer Höheren Macht versöhnt, und wir haben die Hoffnung, mit anderen Menschen versöhnt zu werden.

Die Arbeit an diesem Schritt erfordert Geduld, weil er einen Prozeß darstellt — manchmal sogar einen langen. Denn wenn man allmählich zu einer Überzeugung kommt, bedeutet das nicht, daß man eine ganze Reihe rein intellektueller Überzeugungen annimmt. Es bedeutet, daß man beginnt, den Glauben zu finden — und dieser unterscheidet sich völlig von einer intellektuellen Überzeugung. Bevor wir Glauben finden können, müssen wir Hoffnung haben. Der Zweite Schritt gibt uns beides.

Wie ein Kind mache ich einen Schritt nach dem anderen. Ich glaube daran, daß heute mein Leben für mich wiederhergestellt wird.

SK

Ich weiß wohl, was ich fliehe, aber nicht, was ich suche. Montaigne

Viele von uns sind sich bewußt, daß sie nicht länger jener sex-süchtige Mensch sein wollen, der oft ohne Rücksicht auf seinen Willen und seine Wertmaßstäbe zu handeln scheint. Wir flüchten vor dieser Person, von der wir wissen, daß sie sich mit zerstörerischen Dingen beschäftigt und nur mit sich selbst befaßt ist. Und zugleich wenden wir uns gegen diesen Automaten, der wir sind.

Vielleicht wissen wir nicht immer genau, was wir die ganze Zeit wollen, oder wer wir sein wollen. Jedenfalls aber haben wir gelernt, daß es nie einen bestimmten und endgültigen Augenblick geben wird, der die definitive Antwort für das, was wir suchen, bereithält. Wichtig ist, daß wir loskommen von destruktiven Gewohnheiten und entmutigenden Verhaltensmustern. Wir lernen, auf andere und auf unsere innere Stimme zu hören. Wir sind im Aufbruch.

Wir müssen keinem starren Plan folgen, um auf dem Weg der Heilung weiter voranzukommen und die Freude an einem neuen Leben zu vermehren.

Indem ich mich von meinen alten Gewohnheiten löse, erkenne ich die verblüffenden Möglichkeiten eines neuen Lebens, das darauf wartet, gelebt zu werden.

PW

13. März

Jeder Mensch, selbst der scheinbar sorgloseste, hat den natürlichen Wunsch, sein inneres Gleichgewicht zu finden. Jakob Wassermann

Inaktivität ist das Gegenteil von übertriebenem, zwanghaftem Handeln. Stellen wir — da viele von uns zu letzterem neigen — nicht manchmal fest, daß wir gerade ins andere Extrem verfallen und einfach gar nichts tun? Dieses Nichtstun ist eine Möglichkeit, wie wir versuchen können, unsere Sucht in den Griff zu bekommen. Es kann dann aber schwierig werden, überhaupt in Schwung zu kommen, sobald wir Sex nicht mehr als Antrieb benutzen. Und es kann genauso schwierig werden, generell langsamer zu machen, wenn wir Sex durch sinnlose Betätigungen ersetzen, um unsere Gefühle abzustumpfen.

Was wir brauchen, ist der Glaube daran, daß das Leben sicher ist und daß wir in ihm sicher sind. Wir brauchen zudem die Kraft, die von einer uns übersteigenden Macht ausgeht. Es gibt ein gesundes Gleichgewicht, das weder aus der Aktivität durch zwanghaftes Handeln noch aus der Inaktivität durch Angst und Unterdrückung resultiert. Wenn wir dabei sind, unseren eigenen inneren Rhythmus zu finden, fühlen wir eine Gelassenheit, die die Freude an der Gegenwart in den Mittelpunkt rückt und sie uns genießen läßt.

Was brauche ich heute? Wenn ich vorankommen muß, kann ich »so handeln, als ob«. Wenn ich langsamer machen will, kann ich mich selbst zum Stehen bringen und eine Pause einlegen.

SK

Eine Lüge zieht viele andere nach sich, und so hängt unser ganzes Lebensgebäude in der Luft und wird zwangsläufig bald zusammenbrechen.

Baltasar Gracián

Wenn wir uns nichts vormachen über unsere Sucht, wissen wir, wie sie uns zu Heimlichkeiten verleiten kann. Zuerst war es nur eine kleine Lüge — wegen einer Verabredung, die wir versäumt hatten, oder weil wir zu spät nach Hause gekommen waren. Dann kam die Lüge, die die erste vertuschen sollte. Darauf folgten weitere Lügen, mit denen wir versuchten, dem Lügengewebe zu entfliehen, in das wir uns mit unseren Täuschungsmanövern verfangen hatten. Wir konnten dem geliebten Menschen nicht in die Augen schauen, wir konnten nicht riskieren, die Wahrheit zu sagen — und so logen wir wieder und wieder. Schließlich kam der Tag, als wir begannen, uns wohl zu fühlen in unserer kleinen Welt aus Phantasien und Betrügereien.

Unser Leben wurde ein Kartenhaus, ein Sack voller Lügen. Wir waren nicht in der Lage, eine ehrliche und klare Maßnahme zu ergreifen, aus Angst, daß dann alles in unserem Leben zusammenbrechen würde. Und gewöhnlich waren wir selbst nicht die einzigen, die dadurch verletzt wurden; unsere Ehepartner, Geliebten, Kinder, Freunde und Arbeitskollegen litten ebenfalls.

Wir haben begonnen, all dies zu ändern, aber das braucht Zeit. Jedes Mal, wenn wir ehrlich sind, verlieren die Lügen ihre Macht — und einmal wird schließlich die Wahrheit zutage treten.

Ich habe genug von diesem Lügengewebe, das ich um meine Sucht gesponnen habe. Ich will es durchtrennen und Ehrlichkeit und Wahrheit anstreben.

PW

15. März

Um zu gewinnen, was zu besitzen sich lohnt, ist es unter Umständen notwendig, alles andere zu verlieren. Bernadette Devlin

Wenn wir zugeben, daß es eine Macht gibt, die größer ist als wir selbst, erfahren wir, was Demut ist. Als Sex-Süchtige fühlten wir uns mächtig, besonders dann, wenn wir unser Verlangen ausagierten. Doch diese Macht war eine Illusion: wir benutzten sie, um die Wahrheit zu verschleiern. Wir glaubten wirklich, daß unsere Sucht allmächtig sei. Sie war die treibende Kraft, auf die wir uns verließen und die wir gegen alles andere abschirmten.

Welch ein Unterfangen war es doch, unsere Machtlosigkeit einzugestehen und das Bedürfnis nach einer Macht, die uns übersteigt, anzuerkennen. Denn unser Leben kommt uns manchmal wie ein Schlachtfeld vor: die Sucht zieht uns in die eine Richtung, und der Heilungsprozeß treibt uns in die andere. Wo aber ist Gott in diesem Kampf?

Im Gegensatz zur Sucht zwingt uns die Höhere Macht nicht, etwas zu tun, sondern sie wartet, bis wir uns entschieden haben. Wir müssen uns auch nicht in einer besonderen Richtung engagieren. Wir werden uns entscheiden, unser Leben der Fürsorge unserer Höheren Macht anheimzugeben, sobald wir dazu bereit sind. Wir müssen nur spüren, daß dieses Spirituelle vorhanden ist und uns helfen wird: wenn wir willens sind, unsere Machtlosigkeit zuzugeben.

Der Zweite Schritt ist eine Möglichkeit für mich, von nun an meine eigene Spiritualität zu erfahren. Kann ich dieses Geschenk von meiner Höheren Macht annehmen?

SK

Es sind nicht die übertriebenen Gefühle, es sind die wahren Regungen unserer Seele, die uns den nötigen inneren Halt geben. Elizabeth Bowen

Als wir aufgrund unserer Sucht in Hochstimmung waren, ließen wir den Gefühlen auf ausschweifende, übertriebene Weise ihren Lauf und dachten, wir würden ihnen dadurch nahekommen. Tatsächlich aber erlebten wir nur diese Hochstimmung — unsere wahren Gefühle waren vergessen und lagen gleichsam brach. Nach einiger Zeit setzten wir uns vollkommen über sie hinweg zugunsten künstlicher Gefühlsausbrüche.

Ein Bestandteil unseres Heilungsprozesses ist die Wiederentdeckung des tief in uns gelegenen Gefühlspotentials, über das wir immer schon verfügten, das aber durch unsere Sucht unterbunden worden war und damit ungenutzt blieb. Unser Tun gründete in unwahren Empfindungen und vorgetäuschten Affekten. Unsere Krankheit vertrieb uns aus unserem wahren Selbst.

Wenn wir im Zweiten Schritt zum Ausdruck bringen, daß wir wieder gesund werden können, sprechen wir damit auch über unsere eigentlichen Gefühle. Als Resultat unserer Arbeit am Programm werden wir erfahren, daß wir noch einmal fähig sind, zu lachen und zu weinen und Trauer und Zorn und Freude auszudrücken. Die Trennwand zwischen uns und unseren Gefühlen ist gefallen; wir sind befreit von der tödlichen Macht unserer Sucht.

Ich lerne zu unterscheiden zwischen der falschen Hochstimmung, die meine Sucht hervorgerufen hat, und den wahren Gefühlen, die unmittelbar aus meinem Herzen kommen.

PW

17. März

Wir steigen nicht zweimal in denselben Fluß, denn das Wasser fließt unaufhörlich weiter. Heraklit

Es ist wichtig, wie wir uns selbst sehen und welche Wörter wir benutzen, um uns zu beschreiben. Wenn wir uns als »Sex-Süchtigen« bezeichnen, werden wir uns dann wie ein Sex-Süchtiger fühlen und dementsprechend handeln? Obwohl es eine große Erleichterung sein kann, wenn wir einen Namen für unsere Sucht finden, sollten wir vorsichtig sein, damit wir solche Wörter nicht gegen uns selbst verwenden.

Das Wort »Sex-Süchtiger« ist eben nur ein Wort. Was wir mit ihm verbinden, ist unsere Sache. Es mag für uns und andere Menschen emotional belastet sein, letztlich aber beschreibt es doch nur einen Teil unserer selbst. Es gibt keinesfalls eine vollständige Schilderung von uns ab.

Jeder Augenblick im Heilungsprozeß ist ein Übergang zwischen dem alten Ich und dem neuen. Wenn wir uns von dem Bild, das wir von uns als Süchtigem haben, distanzieren und uns als ganze Menschen sehen wollen, so können wir das tun. Das bedeutet dann nicht, daß wir die Tatsache, süchtig zu sein, verleugnen; es bedeutet, daß wir ein vollständigeres Bild jenes Menschen sehen, der wir sind.

Heute kann ich ein dankbarer Süchtiger sein, denn ich weiß, daß es im Grunde meine Sucht war, die mir ein neues Leben beschert hat.

SK

Es gibt keine Kräfte, die so unterschiedlich sind, daß sie nicht im Herzen eines einzelnen miteinander verbunden werden konnten. Jean Giraudoux

Manchmal suchen wir vielleicht zu angestrengt nach harmonischer Einheit und zusammenhängendem Sinn. Sobald wir unsicher werden, geraten wir schon durcheinander; sobald wir inkonsequent sind, werden wir gleich kritisiert. Folglich versuchen wir, immer konstant und berechenbar zu sein.

Aber wir bestehen aus in sich verschiedenen Genen und einander entgegengesetzten Temperamenten. Wir wollen vielleicht immer das Richtige tun, aber wir alle machen Fehler. Unser Herz will das eine, unser Kopf etwas anderes. Wir ändern unsere Meinung und beenden eine Sache und fangen eine zweite an. Wir werden manchmal konfus, und in uns wogt ein Kampf nach dem anderen.

Genau das bedeutet Menschsein. Eine Vielzahl von Kräften strömt von überall auf uns zu, viele Gedanken tauchen auf, viele Gefühle toben sich aus. Es erfordert Mut, die eigenen Widersprüche und Auseinandersetzungen zu akzeptieren — aber wenn wir es tun, werden wir stärker sein.

Ich erkenne, daß ich oft unterschiedliche Regungen habe. Ich akzeptiere, daß das zum Menschsein dazugehört.

PW

19. März

Den ganzen Tag über war dort, wo das Sonnenlicht am Strand spielte, das Leben in seinem Element.

Olive Schreiner

Wenn wir im Innern loslassen, beginnt unser Blick zu wandern, und wir empfinden einen tiefen Respekt vor dem Leben und dem Teil, den wir darin ausfüllen. Das Land — majestätisch und fruchtbar —, die Kinder, die Haustiere, eine Tätigkeit, die wir ganz besonders mögen: all dies ist Nahrung für unseren Geist.

Es ist wichtig, die Dinge, die unseren Geist nähren, ausfindig zu machen und sie auch zu tun — und es ist wichtig, die Möglichkeiten, durch die unser Geist erweckt wird, ständig zu erweitern. Es ist wunderbar, jene Erregung zu fühlen, die aus einem Augenblick innerer Verbundenheit resultiert. Obwohl dieser Augenblick ganz unbedeutend sein mag — wir bemerken vielleicht etwas, das uns früher entgangen war —, so können wir nun doch spüren, daß er wirklich existiert. Der tiefste Teil in uns reicht an etwas anderes heran, an einen anderen Menschen, und wir sind miteinander verbunden. Die tiefe Vertrautheit mit dem Leben erneuert das Leben.

Ich bitte Dich, Gott, hilf mir heute, ja zu sagen zur Schönheit, zu den Menschen und zu den Erfahrungen in meinem Leben.

SK

Wann immer er über Vietnam nachdachte, fühlte er sich schrecklich. Und so traf er schließlich eine verhängnisvolle Entscheidung: Er beschloß, nicht mehr daran zu denken. Anonym

Es gibt vieles, worüber wir vielleicht nicht gerne nachdenken wollen, und oft sind es ganze Gesellschaften, die so zu tun versuchen, als existierten einige Dinge gar nicht. Die Menschen im Viktorianischen Zeitalter etwa neigten — zumindest in der Öffentlichkeit — dazu, die Macht und die Anziehungskraft der Sexualität zu verleugnen, was zu zahlreichen Tabus führte.

Die Auswirkungen dieser Tabus bekommen noch immer viele unter uns zu spüren. Wir sind vielleicht nicht fähig, offen über sexuelle Dinge zu sprechen oder auf normale Art daran zu denken — nicht einmal, wenn wir mit uns allein sind. Und wenn wir sie gedanklich nicht in Ordnung bringen, sind wir auch nicht imstande, sie als angenehm zu empfinden, beziehungsweise unser Leben in den Griff zu bekommen.

Es ist hilfreich, darüber zu sprechen. Wir brauchen eine vertraute und liebevolle Umgebung, wo wir unsere Ängste und unsere Sehnsüchte, unsere Reuegefühle und unsere Hoffnungen deutlich kundtun können. Wenn wir zu Gruppentreffen kommen und anderen Menschen begegnen, die ebenfalls von der Sex-Sucht heimgesucht werden, fühlen wir den Beginn eines Heilungsprozesses, der ein Start ist in ein neues Leben.

Ich will nicht mehr vor unangenehmen Gedanken und Tatsachen fliehen. Indem ich mich der Wahrheit stelle, kann ich anfangen, frei zu sein.

PW

21. März

Ein »Nein« kann genauso eine Bestätigung des Lebens sein wie ein »Ja«. Nur die Unwahrheit ist der Tod. Wenn man sich selbst belügt, ist das eine geistige Schwäche. Romain Rolland

Jeden Tag bitten wir um die innere Bereitschaft, in Sachen Sexualität gesunde Entscheidungen zu treffen. Wenn wir am Morgen aufwachen, bekommen wir schon durch die Art, wie wir uns fühlen, eine Vorstellung davon, ob der Tag leicht oder schwierig sein wird. Wenn es nicht gerade unser stärkster Tag ist, müssen wir auf unsere Enthaltsamkeit ganz besonders achten.

Das kann heißen, daß wir vielleicht jemanden anrufen sollten, daß wir aufschreiben, wie wir einer schwierigen Situation zu begegnen gedenken, daß wir notieren, was wir mit uns vorhaben, und eventuelle Gefahren im voraus ins Auge fassen. Müssen wir einen bestimmten Stadtteil meiden oder mit uns selbst ein Abkommen schließen, daß wir einen geliebten Menschen von früher nicht mehr anrufen? Oder dürfen wir eine bestimmte Musik nicht hören? Wenn wir die Absicht haben, heute abend ins Kino zu gehen, müssen wir dann den Film mit besonderer Sorgfalt auswählen? Menschen, Orte, Dinge und Ereignisse, die unser Suchtverhalten auslösen können, gibt es überall, und es hängt von uns ab, *vorher* entsprechend zu handeln und nicht *hinterher* nur zu reagieren. Unsere Enthaltsamkeit ist ein Geschenk. Wir sollten behutsam mit ihr umgehen und sie stärken, Tag für Tag.

Es gibt Tage, an denen es schwieriger ist, abstinent zu bleiben, als an anderen. An solchen Tagen will ich mich besonders darum bemühen, meine Enthaltsamkeit aufrechtzuerhalten.

SK

Vergebung ist der Schlüssel zu Tat und Freiheit.

Hannah Arendt

Ein Bestandteil unseres Heilungsprozesses ist die schwierige Suche nach einer versöhnlichen Einstellung. Unsere Sucht trieb uns dazu, uns selbst und anderen Schaden zuzufügen. Wir waren ärgerlich und grob und vielleicht hinterhältig und gehässig.

Auf welche Weise können wir diese versöhnliche Einstellung finden? Ist sie jemals möglich angesichts all des Unrechts, das wir anderen zugefügt haben? Wir wollen langsam voranschreiten und beginnen, indem wir uns selbst betrachten. Wir sind hart mit uns umgegangen und kannten kein Erbarmen mit den eigenen Mißgeschicken — aber viele von ihnen resultieren doch aus unserer Krankheit, der Sex-Sucht. Wir waren ein Schlachtfeld für Selbsthaß. Wir spalteten uns auf in zwei Personen: die eine, die ihr sexuelles Verlangen blind ausagierte, und die andere, die das verurteilte. Eine versöhnliche Einstellung bringt diese beiden einander feindlichen Aspekte unserer Persönlichkeit wieder zusammen.

Jetzt sind wir bereit, eine Liste all jener Menschen zu erstellen, denen wir durch unsere Sucht Schaden zugefügt haben. Nicht immer werden sie vergessen — auch wir nicht. Aber wir können in Liebe und Demut die Hand nach ihnen ausstrecken. Wenn wir die durch Verletzungen und Haß verursachten Bürden aus dem Weg räumen, sind wir bereit, hinauszugehen in die offene Welt der Freiheit.

Ich will es mir verzeihen, daß ich mich selbst und jene, die ich liebe, verletzt habe.

PW

23. März

Ich sage dir, die große Trennung existiert noch immer, dieser furchtbare Riß zwischen Ich und Du ... Die Polarisierung der Geschlechter setzt sich fort, weil uns der Mut fehlt, unsere Ähnlichkeiten wahrzunehmen und unsere wahren Bedürfnisse zuzugeben.

Colette Dowling

Wir schauen in sein Gesicht, und wir sehen den anderen. Wir blicken in ihre Augen, und wir nehmen den Unterschied zwischen uns wahr. Als Sex-Süchtige kennen wir den Schmerz, von anderen Menschen völlig getrennt zu sein. Warum also sollten wir nun, da wir auf dem Weg der Heilung sind, den Wunsch haben, diese Trennung weiterhin dadurch aufrechtzuerhalten, daß wir dem anderen Geschlecht den Zutritt in unser Leben verwehren? Ungeachtet dessen, welcher Art unsere Grenzen in sexuellen Dingen sein mögen: die Gaben, die Männer und Frauen voneinander empfangen, sind zahlreich und wertvoll.

Eine Möglichkeit, hier einen Anfang zu machen, besteht darin, Freunde zu haben, die dem anderen Geschlecht angehören. Wenn wir mit Freunden zusammen sind, können wir wir selbst sein. Wir dürfen Fehler machen; wir können gemeinsam etwas unternehmen; wir können miteinander sprechen. Wir können jemandem einen kurzen Besuch abstatten und gegenseitig jene Feinheiten und Stärken fördern, die das besondere Wesen der Männlichkeit und der Weiblichkeit ausmachen. Wir sind fähig dazu, weil wir zum anderen Geschlecht gehören.

Gibt es jemanden vom anderen Geschlecht, mit dem ich gerne befreundet wäre? Ich kann das Risiko auf mich nehmen, die Hand nach ihm oder ihr auszustrecken.

SK

Ehrlichkeit ist das erste Kapitel im Buch der Weisheit.
Thomas Jefferson

Wir müssen unseren eigenen Weg zur Weisheit finden, und manchmal wird dieser Weg uns lang und beschwerlich erscheinen. Wie fangen wir an? Wie weit müssen wir gehen? Wie wissen wir, daß wir angekommen sind?

Für die meisten von uns ist es hilfreich, diesen Weg mit anderen, im Rahmen einer Zwölf-Schritte-Gruppe, anzutreten. Dort lernen wir, ehrlich im Umgang mit uns selbst zu sein und unserer inneren Stimme zu vertrauen. Nach einiger Zeit sind wir fähig, Tatsachen von Phantastereien zu unterscheiden, und kommen zu einer vernünftigen Einsicht über unser Verhalten.

Wir brauchen Mut, um rigoros ehrlich zu sein. Es ist so leicht, den Fehltritt von gestern zu beschönigen oder zu vergessen, daß ein geliebter Mensch durch unser Benehmen verletzt wurde. Vielleicht wollen wir so anfangen, daß wir unsere guten und schlechten Qualitäten auflisten. Das hilft uns, ein Gespür für die Proportionen in unserem Innern zu entwickeln, und schafft eine Basis für die Einschätzung jener Handlungen, durch welche anderen und uns selbst Schaden zugefügt wurde. Dann können wir beschließen, den Schaden bei den Menschen, die wir verletzt haben, wiedergutzumachen. Wenn wir jeweils einen Schritt unternehmen, verlieren wir die Angst davor, daß wir es niemals schaffen, daß wir niemals ankommen werden. Ehrlichkeit kann man, wie alles andere auch, erlernen — mit Geduld und Liebe.

Ich will die Aufrichtigkeit, die einen wichtigen Schritt auf dem Weg zur Weisheit und zur inneren Gelassenheit darstellt, erlernen.

PW

25. März

Ich bin in meinem ganzen Leben nie so vermessen gewesen, mich selbst als »höherstehend« über einem Lebewesen, sei es Mensch oder Tier, zu betrachten.

Edith Sitwell

Würden wir gerne öfter recht haben als alle anderen? Der Wunsch, recht zu haben, der durch das Streben nach Vollkommenheit, durch Stolz und Angst entstanden ist, kann uns regelrecht gefangennehmen. Wir stellen fest, daß wir unhaltbare Entscheidungen treffen: Wir wollen gerne recht behalten, selbst wenn damit eine Freundschaft aufs Spiel gesetzt wird. Wir wissen eindeutig, daß wir recht haben — bis zu dem Punkt, wo wir es uns mit dem Chef verscherzen. Oder wir weigern uns zuzugeben, daß wir unrecht haben — selbst wenn wir dadurch den geliebten Menschen verletzen. Wir möchten lieber recht haben als geliebt werden.

Das sture Bedürfnis, recht zu haben, ist eigentlich eine Form verkappter Selbstgerechtigkeit. Was wir manchmal als »Einstehen für unsere Grundsätze« bezeichnen, ist im Grunde Inflexibilität.

Es ist doch eine Erleichterung, die Suche nach der einzig richtigen Handlungsmethode aufzugeben. Plötzlich nehmen wir dann anstelle der Unterschiede zwischen uns und den anderen das wahr, was uns mit ihnen verbindet. Wenn wir anderen aufgeschlossen zuhören und nicht ständig darauf pochen, recht haben zu wollen, bringt uns das den Menschen näher; eine weitere Trennwand wird beseitigt.

Die Feststellung, daß ich wieder einmal recht haben muß, hilft mir, der eigenen Selbstgerechtigkeit bewußt zu werden. Wenn ich nicht recht habe, heißt das nicht, daß ich schwach bin.

SK

Die Erde ist von Himmel erfüllt —
Und jeder gewöhnliche Busch entflammt von Gott.
Elizabeth Barrett Browning

Man bringt uns bei, die Erde sei hier und der Himmel »dort oben« — und so spaltet sich unsere Welt. Alles hat seine Zeit und geschieht an seinem Ort — ein jedes Ding hat seinen angestammten Platz. Gott ist im Himmel, und mit der Welt ist alles in Ordnung!

Aber die Erfahrung widerspricht dieser allzu einfachen Auffassung. Wenn wir größer werden und die Welt erkunden, können wir nicht mehr an solch klar abgegrenzten Unterscheidungen festhalten. Wir erkennen allmählich, daß die Welt ein Ort ist, an dem das Göttliche gegenwärtig oder abwesend sein kann — je nachdem, wie unsere Einschätzung oder gar unsere Stimmung ist. Im Abgrund unserer Sucht stoßen wir auf eine Leere und eine Dunkelheit, die jeglichen Sinn verneint.

Sobald wir in unserem Heilungsprozeß wieder auf Menschen und Dinge zugehen, erstrahlt die Welt in neuem Glanz und vermittelt uns andere Empfindungen. Wenn wir Vertrauen fassen und es wagen, glücklich zu sein, entdekken wir ein neues Gefühl von Stärke und Liebe. Und wenn die Freude sich einstellt, teilen wir mit der Dichterin die Vision einer Welt, in der viele einfache Dinge tatsächlich »von Gott entflammt sind«.

In dem Maße, wie ich Hoffnung und Glauben gewinne, verwandelt sich die Welt in einen Ort der Herrlichkeit und der Lobpreisung.

PW

27. März

Und wenn dich der Kummer noch so trostlos stimmt, du hältst ihn fest, wenn niemand mit dir spricht. Richtet man dann das Wort an dich, brichst du zusammen. Bede Jarrett

Wer unter uns hat nicht durch diese Sucht die Einsamkeit erfahren: die Scham, die Verzweiflung, das Gefühl, von anderen Menschen aufgegeben worden zu sein, und die schreckliche Furcht, außer Kontrolle zu geraten? Wenn wir einen geliebten Menschen von früher anrufen oder uns plötzlich in einem Stadtteil wiederfinden, der nicht gut für uns ist, fühlen wir uns ängstlich und allein und denken: »Ich bin nicht wie andere Menschen; die machen solche Sachen nicht.« Das ist die Botschaft, die die Sucht uns übermittelt. Sie gibt uns zu verstehen: »Du bist ein Ausgestoßener. Du brauchst mich, weil du ohne mich ein Nichts bist. Du bist wertlos.«

Auf dem Weg der Heilung erkennen wir, daß unsere Sucht eine Lügnerin ist. Wir sind nicht wertlos, und wir sind auch nicht allein. Wir sind eine Gruppe von Menschen, die gemeinsam das Ziel der Heilung verfolgen und sich gegenseitig weiterhelfen.

Wenn du also leidest und nicht die Kraft hast zu sprechen, werde ich deine Stimme sein. Und du wirst meine Stimme sein. Ich werde dein Herz sein. Und du wirst mein Herz sein. Wir werden einander halten, und wir werden, mit der Hilfe einer Höheren Macht, uns buchstäblich so lange lieben, bis die Heilung eingetreten ist.

Ich danke Dir, Gott, daß Du mich zur Heilung führst. Laß mich Dir meine Dankbarkeit bezeigen, indem ich durch diesen Heilungsprozeß innerlich wachse.

SK

Sie lebt von den Widerspiegelungen ihrer selbst in den Augen anderer. Sie wagt nicht, sie selbst zu sein.
Anaïs Nin

Kenne ich mich selbst nur von dem Bild her, das andere sich von mir machen? Existiere ich nur im Blick anderer? Was würde geschehen, wenn da niemand wäre, der mich sieht und ein Bild meiner Person zusammensetzt? Würde ich einfach verschwinden und aufhören zu leben?

Wenn wir uns nicht mehr als Menschen empfinden, die sich verändern, die im Aufbruch sind, in einem Prozeß inneren Wachstums, dann kann es leicht sein, daß wir eingleisig und auch falsch eingeschätzt werden, daß wir ein statisches und teilnahmsloses Leben führen und nichts dagegen unternehmen. Andere Menschen werden immer gerne die Aufgabe übernehmen, uns zu typisieren, wenn wir nicht selbst bereit sind herauszufinden, wer wir wirklich sind.

Natürlich müssen wir von anderen gesehen, wahrgenommen und eingeschätzt werden — aber nicht auf unsere Kosten. Wir müssen es wagen, zu sein. Wir müssen das Risiko eingehen, uns selbst, dieses seltsame und wunderbare Geschöpf, zu erschaffen und kennenzulernen und zu mögen.

Ich bin dabei, das Wagnis einzugehen, ich selbst zu sein und Veränderung und inneres Wachstum willkommen zu heißen.

PW

29. März

Ich habe nie eine Gesellschaft gefunden, die so gesellig war wie die Einsamkeit. Henry David Thoreau

Es wird Zeiten geben, in denen uns bewußt wird, daß wir auf uns allein gestellt sind, auch wenn wir uns noch so sehr bemühen, andere Menschen zu erreichen. Oft geschieht dies, wenn wir gerade am stärksten Hilfe benötigen, und gewöhnlich ist dann niemand zu Hause, oder es ist mitten in der Nacht. Die Tatsache, daß wir allein sind, kann zu panikartigen Reaktionen oder zu der Überzeugung führen, wir seien auf immer und ewig allein. Aber wenn die anfängliche Angst vorüber ist, müssen wir fest daran glauben, daß wir auf uns selbst achten können. Wir verfügen über mehr innere Quellen, als uns vielleicht bewußt ist.

Wenn wir uns selbst fragen, was wir wirklich brauchen, werden wir eine Antwort finden. Sie besagt vielleicht, daß wir einen Spaziergang machen, das Geschirr abwaschen, uns in Ruhe hinsetzen und ins Tagebuch schreiben oder beten sollten. Vielleicht auch wird sie uns den Mut finden lassen, unsere Gefühle ganz allein zu erleben und aufzuhören, bestimmte Ergebnisse erzwingen zu wollen.

Die Stimme, die uns sagt, daß wir es allein nicht schaffen können, wird sich bemerkbar machen — aber sie kann nicht über unser Leben bestimmen. Unsere innere Stimme, die uns sagt, was am besten für uns ist, tut das schon.

Wenn ich nicht fähig bin, mit anderen Menschen zusammenzusein, will ich das akzeptieren und mir selbst Gesellschaft leisten. Ich werde sehen, daß es mir in meiner eigenen Gesellschaft ganz gut gefällt.

SK

Wenn Menschen am unsichersten sind, sind sie oft am hartnäckigsten. J. K. Galbraith

Oft bemerken wir, daß wir ohne jeden ersichtlichen Grund heftig und aggressiv werden. Wir beleidigen unsere Kollegen, verletzen unsere Freunde, jagen unseren Kindern Angst ein. Wir denken vielleicht, wir seien stark und bestimmend — und doch ergeben die Auswirkungen unseres Tuns das genaue Gegenteil dessen, was wir beabsichtigen. *Wir* leiden im Grunde, und so schlagen wir um uns und verletzen andere.

Was haben wir zu verbergen? Weshalb fühlen wir uns bedroht, verwundbar und schwach? Meistens attackieren wir andere, wenn wir unsere Bedürfnisse und Ängste verheimlichen. Wir denken, daß, wenn wir angreifen, niemand an uns herankommt. Wir glauben vielleicht, daß die anderen — wenn wir sie an unserem inneren Leben teilhaben lassen — uns nicht lieben würden, eben weil wir uns als Süchtige nichtswürdig und schändlich vorkommen.

Es sind die starken Menschen, die Toleranz, Nächstenliebe und eine versöhnliche Haltung zeigen. Indem wir selbstbewußter und stärker werden, entdecken wir auch, daß wir fähig sind, flexibel, geduldig und offen mit anderen zu sein.

Schwäche und Angst bringen mich in die Defensive und machen mich unduldsam. Ich strebe danach, stark, offen, tolerant und liebevoll zu sein.

PW

31. März

Jeden Tag leben wir mit den besonderen Begabungen, die zu unserem innersten Wesen gehören; und das Leben ist der Prozeß, durch welchen wir diese von Gott geschenkten Begabungen in uns selbst entdecken und entwickeln. Jeanne Dixon

Während unsere innere Heilung fortschreitet, entdecken wir verschiedene Möglichkeiten, uns anderen Menschen mitzuteilen. Wir haben den Wunsch, so zu handeln, wie wir es inzwischen gelernt haben, und diese neuen Einsichten in unseren Beziehungen anzuwenden. Auf diese Art können wir das Bewußtsein und die Kenntnisse, die uns vermittelt wurden, an andere weitergeben.

Wir sollten diesem wundersamen Drang, andere Wege zu gehen, Folge leisten und uns ihm nicht widersetzen. Spirituelle Erweckung ist genau dies: ein Aufwachen des Geistes, der dann danach strebt, Teil des allumfassenden Lebens zu sein.

Wenn wir unsere Begabungen — welche es auch sind — entdecken, werden wir ihnen treu bleiben und nach Möglichkeiten suchen, sie einzusetzen. Die damit verbundene Herausforderung läßt solche Eigenschaften wie Integrität, Mut, Selbstdisziplin und Mitgefühl zum Vorschein kommen, die dann Teil unseres täglichen Lebens werden. Die Übereinstimmung des Menschen, den wir nach außen hin darstellen, mit jenem, der wir von innen her sind, ist ein Geschenk von unschätzbarem Wert, das der Heilungsprozeß uns zuteil werden läßt.

Mein Heilungsprozeß bereitet mir viel Freude. Ich werde diese Freude mit anderen heute teilen.

SK

April

1. April

Behandle ein Kunstwerk wie ein Fürst: Es soll zuerst zu dir sprechen. Arthur Schopenhauer

Viele von uns haben Zeiten erlebt, da es ihnen so vorkam, als müßten sie über alles immer sofort eine Meinung haben und diese auch zum besten geben. Nach einem Film oder einem Konzert zum Beispiel möchten wir uns gleich mit unseren Kommentaren und Urteilen ins Gespräch einmischen. Oft »schießen wir aus der Hüfte«, ohne dabei nachzudenken oder auf die eigenen Gefühle oder die der anderen zu achten.

Das mag eine Art sein, die Erfahrung gar nicht erst zuzulassen und sie unter einem Wortschwall zu begraben. Wir alle hatten schon Angst davor, wir könnten schutzlos ausgeliefert sein und gezwungen werden, unsere eigenen Vorstellungen zu ändern oder sie zu erweitern. Wir fürchteten uns davor, zu verletzbar zu sein!

Bilder, Töne, Gedichte, Theaterstücke — sie können bewirken, daß wir uns dem Unbekannten und Neuen öffnen. Wenn wir dabei still und aufmerksam sind, gelingt es uns, zu neuen, unverbrauchten Einsichten und einem tieferen Verständnis zu gelangen. Genauso verhält es sich auch mit Menschen. Wenn wir Geduld haben und bereit sind, ihnen zuzuhören, werden wir durch den Kontakt mit ihnen ständig lernen und innerlich wachsen.

Die Schönheit und die Freude, die das Leben bietet, hat vielerlei Gestalt. Ich lerne, offen zu sein und dem Beachtung zu schenken, was bisher nicht zu meinem Leben gehörte — so daß es in Erscheinung treten und mein Leben bereichern kann.

PW

Der Glaube ist das feine Bindeglied, das uns an das Unendliche anschließt. Elizabeth Oakes Smith

Es ist ein großer Schritt, sich einer Höheren Macht anheimzugeben. Als wir süchtig waren, zählten Vertrauen und Zuversicht nicht zu unseren Stärken. Außerdem heißt es im Dritten Schritt, daß wir uns der *Sorge* Gottes anvertrauen. An das Gefühl, umsorgt zu werden — daß man uns hegt und pflegt, uns Vertrauen schenkt und zuhört —, mögen wir nicht gerade gewöhnt sein. Die Vorstellung einer Höheren Macht, die sich wirklich um uns kümmert, kann uns sogar ziemlich fremd und eigenartig erscheinen.

Der Gedanke, einfach eine Entscheidung zu treffen, kann einen Anfang darstellen. Wenn wir dies tun, wird uns ein Weg aufgezeigt, wie wir unseren Willen und unser Leben der Sorge Gottes anvertrauen. Und wie jede andere Beziehung, so bauen wir auch die Beziehung zu unserer Höheren Macht auf. Das erfordert Zeit, Aufrichtigkeit und Glauben. Gott verlangt keinen vollkommenen Glauben, sondern nur, daß wir für ihn bereit sind. Wenn wir unseren Teil erfüllen, wird Gott das übrige tun.

Glauben heißt: wissen, was jenseits des Wissens, und sehen, was jenseits unserer Sichtweite ist.

SK

3. April

Wenn du erschöpft und niedergeschlagen bist, kommt dir immer etwas zu Hilfe — und zwar meist der Anblick deiner Freunde. Orson Welles

In der Not sollten Freunde uns zur Seite stehen, und viele von ihnen tun dies auch. Doch wenn unsere Sex-Sucht bekannt wird, kann es sein, daß wir durch diese Krankheit — die uns schon immer das Gefühl gab, allein zu sein — isoliert werden. Die Freunde werden immer weniger, die geliebten Menschen verlassen uns, und die Kinder verstehen uns nicht mehr und ziehen sich zurück.

An diesem Punkt brauchen wir wirklich Unterstützung. Wir wissen, wir können es nicht alleine schaffen; zu lange sind wir allein gewesen. Wir brauchen die Stärke anderer Menschen.

Und nun erkennen wir allmählich jene Kraft an, die von der Gruppe ausgeht. Unser Programm basiert auf der Zuneigung, der Stärke und der Fürsorge unserer Leidensgefährten, von denen viele ebenfalls Dunkelheit und Einsamkeit durchlebt haben. Sie verstehen uns; sie sind unsere Brüder und Schwestern in der Krankheit wie im gesunden Zustand. Sie verstehen uns, und sie verurteilen uns nicht; ihr Mitgefühl rührt aus dem gemeinsamen Leid. In dem Maße, wie wir lernen, ihnen zu vertrauen, haben wir teil an einer neuen freundschaftlichen Verbindung, aus der wir Stärke und Liebe empfangen.

Ich brauche Unterstützung, und ich finde sie durch mein Programm und in meiner Gruppe.

PW

Kinder haben noch nie wirklich auf die Älteren gehört — aber sie haben sie immer nachgeahmt.

James Baldwin

Es mag Zeiten geben, in denen die Scham und die Angst der Vergangenheit eindringen in die Gegenwart. Wir machen uns Sorgen, daß die eigenen Kinder durch die Sex-Sucht verletzt worden sein könnten. Wenn es dann an der Zeit ist, den Schaden bei ihnen wiedergutzumachen, können wir darauf vertrauen, daß wir wissen, wie das zu geschehen hat. Wir können uns entscheiden, ihnen zu sagen, daß wir sex-süchtig sind — wir können es aber auch unterlassen. Wir können ihnen unsere Vergangenheit auseinandersetzen — oder es nicht tun. Aber wir müssen aufrichtig den Konsequenzen ins Auge sehen und uns verpflichten, ihnen beizustehen, so daß sie gesund werden können.

Mit der Unterstützung unserer Gruppe und des Zwölf-Schritte-Programms werden wir wissen, was zu tun ist, wenn sich die Möglichkeit zur Heilung bietet. Einer, der sich bereits in diesem Prozeß befindet, sagte folgendes: »Am Tag, als ich den Heilungsprozeß begann, fing auch mein Kind an, gesund zu werden. Meine Wiedergutmachung für den Schaden der Vergangenheit besteht darin, daß ich die Gegenwart anders gestalte.«

Lieber Gott, bitte gib mir Mut, daß ich ehrlich bin mit mir selbst und so meinen Kindern in die Augen sehen kann.

SK

5. April

Ich weiß nie, wieviel von dem, was ich sage, wahr ist.
Bette Midler

Oft weiß ich nicht, ob ich es bin, der spricht, oder ob es meine Sucht ist. Wenn ich einen Wunsch äußere, wie soll ich dann wissen, ob er aus mir selbst kommt oder ob er aus meiner Sucht heraus entstanden ist? Ich habe mich so daran gewöhnt, unehrlich und unnatürlich zu sein, an die Art und Weise, wie ich diese Empfindungen ausdrücke, daß es mir schwerfällt zu sagen, wer ich bin oder wo sich mein wahres Ich befindet.

Natürlich ist es — auch bei geistiger und körperlicher Gesundheit — nie einfach, genau zu sagen, was wir meinen, und genau zu meinen, was wir sagen. Wir sind komplexe Mischungen aus bewußten und unbewußten Wünschen und Motiven — und die Sprache selbst kann verschwommen, ja trügerisch sein.

All dies ist dann um so mehr ein Grund, den freien, offenen, aufrichtigen Austausch mit anderen zu suchen. Das braucht Zeit, Geduld und Übung, vor allem dann, wenn wir uns lange Zeit im abnormen Zustand der Sucht befunden haben. Deshalb können wir uns nicht allein auf den Weg machen: wir brauchen unser Zwölf-Schritte-Programm und unsere Treffen, so daß wir jene schwierige Kunst, die eigene Ansicht auch auszusprechen, erlernen können.

Ich lerne, den Unterschied zwischen der Wahrheit und meiner Sucht zu benennen.

PW

Ich breche die Brücken hinter mir ab. Man verliert dann keine Zeit mit Rückblicken, wo es schon genug Mühe macht, die Augen nach vorn zu richten. Es gibt also keine andere Wahl, als vorwärts zu gehen.

Fridtjof Nansen

In unserem Heilungsprozeß, unserem der spirituellen Erkundung gewidmeten Leben, brechen wir sämtliche Brükken hinter uns ab in dem Bemühen, von der Sucht loszukommen. Es verlangt Mut, die alten Verhaltensweisen völlig aufzugeben. Denn die Sex-Sucht ist verlockend, weil sie uns so vertraut vorkommt. Obwohl das Leben, das wir als Süchtige führen, nicht funktioniert, so wissen wir doch, wie es sich anfühlt — und manchmal begnügen wir uns schon damit.

Die Welt der inneren Heilung kann uns wie ein Gebiet vorkommen, das noch auf keiner Karte verzeichnet ist. Allein die Zwölf Schritte, die Erfahrung, die Stärke und Hoffnung anderer Menschen sowie unsere Höhere Macht können uns führen. Die Risiken scheinen beträchtlich. Es lohnt sich jedoch, daß wir sie auf uns nehmen, weil wir erkennen, daß es keine andere Wahl gibt. Entweder wir schreiten voran, oder wir sterben gewissermaßen. Wir brauchen das Vertrauen, daß wir es schaffen können. Im Heilungsprozeß sind wir also im eigentlichen Sinne Forscher, und alles, was wir entdecken, wird den anderen nach uns, die von der Sex-Sucht befreit werden wollen, helfen.

In dem Maße, wie ich mich verändere und innerlich wachse, kann ich nun täglich die Belohnungen für meine harte Arbeit erkennen.

SK

7. April

Ein gutes Mahl sollte mit dem Hunger beginnen.
Französisches Sprichwort

Essen kann eine Kunst sein, ein Vergnügen, ein gesellschaftliches Ereignis, eine Zeremonie — aber am besten bekommt es uns, wenn wir hungrig sind. Dann erfüllt die Nahrung ihren grundlegenden Zweck, der darin besteht, uns am Leben zu erhalten und unsere Entwicklung zu fördern. Das gleiche trifft auf die Sexualität zu. Sie gründet in der Sehnsucht, im körperlichen und geistig-seelischen Begehren, nicht in Besessenheit oder blindem Verlangen.

Unsere Sucht hat oft wenig mit den eigentlichen Triebkräften dieser Sehnsucht zu tun, als viel zuviel mit dem Sex im Kopf. Wir haben nicht wirklich Lust; wir denken obsessiv an Sex. Oft haben wir Angst vor der physischen Seite der sexuellen Liebe, und so flüchten wir uns in die Phantasie, in die Pornographie oder andere anonyme Formen, die unserer Befriedigung dienen. Wir fliehen vor unseren wirklichen Bedürfnissen auf die krummen Nebenwege unserer Phantasien und Obsessionen.

Der erste Schritt zurück zur seelischen Gesundheit besteht in der Erkenntnis, daß wir unsere geistigen Fähigkeiten gar nicht nutzen, sondern ausgenutzt werden von mentalen Bildern, aus denen sich die Lagerstätte unserer Erinnerungen und Wunschvorstellungen aufbaut. So haben wir die Kontrolle über unseren Körper verloren.

Wenn wir mit der Vergangenheit brechen und uns neuen Quellen der Kraft, des Handelns und der Liebe zuwenden, können wir seelische Gesundheit wiedergewinnen.

Ich will neue Wege ausfindig machen, wie ich mit meiner Sexualität, dieser vitalen Kraft in mir, in Beziehung treten kann.

PW

Viele tapfere Menschen lebten vor Agamemnon. Doch unbeweint und unbekannt schlafen sie alle in endloser Nacht, denn sie hatten keine Dichter, die ihr Lob sangen. Horaz

Ein Teilnehmer unserer Gruppe, der sich auf dem Weg der Heilung befindet, erzählte bei einem Treffen folgende Geschichte: »Ich lebte in einer Stadt mit vielen Obdachlosen und Armen. Jeden Tag tat es weh, den Kontrast zu sehen zwischen den schön gekleideten, offensichtlich selbstsicheren Leuten und diesen Armen, die neben ihnen durch die Straßen gingen.

Eines Tages wurde mir bewußt, daß ich mich in die Lage dieser obdachlosen Menschen und in die Art, wie sie sich fühlten, hineinversetzen konnte. Ich hatte mein ganzes Leben in dem Gefühl zugebracht, daß ich nirgendwo hingehörte und keine Familie besaß, an die ich mich hätte wenden können — ich wußte nicht einmal, ob ich in meiner Sucht einen weiteren Tag überstehen würde. Das Mitgefühl, das ich empfand, war eine Mahnung, andere Menschen nicht aufgrund ihrer äußeren Erscheinung zu beurteilen. Es ist gleichgültig, was die Menschen in mir oder einem anderen zu sehen glauben. Jeder von uns hat Verletzungen davongetragen. Es ist nur so, daß einige innere Wunden verursachen statt äußere.«

Heute werde ich mich daran erinnern, daß wir alle — unabhängig von den jeweiligen Lebensumständen — in dieser Welt zusammengehören und einem Zweck dienen.

SK

9. April

Die Winde und Wellen sind immer auf der Seite des fähigsten Steuermannes. Edward Gibbon

Viele Segler machen das Wetter für ihre Mißgeschicke auf See verantwortlich. »Wenn wir nur guten Wind gehabt hätten«, sagen sie, oder: »Wir hätten die Regatta gewonnen, wenn wir nicht in eine Flaute geraten wären«, oder: »Mir wird nie schlecht, aber ...«

Genauso ist es mit unserem Leben, wenn wir unter dem Einfluß der Sucht stehen. Wir geben dem Schicksal die Schuld, den verpaßten Möglichkeiten, unseren Genen, dem Teufel, unseren Eltern, anderen Menschen — ständig auf der Suche nach irgendeinem Anhaltspunkt außerhalb unseres Verantwortungsbereichs, um daran unsere Fehler und Mißerfolge festzumachen.

Aber der gute Steuermann weiß, wie er die Zeichen auslegen und die Wetterbedingungen so ausnutzen muß, daß sie dem Schiff und der Besatzung zugute kommen. So können auch wir lernen, auf unsere Beziehungen mit der Außenwelt zu achten, indem wir harmonisch mit ihr umgehen. Die Welt ist kein feindlicher Ort; wir können uns hier nach und nach zu Hause fühlen. Aber zuerst müssen wir lernen, in Frieden mit uns selbst zu leben.

Ich weiß, daß ich nicht die Welt für meine Unzulänglichkeiten verantwortlich zu machen brauche. Indem ich lerne, Vertrauen zu haben in meine Beziehungen zur Welt, bringe ich meine Wünsche in Einklang mit der Wirklichkeit.

PW

Wenn du dich selbst nichtig fühlst, also nicht als Teil von etwas anderem — dann wird dir wirklich angst und bange. Lillian Hellman

Es ist eine grausame Ironie der Sex-Sucht, daß das, was wir ersehnen — Intimität —, genau das ist, wovor wir Angst haben und wozu wir uns nicht fähig fühlen. Es ist traurig, daß das Ausleben unserer Sexualität, daß gerade jener Akt, der uns einem anderen sehr nah bringen sollte, uns isoliert. Und doch ist die Intimität in ihrem eigentlichen Sinne, sei sie nun sexueller oder nichtsexueller Art, genau das, was die Einsamkeit gleichsam transzendiert. Sie stellt ein einzigartiges menschliches Bedürfnis dar.

Glücklicherweise können wir lernen, wie wir ein intimes Verhältnis aufbauen. Wir können tatsächlich zu neuen Menschen und fähig werden, in intimen Beziehungen zu geben und zu empfangen. Alles, was wir brauchen, um damit anzufangen, ist Aufrichtigkeit und innere Bereitschaft. Wenn wir lernen, uns selbst als den Menschen zu lieben, der wir sind, werden wir mit uns selbst und anderen Menschen vertraut werden. Dann werden uns auch unsere sexuellen Erfahrungen vertraut werden.

Ich besitze die starke Fähigkeit, mit anderen Menschen vertraulich umzugehen, und mein Heilungsprozeß lehrt mich dabei, auf welche Weise ich lieben soll.

SK

11. April

Ich fragte meinen Vater, was ein »Selbstbewußtseins-Training« sei. Er entgegnete: »Keine Ahnung, aber was immer das ist — es scheint eine schlechte Nachricht zu sein.« Sue Townsend

Das Neue und Unbekannte ereilt uns oft als »schlechte Nachricht«, gerade wenn es mit Veränderungen in unserem Rollenverhalten und unseren Gewohnheiten zusammenhängt. Viele von uns haben sich an den Status quo gewöhnt und wollen sich nicht mit neuen Wertvorstellungen oder Beziehungsformen abgeben — besonders dann nicht, wenn die eigene Sexualität davon betroffen ist.

Heute jedoch wechseln in vielen Gesellschaften die Verhaltensmuster sehr schnell, vornehmlich in bezug auf die soziale Rolle des einzelnen und seine Beziehungen zu anderen Menschen. Viele Frauen sind im Begriff, ihre Rechte durchzusetzen; und vielen Männern macht es Spaß, sich mehr um Haushalt und Erziehung zu kümmern. Dies kann eine Zeit der Herausforderung und aufregender Umwälzungen sein, wenn wir bereit sind, auf das Unbekannte zuzugehen und das Neue zu erproben.

Oft halten uns die eigenen sexuellen Ängste davor zurück, an gesellschaftlichen Veränderungen Anteil zu nehmen. Unsere Sucht wirkt lähmend und flößt uns Angst vor dem Unbekannten ein. Doch wenn wir Mut haben und uns dem inneren Heilungsprozeß verpflichten, werden wir eine offene Einstellung gegenüber der Veränderung und gegenüber neuen Verbindungen entwickeln.

Dieser Tag soll für mich eine Zeit sein, in der ich ohne Angst und Scham über ein neues Rollenverhalten und neue Beziehungsformen nachdenke.

PW

Das schreckliche Tier, das niemand verstehen mag,
Kam an meine Seite und beugte liebevoll den Kopf.
Louise Rogan

Es gibt Zeiten, da scheint es einfacher, dem Gefühl der Verzweiflung nachzugeben, als sich von ihr freizukämpfen. Der Trick besteht darin, uns selbst aufzufangen, ehe wir so deprimiert sind, daß wir nicht mehr in der Lage sind, etwas dagegen zu unternehmen. Als erstes können wir uns fragen: »Welche anderen Empfindungen habe ich noch? Bin ich wütend, traurig, tief verstimmt, habe ich Mitleid mit mir selbst?« Vielleicht verbirgt sich hinter der Verzweiflung wirklicher Schmerz — ein Schmerz, der zum Ausdruck kommen muß, damit wir ihn loslassen können.

Zudem können wir sehr sorgsam mit uns selbst umgehen. Wir können richtig essen, einige körperliche Übungen machen, zu einem zusätzlichen Treffen gehen und liebenswerte, verständnisvolle Menschen aufsuchen. Wenn wir darüber sprechen, was uns stört, und verlangen, was wir brauchen, so sind das schon gute Mittel gegen die Verzweiflung. Vor allem aber können wir versuchen, Trost und Stärke von unserer Höheren Macht zu bekommen.

Wir mögen uns nichtswürdig oder verzweifelt fühlen und zu müde, um noch auf irgend etwas achtzugeben. Wir mögen glauben, daß nichts mehr von Bedeutung ist. Und doch gibt es einige Dinge, die wirklich wichtig sind: Wir sind wichtig. Das Leben ist wichtig. Wir müssen nicht allein gegen Verzweiflung und Depression ankämpfen. Unsere Höhere Macht und andere Menschen sind bei uns.

Ich bin dankbar für den Funken Hoffnung in mir, der niemals erlischt. Die Dinge werden sich bessern.

SK

13. April

Erziehung ist kein fertiges Produkt mit Zensur, Diplom, Arbeit, Geld (in dieser Reihenfolge); sie ist ein Prozeß.

Bel Kaufman

Manchmal denken wir über Erziehung, als ginge es dabei nur um bares Geld und Sicherheit: Wir müssen dies jetzt lernen, um jenen Status zu erreichen. Wir sprechen vom Lernvorgang als einer Investition, einer Versicherung, und wir werden verrückt, wenn er sich nicht auszahlt.

Einige von uns betrachten die Erziehung in einem Zwölf-Schritte-Programm vielleicht von einem ähnlichen Standpunkt aus: Ich habe nun den Achten Schritt erreicht — nur noch vier weitere, und ich bin geheilt, bin glücklich und frei.

Aber Erziehung ist eine Art und Weise, in der Welt zu sein und sie zu betrachten. Sie stellt einen Weg dar, einen Pfad. Sie sollte eine Reise sein, ein Abenteuer, eine Erkundung unserer selbst und unserer Beziehungen zu anderen Menschen.

Unsere Programme finden für jeden, der daran teilnimmt, zur rechten Zeit statt, und sie ziehen sich durch das ganze weitere Leben. Jeder Schritt ist die Bestätigung einer bestimmten Art zu leben; er bedarf der ständigen Wiederholung und muß in Beziehung gesetzt werden zu jedem der anderen Schritte. Diese Form von Erziehung ist — wie das Leben selbst — kontinuierlich, zeitlich unbegrenzt, ewig.

Mein Programm ist ein fortlaufender Prozeß, der immerzu neue Lebensweisen und Wege erschließt, mit der Welt in Beziehung zu treten.

PW

Gewiß, wir lieben den Frieden; aber wir sind nicht — wie im Krieg — gewillt, dafür Verletzungen in Kauf zu nehmen. John Andrew Holmes

Wenn wir willens sind, den Konsequenzen ins Auge zu sehen, die die Sex-Sucht für unsere Beziehungen hat, so sind wir damit bereit, Schaden wiedergutzumachen. Wir können für die Auswirkungen unserer Handlungen Verantwortung übernehmen, insbesondere für jene, die sexueller Natur waren. Das Eingeständnis, daß wir anderen Menschen Schmerz zugefügt haben durch Seitensprünge, verletzende sexuelle Angewohnheiten oder indem wir ihr Vertrauen zerstörten, erfordert Mut. Es braucht ein Herz, das offen ist für die Gnade der Höheren Macht, um den Schaden direkt und angemessen zu beheben.

Indem unsere eigene Vergangenheit durch den Heilungsprozeß geläutert wird, stellen wir fest, daß es uns leichter fällt, der Wirklichkeit zu begegnen. Und so bewirkt die Aufrichtigkeit, die zur Wiedergutmachung von Schaden notwendig ist, daß uns auch die Beziehungen zu anderen Menschen deutlicher gegenwärtig sind. Wir werden sehen, daß unsere geistig-seelische Gesundheit wiederhergestellt wird, indem wir uns selbst und, wenn möglich, den Menschen unserer Vergangenheit die Wahrheit sagen. Unabhängig davon, auf welche Weise die Wiedergutmachung geschieht oder ob sie akzeptiert wird — wir werden Frieden finden, sobald wir uns darum bemühen.

Mein Herz ist offen für dich, Gott. Ich weiß, Du wirst mir den besten Weg zeigen, um Wiedergutmachung zu leisten.

SK

15. April

Die Erfahrung hat mich gelehrt, daß wir uns selbst zugrunde richten durch Ungeduld. Mißgeschicke haben ihre Dauer und ihr Ende, sie machen uns krank, und sie sind gesund. Montaigne

---

Unser Programm funktioniert nicht. Wir werden mißverstanden. In der Arbeit klappt überhaupt nichts. Wir blikken einfach nicht mehr durch. Warum hilft uns niemand?

Ungeduld! Wir werden gereizt und ärgerlich und geben anderen die Schuld für unsere Unzulänglichkeiten.

Ungeduld! Wir verlieren den Kontakt mit dem Strom des Lebens und unserem eigenen inneren Rhythmus.

Ungeduld! Wir sind überzeugt, daß die Sucht nie aufhören wird, uns zu quälen.

Wir wollen es langsamer angehen lassen und mit dem Rhythmus des Lebens wieder in Berührung kommen. Wir wissen, daß alle Dinge ihre bestimmte Dauer, ihren Verlauf und ihr Ende haben. Wir mögen uns im Moment ganz wie im Winter fühlen — doch der Frühling wird kommen, und nach ihm der Sommer. Nichts verharrt in seinem Zustand; alles verändert sich und wächst. Für jede Form von Leben gibt es ein G:undmuster — auch für das unsrige —, wenn wir genügend Geduld aufbringen, es zu erkennen.

Ich muß die Dinge langsamer angehen, um in Berührung zu kommen mit dem Rhythmus des Lebens in mir und außerhalb von mir.

PW

Im Taktgefühl erweist sich die Intelligenz des Herzens. Anonym

Schaden unmittelbar wiedergutzumachen, beinhaltet mehr als ein simples: »Es tut mir leid.« Tatsächlich haben schon viele von uns eine Entschuldigung erhalten von jemandem, der glaubte, daß mit dem bloßen Aussprechen dieser Wörter eine Vergangenheit voller Kränkungen getilgt sei. Danach jedoch blieben wir weniger in einer friedvollen Stimmung als mit dem nagenden Gefühl zurück, daß etwas zwar angefangen, aber nicht wirklich zu Ende geführt wurde.

Eine wahre Wiedergutmachung ist für die Beziehung mit anderen die einzig richtige. Durch die innere Bereitschaft — die wir damit signalisieren, daß wir eine Liste der von uns verletzten Personen aufstellen — erfahren wir, was eine echte Wiedergutmachung ist. Wenn wir einen Brief schreiben oder uns direkt entschuldigen, so geschieht durch unsere innere Beteiligung eine aufrichtige und wahre Wiedergutmachung. Wollen wir den angerichteten Schaden bei jemandem wiedergutmachen, mit dem wir früher ein intimes Verhältnis hatten, so müssen wir dabei das jetzige Leben dieses Menschen in Betracht ziehen, und ob ein Ehepartner involviert ist.

Auf alle Fälle besteht die beste Wiedergutmachung alter Fehler darin, das eigene Leben zu ändern, so daß die Handlungen des heutigen Tages keinen Schaden anrichten und nicht der Liste künftiger Wiedergutmachungen hinzugefügt werden müssen.

Ich kann ein gutes Gefühl haben, wenn ich weiß, daß jeder Tag, an dem ich mit meiner inneren Heilung befaßt bin, eine liebenswürdige Wiedergutmachung für die Vergangenheit darstellt.

SK

17. April

Jetzt hängen wir am Leben mit unserem letzten Muskel — dem Herzen. Djuna Barnes

Wir denken vielleicht, daß Kraft nur mit dem Körper oder dem Denken zu tun habe — etwa damit, daß wir ein Auto aus dem Schnee schieben oder eine Entscheidung treffen können, bei der wir dann auch bleiben. Wir mögen stolz sein auf unsere grauen Zellen und unsere Muskelkraft, aber wir neigen dazu, den Muskel des Herzens zu vergessen.

Als Süchtige haben wir uns mehr und mehr an Mitteln orientiert, die uns künstlich stimulieren, so daß uns das aufrichtige, unmittelbare Gefühl verlorenging. Wir haben keinen direkten Kontakt mehr zu Menschen und Dingen; statt dessen gehen wir nur indirekt und unehrlich mit ihnen um und nehmen sie durch Bilder und Phantasievorstellungen wahr. Die Pornographie beraubt die Welt ihres Glanzes, ihrer Gefühle, und friert das Herz jenseits allen Lebens ein: Die Ganzheit des Menschen wird auf verhängnisvolle Weise fragmentiert.

Wir sind imstande, das Herz wieder in unser Leben zurückzuholen, indem wir uns öffnen und aufrichtig und unerschrocken auf die Menschen zugehen, die ebenfalls am Programm teilnehmen. Dort können wir uns geborgen fühlen und die Ausdrucksformen jener Gefühle erproben, die lange Zeit in uns verschüttet waren. Dort können wir es wagen, wir selbst zu sein.

Ich lerne, der Stimme meines Herzens zu vertrauen, und habe keine Angst vor ihren Botschaften, vor den Gefühlen, die sie mir übermittelt.

PW

Bei den wichtigen Entscheidungen sollten wir, so denke ich, von den tiefinnersten Bedürfnissen unserer eigenen Natur geleitet werden. Sigmund Freud

Die ganze Zeit treffen wir Entscheidungen, und eine jede, sei sie nun schwerwiegend oder unbedeutend, verändert uns. Da Veränderungen uns Angst machen, können auch die zu treffenden Entscheidungen schreckenerregend sein. Wir können den ganzen Prozeß vereinfachen, indem wir uns selbst die richtigen Fragen stellen: »Will ich das wirklich tun?«; »Wird es meinem Leben nützlich sein?«; »Ist die ganze Sache realistisch?« Solche Fragen helfen uns, die wahren Gefühle zu erkennen, die bei jeder Entscheidung die wichtigste Rolle spielen.

Falsche Entscheidungen kommen oft dadurch zustanden, daß man sich ausschließlich auf äußere Dinge konzentriert: »Es wird meinem Partner gefallen, wenn ich das tue.«; »Ich bin nur wegen des Geldes dabei«; »Ich will die Macht und den damit verbundenen Status«; »Vielleicht laufe ich vor dieser Sache weg, weil ich mich ihr nicht stellen will — aber was soll's?«

Für uns als Sex-Süchtige ist es wichtig, impulsive Handlungen und das Denken in Alles-oder-nichts-Kategorien zu vermeiden. Wir können uns die Zeit nehmen, die wir brauchen, um mit unseren Freunden oder in der Gruppe über die eigenen Gefühle zu sprechen, und dadurch versuchen, alles in einem größeren Rahmen zu sehen. Wenn wir immer noch nicht sicher sind, was richtig ist, können wir um die Hilfe unserer Höheren Macht bitten, uns dann entscheiden — und dem vertrauen, was geschehen wird.

Die einzig falsche Entscheidung ist die, die aufgrund falscher Beweggründe getroffen wurde.

SK

19. April

In seinem Innersten dürstet es den modernen Menschen sehr danach, sich selbst zu vergessen, sich zu zerstreuen ... Daher wendet er sich von all seinen Problemen ab und verdammt, was ihn an seine eigene Leere gemahnen könnte. Henri Amiel

Hasten wir umher und gleiten ab in die Welt der Wunschvorstellungen, um uns abzulenken vom allzu intensiven Blick auf uns selbst? Haben wir Angst, wir könnten nichts entdecken außer unserer eigenen ... Nichtigkeit? Wenn wir unsere sexuelle Lust ausagieren, suchen wir dann nicht am falschen Ort nach einer Art Identität, koste es, was es wolle?

Identität ist nichts, was wir von vornherein besitzen, ist nicht etwas, das uns ein für allemal gegeben ist. Und vielleicht gibt es niemals einen festen Punkt, an dem wir sagen könnten: »Ich bin genau *so.*« Das Leben ist ein Prozeß, ist Aufruhr, Umbruch, Veränderung: es ist ständig im Werden. Wenn wir mutig genug sind, die Veränderung und den Schmerz, den diese verursachen kann, auf uns zu nehmen, haben wir vielleicht nie mehr Angst vor der schwindelnden Leere oder dem Wahn der Zerstreuung, der zur Selbstzerstörung ausartet.

Ich bitte um den Mut, die Veränderung zu begrüßen, so daß ich weiterhin an der Energie des Lebensprozesses teilhaben kann.

PW

Wenn wir klar sehen wollen, dürfen wir nicht mehr in der Mitte des Bildes stehen. Satprem

Wenn wir fähig sind, etwas vom Standpunkt eines anderen Menschen aus zu betrachten, ist das schon ein bedeutsames spirituelles Erlebnis. Dieser Augenblick des Verstehens ist ein großes Geschenk. Wir haben ihn wohl nicht erwartet, aber plötzlich ist er da. Unser Weltbild erweitert sich, weil sich unsere Ansicht über diesen Menschen ändert. Dies wiederum macht uns wacher und aufmerksamer und vertieft vielleicht die Beziehung selbst. Die Erfahrung, daß es einen Menschen gibt, der das Wagnis eingeht, sich zu öffnen und sich anderen mitzuteilen, ist wertvoll, denn sie zeigt, daß wir uns seines Vertrauens als würdig erwiesen haben.

Es ist gut, dieses unmittelbare Verbundensein zu fühlen, das es mit sich bringt, daß wir jemanden auf ganz neue Weise verstehen. Dann können wir Mitgefühl, Liebe und Respekt empfinden. Eines ist dabei sicher: In einem wahren Moment inneren Erwachens gibt es keinen Platz für negative Gedanken.

Solche Geschenke erhalten wir, weil wir bereit waren, nach ihnen zu suchen; das können wir uns als hohes Verdienst anrechnen.

Gott möge mir helfen, daß ich an anderen Menschen, an ihrem Charakter, wirklich interessiert bin.

SK

21. April

Gott allein ist der Vollendung fähig. John Ruskin

Wir sind vielleicht in der Vorstellung erzogen worden, daß wir, was wir einmal angefangen haben, auch zu Ende führen müssen: eine Mahlzeit, ein Bild, eine Arbeit, einen Brief. In vielen Fällen deckte sich das mit unserem Begriff von Vollkommenheit: Wenn etwas gemacht werden muß, muß es perfekt gemacht werden — auf die Weise, wie Papa es tut oder der Lehrer oder Gott. Und so hatten wir — vor allem, wenn wir gerne ein wenig herumexperimentierten oder träumten — das Gefühl, daß wir tatsächlich den Ansprüchen nicht genügen konnten.

Aber viele der größten Künstler — Leonardo, Cézanne, Picasso — hinterließen unvollendete Arbeiten, als ob sie damit die Kluft zwischen unmöglicher Perfektion und dem eigenen Ringen aufzeigen wollten. Es kam ihnen auf die Bemühung an, auf den Arbeitsprozeß, auf den Kampf mit dem Material und der Form. Jeder Betrachter eines unvollendeten Gemäldes konnte dann den Schaffensprozeß zu Ende führen, indem er mit seiner Vorstellungskraft auf den schöpferischen Impuls des Werkes reagierte.

Unser Leben wird niemals beendet — oder zumindest erst dann, wenn wir ihm keinen weiteren, keinen letzten Schliff mehr geben können. Wir sind ständig in einem Prozeß der Veränderung und des Werdens begriffen. Deshalb auch fahren wir damit fort, die Schritte unseres Programms stets aufs neue zu wiederholen: um uns daran zu erinnern, daß unser Leben eine Reise ist und sich immerzu entfaltet.

Ich fühle mich entspannt, wenn ich mein Leben eher als einen fortlaufenden schöpferischen Prozeß betrachte denn als ein perfektes Kunstwerk.

PW

Die Fähigkeit, glücklich zu leben, kommt aus einer Kraft, die der Seele innewohnt. Marc Aurel

Die ausgelassene Freude des einen über den Frühling mag für den anderen die schmerzliche Erinnerung an ein irgendwie unerfülltes Leben bedeuten. Was der eine als winterliches Wunderland entdeckt, sieht der andere nur als starre und trostlose Landschaft. Der Sommer, den der eine am Strand verlebt, bedeutet für den anderen einen inneren Kampf, in dem er versucht, nicht wie gebannt auf die fast nackten Körper zu schauen. Der reife und friedliche Herbst des einen vermittelt dem anderen das Gefühl eines nahe bevorstehenden Todes.

Jede Jahreszeit hat ihre eigenen Herausforderungen. Viele von uns, die wir sex-süchtig sind, fühlen sich traurig oder einsam, vor allem im Frühling und im Sommer. Überall ringsum sehen wir Menschen, die sich lieben (nicht uns), oder Menschen, die (so scheint uns) glücklicher aussehen als wir. Vielleicht fühlen wir uns unzulänglich. Und so kämpfen wir immer wieder mit den gleichen alten Empfindungen und Erinnerungen.

Wir können uns selbst darauf besinnen, daß die Gegenwart etwas Neues und Besseres bereithält, auch wenn die Vergangenheit weiterhin in unserem Herzen nachhallt. Wenn wir unsere Augen für die besondere Schönheit dieser Jahreszeit öffnen, werden wir belohnt werden mit ihrer Pracht.

Ich bin bereit, mich der Schönheit und der Freude dieses Tages zu öffnen. Die Vergangenheit ist vorbei.

SK

23. April

Der Zweck der Freiheit besteht darin, sie anderen zu ermöglichen. Bernard Malamud

Wenn wir das Glück haben, uns der Freiheit zu erfreuen, wissen wir, daß wir wachsam sein und sie für uns selbst bewahren müssen. Freiheit schließt Verantwortung mit ein, die wir gerne auf uns nehmen — denn wir wissen, daß wir in der Freiheit die Möglichkeit haben, innerlich zu wachsen und zu gedeihen. Sie bietet uns die Gelegenheit, aus unserem Leben das Beste zu machen.

Wir müssen aber auch auf die Nöte der anderen Menschen achten. Es gibt viele, die nicht frei sind und die, wie wir, die Freiheit höher einschätzen als jedes andere Gut. Wie können wir ihnen helfen? Was können wir tun?

Der Zwölfte Schritt legt uns nahe, die Hand nach anderen auszustrecken und die Botschaft unseres Programms jenen zu überbringen, die in Bedrängnis sind. Die Sex-Sucht verweigert den Menschen die Freiheit, ganz sie selbst zu sein und voll am Leben teilzunehmen. Menschen können nicht frei und seelisch gesund sein, wenn ihr Leben von der Sucht beherrscht wird. Indem wir unser Programm anderen übermitteln, können wir ihnen helfen, Gesundheit, inneres Wachstum und Freiheit wiederzuerlangen.

Ich will frei sein und anderen dabei helfen, sich von ihrem Suchtverhalten zu befreien.

PW

Die Selbstbezichtigung ist auch ein Luxus. Wenn wir uns selbst die Schuld geben, glauben wir, niemand sonst habe das Recht, uns die Schuld zu geben.

Oscar Wilde

Genausowenig, wie wir das Recht haben, über einen anderen zu urteilen, haben wir das Recht, über uns selbst zu urteilen. In der Vergangenheit gab uns die Sucht zu verstehen, daß wir, wenn wir etwas taten, worüber wir uns schämten, uns deswegen auch schuldig zu fühlen hätten. Nur allzuoft bestraften wir dann uns selbst.

Offenbarte dieses Verhalten unsere tiefe Scham und Traurigkeit — weil wir eben Sex-Süchtige waren? Durch Selbstbestrafung wird die Sucht nicht unterbunden; dies geschieht erst, wenn wir uns selbst lieben.

Wir sind dankbar, daß wir durch den Heilungsprozeß den Unterschied zwischen Schuld- und Schamgefühlen gelernt haben. Das Schuldgefühl läßt uns Reue empfinden und macht uns traurig, wenn wir durch unsere Handlungen die eigenen Werte verletzen. Durch das Schuldgefühl erkennen wir, wann wir uns schlecht verhalten haben. Das Schamgefühl dagegen sagt uns, daß wir schlecht *sind*. Das Schuldgefühl zeigt uns einen Weg zurück zu uns selbst — indem wir den angerichteten Schaden wiedergutmachen. Das Schamgefühl aber läßt uns in der Hoffnungslosigkeit zurück.

Wenn wir uns dem Schamgefühl und dem Selbsthaß ergeben, verletzen wir uns damit nur und verstärken die Macht, die die Sucht über uns ausübt. Es gibt einen besseren Weg; er besteht darin, daß wir lernen, uns selbst zu lieben.

Ich bitte Dich, Gott, greife ein, wenn ich den Drang verspüre, meinen Zorn an mir selbst auszulassen. Mag Deine Liebe statt dessen mich lehren, mich selbst zu lieben.

SK

25. April

Am Leben sein — bedeutet Stärke —
Existenz an sich —
Ohne weiteren Zweck —
Allmacht genug — Emily Dickinson

Es scheint, als hätten wir uns in der Kindheit nach absoluter Macht gesehnt, damit unsere Freuden kein Ende nähmen. Immer wurden wir versorgt, immer hatten wir die Dinge in der Hand, immer wurden wir zufriedengestellt. Wir waren allmächtig und überschwenglich in unseren Wünschen und Erwartungen.

Dieses »Genuß-Ego« beherrschte viele unserer Handlungen, denen wir als Sex-Süchtige frönten. Wir strebten danach, die eigenen Zauberreiche auszudehnen und andere Menschen dadurch gefügig zu machen. Wir liebten es, Körper zu betrachten, die Sklaven unserer Wunschphantasie und unseres Willens waren. Vielleicht sind wir noch immer bereit, viele widersinnige Dinge zu tun, um diesen Willen durchzusetzen.

Doch der Heilungsprozeß lehrt uns, daß es schon ein Wunder ist, einfach am Leben zu sein — und daß wir allein dadurch Kraft genug besitzen. Wir lernen, die Verschiedenheit anderer Menschen liebend anzuerkennen. Wir müssen nicht ständig unsere Macht unter Beweis stellen und uns der Angst vor der eigenen Machtlosigkeit unterwerfen.

Indem wir nein sagen zu dem selbstsüchtigen, hochtrabenden Kind in uns und ja sagen zu dem täglichen Wunder, hier auf Erden zu sein, erfahren wir uns selbst als wahrhaft lebendige menschliche Wesen.

Ich werde ja sagen zum Leben und mich darüber freuen, daß ich ein Wunder der Schöpfung bin.

Nur wenn wir sorgsam und liebevoll mit uns selbst umgehen, können wir uns geborgen fühlen. Viele Ängste entstehen durch Selbstekel. Anonym

Das Bedürfnis nach Sicherheit und Geborgenheit ist bei uns allen ganz elementar. Ohne äußere Sicherheit ist das Leben erschreckend und überwältigend. Wenn wir uns nicht sicher fühlen, kann das sogar unseren Lebenswillen beeinträchtigen: Warum sollten wir überhaupt weitermachen, wenn wir uns in einer feindlichen Welt derart einsam vorkommen?

Als Sex-Süchtige, die durch ihre eigenen Handlungen und die Reaktionen anderer Menschen gepeinigt worden sind, müssen wir das Gefühl, geborgen zu sein, an die oberste Stelle unserer Prioritätenliste setzen. Diese Sicherheit bringt es mit sich, daß wir zwischen uns und anderen Menschen Grenzen ziehen können; daß unsere Bedürfnisse gestillt werden; daß wir uns selbst versichern, kompetent und liebenswert zu sein. Diese Sicherheit verlangt aber auch, daß wir unsere Höhere Macht einladen, dort zu sein, wo einmal Leere war: die Leere unseres eigenen Lebens. In dieser Leere können wir uns nicht geborgen fühlen. Wir müssen sie ausfüllen mit etwas Sinnvollem. Und die Entscheidungen, die wir hierfür treffen, werden darüber bestimmen, ob wir leben oder bloß existieren.

Ich bekenne mich zu meinem Bedürfnis nach Sicherheit und arbeite daran, es mit meinem Wunsch nach Risiko in Einklang zu bringen.

SK

27. April

Mein Freund: Ich werde dir ein großes Geheimnis verraten. Warte nicht auf das Jüngste Gericht: Es findet bereits jeden Tag statt. Albert Camus

Es ist einfach, darauf zu hoffen, daß man irgendwann in der Zukunft durch eine große heroische Tat sich selbst erretten oder eine dramatische innere Wandlung durchmachen wird. Doch in der Zwischenzeit geht alles nur allzuoft seinen üblichen Gang. Zu leicht gewöhnen wir uns an das eigene Suchtverhalten und bestreiten, je einen anderen durch unsere Handlungen verletzt zu haben (nur uns selbst und jene, die wir lieben und die uns lieben und vertrauen). In unserem Innersten aber wußten wir, daß wir uns selbst verurteilten und auch von anderen verurteilt wurden.

Jetzt endlich können wir unsere Handlungen einschätzen und unser Gesamtverhalten richtig beurteilen. Auf diese Weise wird uns bewußt, wie durch das Ausagieren unserer sexuellen Sucht alle Bereiche unseres Lebens und auch unsere Beziehungen zu anderen in Mitleidenschaft gezogen wurden.

Es ist an der Zeit, daß wir uns ändern. Je länger wir damit warten, desto eingefleischter werden unsere Gewohnheiten, desto tiefer verwurzelt wird unsere Art der Wahrnehmung und der Täuschung sein. Wenn wir in der Lüge leben, werden wir auch entsprechend beurteilt werden — von uns selbst und jenen, die uns nahestehen. Unser Programm zeigt uns, daß wir uns ändern und innerlich wachsen und teilhaben können an der Offenheit und Fülle jedes neuen Tages.

Ich will nicht am Ende meines Lebens sagen müssen: »Hätte ich mich doch nur von der Sucht befreit.« Ich bin froh, daß ich den Prozeß innerer Wandlung begonnen habe.

Wir empfangen die Weisheit nicht; wir müssen sie für uns selbst entdecken im Verlauf einer Reise, die niemand für uns unternehmen oder uns ersparen kann.
Marcel Proust

Viele von uns haben Bekanntschaft gemacht mit Menschen, die gerade in den Heilungsprozeß eingetreten sind und am Zwölf-Schritte-Programm nur deshalb teilnehmen, um auf eine tiefe Krise oder ein Problem zu stoßen. An diesem Punkt ist man versucht, den wechselhaften Rhythmus des Lebens in Frage zu stellen: Wie kann es den mit Schicksalsschlägen treffen, der sowieso schon am Boden liegt? Und dennoch: Die Probleme dienen einem Zweck. Denn in solchen Momenten inneren und äußeren Kampfes werden die Menschen sich oft der Wirklichkeit ihres Lebens bewußt und beginnen, schwierige Entscheidungen in Angriff zu nehmen. Dann offenbart sich auch das Gemeinschaftsgefühl unserer Gruppe, die das Ziel der inneren Heilung verfolgt und dem Süchtigen in der Not ihre kollektive Erfahrung, ihre Stärke und Hoffnung anbietet.

Viele von uns kennen jemanden, der sich weigerte oder nicht fähig war, die bei unseren Treffen übermittelte Botschaft aufzunehmen. Es bedarf weiser Einsicht, der Geduld und des Abstandes, um zu wissen, wann man sich um einen anderen bemühen soll und wie weit man dabei gehen darf. Der Respekt, den wir gegenüber dem Heilungsprozeß dieses Menschen empfinden, sowie das Vertrauen, das wir unserer Höheren Macht und dem Zwölf-Schritte-Programm entgegenbringen, können uns helfen, unseren Teil zu erfüllen und dann den anderen loszulassen.

Das Leben ist eine Lernerfahrung. Ich kann die Lektion meines eigenen Lebens lernen, nicht aber die eines anderen Menschen.

SK

29. April

Nur derjenige, der ihn trägt, weiß, wo der Schuh drückt. Englisches Sprichwort

Wenn wir leiden, wissen wir selbst am besten, wo der Schmerz sitzt. Andere mögen Hinweise oder Ratschläge parat haben, aber wir sind die einzigen, die letztendlich wissen, was tatsächlich los ist.

Jeder Mensch bildet einen einzigartigen Teil der Menschheit, und er ist der einzige, der sein Leben selbst in die Hand nehmen kann. Wenn wir durch unsere Sucht mit einem zwanghaften Sexualverhalten geschlagen sind, wissen wir, wo und wie sehr es schmerzt. Während wir vielleicht noch ein großes Maß an Leid zu tragen haben, können wir die Verletzung ausfindig machen und anfangen, etwas dagegen zu tun. Wenn dies geschieht, haben andere später die Möglichkeit, uns zu Hilfe zu kommen.

Genau das erfolgt im Rahmen unseres Programms. Wir wissen, wo es uns weh tut, und so unternehmen wir den Ersten Schritt. Indem wir das tun, wenden wir uns anderen zu, die uns helfen, den Schmerz zu ertragen, und auf dem offenen Weg zur Heilung an unserer Seite gehen.

Ich bekenne mich zu meinem Schmerz und weiß im Grunde auch, woher er kommt. Ich bin bereit, den Ersten Schritt selbst zu unternehmen, um dann Hilfe zu finden bei anderen Menschen.

PW

Alles ist voller Wunder, selbst die Dunkelheit und Stille — und so lerne ich, zufrieden zu sein, egal in welchem Zustand ich bin. Helen Keller

Wenn wir herausfinden wollen, wie man mit dem Programm arbeitet, müssen wir nur unser eigenes Leben betrachten. Womit sind wir im Moment beschäftigt? Mit unserer Enthaltsamkeit oder mit Rückfällen? Mit finanziellen Schwierigkeiten, Problemen am Arbeitsplatz, in der Familie, oder mit körperlicher Krankheit?

Was immer wir gerade durchmachen: Es kann uns Hinweise darauf geben, wie wir das Programm so auf uns zuschneiden, daß unsere eigenen Bedürfnisse besser zufriedengestellt werden. Jeden Tag können wir entscheiden, an welchem Schritt wir arbeiten müssen, ob wir jenen Menschen in der Gruppe anrufen, der uns mit Rat und Tat zur Seite steht, oder ob wir ein Treffen besuchen sollten.

Wir können uns darauf besinnen, daß äußere Ereignisse ganz einfach Widerspiegelungen innerer Auseinandersetzungen sind. Eine tiefere Einsicht in unser Leben offenbart sich, wenn wir nur lernen, die Zeichen zu deuten. Wenn keine Zeichen sichtbar sind und alles sich in Dunkelheit hüllt, ist das der Augenblick, da wir Vertrauen haben müssen. Es spielt keine Rolle, ob unser Leben aus den Fugen gerät; vielleicht ist das notwendig. Wichtig ist unser Vertrauen, daß Gott es wieder zusammenfügen wird. Wenn wir tagein, tagaus am Programm arbeiten, ohne uns Sorgen darüber zu machen, was wird, stehen wir es wohlbehalten durch.

Man ist ein dankbarer Süchtiger, wenn man die spezifisch eigenen Schwierigkeiten wirklich akzeptiert, einschließlich jener, daß man ein Sex-Süchtiger auf dem Weg der Heilung ist.

SK

Mai

Eine Handlung ist nur dann rechtmäßig, wenn keine der im Streit liegenden Parteien durch sie verletzt wird. Gandhi

Mag sein, daß wir in einen Streit verwickelt und fest entschlossen sind, unsere Lösung den anderen aufzuzwingen, koste es, was es wolle — selbst wenn wir wissen, daß dies unseren Gegner verletzen kann. Aber im Grunde wollen wir gar keine Lösung; wir wollen Rache nehmen.

Der Wunsch, andere zu verletzen, mag von dem Gefühl herrühren, daß uns Leid zugefügt wurde — vielleicht in der Kindheit. Wir wurden vernachlässigt und oft mißverstanden oder sogar mißhandelt und körperlich angegriffen. Also schuldet die Welt uns etwas, und wir sind nun der Meinung, unseren Teil zu fordern. So sind wir erfolgreichen Menschen schon von vornherein böse; nicht, weil sie uns etwas getan haben, sondern einfach, weil sie Erfolg haben.

Wir müssen unsere Scham und unseren Kummer aus uns herauslassen, sie gleichsam ins klare Licht des Tages tauchen. Wenn wir uns anderen öffnen, werden wir gewiß feststellen, daß wir imstande sind, unseren Zorn und den Wunsch, andere zu verletzen, zurückzunehmen. Dann können wir mit anderen Menschen auf gleicher Höhe stehen und müssen keine Ressentiments und Rachegelüste mehr haben.

Ich weiß, daß ich mich nach und nach meiner geheimen Schamgefühle entledige, die mich sonst dazu bringen, aus Wut und Rachsucht zu handeln.

PW

2. Mai

Sich selbst zu kennen ist nicht nur die schwierigste Sache der Welt, sondern auch die unbequemste.

H. W. Shaw

Man kann die Sex-Sucht leicht vor anderen Menschen verheimlichen. Da niemand weiß, was wir eigentlich tun, können wir uns der Illusion hingeben, daß unser Verhalten gar nicht so schlecht ist. Es ist möglich, ein Doppelleben zu führen: eine Zeitlang sind wir ein gesunder Mensch, dann wieder jemand, der seine Sucht ausübt.

Unglücklicherweise müssen wir oft erst großen Schmerz erfahren oder mit schrecklichen Konsequenzen konfrontiert werden, ehe wir das eigene Verhalten näher untersuchen. Im übrigen hält uns das differenzierte Verteidigungssystem, das wir zum »Schutze« unserer Sucht errichten, davon ab, eine aufrichtige und zur Heilung notwendige Einstellung zu erlernen.

Die Sex-Sucht wirkt auf raffinierte, verwirrende Weise und besitzt große Macht über uns. Deshalb ist es wichtig, rigoros ehrlich zu sein, vor allem, wenn wir anderen Menschen erzählen, was wir lieber in uns zurückhalten würden. Und doch sehnen wir uns meist danach, gerade die Dinge, die wir zu ignorieren versuchen, anderen mitzuteilen und sie dadurch loszulassen. Wir schulden uns selbst jenes Maß an Ehrlichkeit, das das Programm uns lehrt.

Höhere Macht, laß mich, einfach nur heute, aufrichtig sein. Mach, daß ich einen Fehler, den ich begangen habe, auch zugebe. Und wenn ich wegen einer früheren Sache Reue empfinde: Mach, daß ich jemand anderem davon erzähle und auf diese Weise gesund werde.

SK

Ein Lachen, unauslöschbar, läßt die Himmel erbeben. Homer

Seit jenem Augenblick, da man begann, das Wort schriftlich festzuhalten, haben Dichter die Herrlichkeit des Lachens besungen. Mensch sein bedeutet: die Kraft haben zu lachen, und solange wir hier auf Erden sind, werden wir diese Kraft gewiß brauchen und sie sorgsam hegen.

Das Lachen vermag uns mit den Menschen und mit der Welt zu versöhnen. Wenn wir zum Beispiel ins Theater gehen und zusammen mit anderen über ein verrücktes Stück oder einen lustigen Witz lachen, fühlen wir uns innerlich mit ihnen verbunden. Durch unser Lachen kommen wir anderen Menschen näher.

Die Sucht aber isoliert uns und wirft uns auf uns selbst zurück. Wir ziehen uns aus der menschlichen Gemeinschaft zurück in einen einsamen, unglücklichen Bewußtseinszustand. Unsere Welt wird enger, und das freudige Gefühl weicht zurück. Das Lachen wird ausgesperrt.

In unseren Gruppen entdecken wir von neuem die Freude darüber, einer Gemeinschaft anzugehören. Das Lachen ist ein Kennzeichen dieser Gemeinschaft. Sobald wir uns ihr anschließen, spüren wir, wie die Einsamkeit zu weichen beginnt und ein neues Gefühl der Liebe und der Zugehörigkeit auftaucht.

Ich entdecke von neuem die Freude am Lachen, die meinen Kontakt mit anderen Menschen aufrechterhält.

PW

4. Mai

Der menschliche Geist kann eine Fülle von Wirklichkeiten aushalten — aber nicht ununterbrochen zuviel Schwermut. Margaret Drabble

Unsere Sucht nahm uns den ganzen Tag über in Anspruch. Sie erforderte viel von unserer Zeit, von unserer Aufmerksamkeit und auch fast all unsere Kraft. Viele von uns waren sogar angestrengt darum bemüht, ihre Charakterfehler noch zu verstärken und neue Rituale und Methoden zu entwikkeln, um die Sucht zu fördern. Unsere Sexualität stand im Dienst der Sucht, bis schließlich die Hochstimmung, in die wir durch unsere sexuellen Aktivitäten gekommen waren, als etwas völlig Unwirkliches erschien.

Wenn wir der inneren Heilung ernsthaft verpflichtet sind, ist der Süchtige in uns gleichsam beschäftigungslos. Unser neues »Ganztags-Engagement« besteht darin, uns selbst Schritt für Schritt — was gewiß schmerzlich ist — in die Wirklichkeit zurückzubringen. Wenn wir anstelle des Leidens und der Sucht eine Welt voller Leben und Menschen wiederentdecken, erleben wir mit den Augen des Kindes ein inneres Erwachen. Wenn wir eine Welt vorfinden, in der integre Menschen leben, die einander helfen und daran arbeiten, das Leben besser zu gestalten, dann ist dies eine Welt, die wir vergessen hatten. Aber diese Welt existiert, und nun, da wir uns im Heilungsprozeß befinden, sind wir ein Teil von ihr.

Jeden Tag, an dem ich mich umsehe und entdecke, wie gut das Leben sein kann, bin ich imstande zu lächeln und zu sagen: »Ich könnte mich an diesen Zustand gewöhnen.«

Ich werde mir heute Zeit nehmen, die Dinge langsamer angehen zu lassen und das Leben zu genießen. Mein Motto für heute lautet: Es geht auch ganz leicht.

SK

Der, der das Schlechte nicht erträgt, wird nicht so lange aushalten, bis er das Gute sieht.

Jiddisches Sprichwort

Einige der Botschaften, die die Zivilisation vermittelt, erscheinen wie Versuche, uns davon zu überzeugen, daß das Leben leicht, lustig und einträglich sein soll — und zwar morgens, mittags, nachts. Andernfalls, so will man uns glauben machen, werden wir um jene »Rechte« gebracht, die den Menschen zustehen, die in einem Land der Privilegien und des Überflusses geboren sind.

Vielleicht müssen wir die harte Lektion des Lebens wiedererlernen, die besagt, daß es nötig ist, auszuharren und durchzuhalten, um sich zu behaupten. Gewisse Bilder verführen uns, indem sie sofortigen Genuß versprechen; die eigenen Phantasievorstellungen verlocken uns dazu, alles auf die Schnelle zu machen. Es ist nicht verwunderlich, daß so viele unter uns der Sucht erliegen: wir sind es einfach nicht gewohnt, abzuwarten und um unsere Belohnungen kämpfen zu müssen.

Um von unserem Suchtverhalten freizukommen, müssen wir unsere bisherige Denkweise über die Welt ändern. Vielleicht müssen wir zum ersten Mal lernen, zu verzichten, geduldig zu sein und ein Vergnügen aufzuschieben, damit wir sehen, welche Belohnungen es statt dessen geben mag. Zunächst fühlen wir uns vielleicht belogen und betrogen — doch dann, während allmählich unser Programm zu wirken beginnt, werden wir statt der flüchtigen, leeren Vergnügungen, die die Sucht für uns bereithält, eine länger anhaltende Befriedigung finden.

Ich lerne, geduldig zu sein und auszuharren in einer Welt, die nicht nur für mich und meine Genußsucht da ist.

PW

6. Mai

Ehre erzeugt Ehre; Vertrauen erzeugt Vertrauen; Glaube erzeugt Glauben; und die Hoffnung ist die Triebfeder des Lebens. Henry L. Stimson

Wenn ein Begriff die Heftigkeit unserer Sucht nach Sex charakterisieren könnte, so wäre es der der Hoffnungslosigkeit. Wie oft hatten wir nicht versucht, von selbst damit aufzuhören, um dann schließlich doch wieder der Scham über unser eigenes Tun anheimzufallen. Wie oft haben wir nicht uns selbst versprochen, wir würden morgen noch einmal von vorn anfangen — und uns zugleich gesagt, daß das Heute hoffnungslos sei und wir uns daher genausogut gehenlassen könnten.

Das Problem bestand darin, daß wir allein versuchten, die Sucht aufzugeben, indem wir auf unsere Willensstärke und unseren Verstand vertrauten. Doch wir müssen uns nicht allein kurieren; und es gibt Hoffnung. Es gibt eine Höhere Macht — jeder kann entscheiden, wie er sie nennt —, die das Durcheinander in unserem Leben und unserem Sexualverhalten in Ordnung bringen wird. Natürlich wäre es schön, wenn das sofort geschehen würde; doch sowie wir bereit sind zu warten, stellen wir fest, daß Stärke und Hoffnung, die uns heute am Leben halten, wirklich vorhanden sind. Das Gefühl der Hoffnung zeigt uns, wo wir damit beginnen können, uns selbst zu ändern. Es veranlaßt uns dazu, sorgsam mit den eigenen Belangen umzugehen und weiterzumachen, egal wie groß die Chancen sind — und von neuem anzufangen, wenn wir stolpern.

Möge ich nie die Hoffnung verlieren, daß ich innerlich wachsen und mich verändern kann. Heute werde ich aufmerksam sein und herausfinden, wo es Hoffnung gibt in meinem Leben.

SK

Wenn man dabei ist, einen großen Fehler zu machen, gibt es auf halbem Weg einen Augenblick, den Bruchteil einer Sekunde, in dem er rückgängig gemacht und vielleicht sogar korrigiert werden kann.

Pearl S. Buck

Manchmal haben wir das Gefühl, durch die Tyrannei unserer Sucht wie ein Schaf vorangetrieben zu werden. Wir sagen uns vielleicht, daß wir sex-süchtig geboren, daß wir in unserer Kindheit zu Sex-Süchtigen gemacht wurden oder daß wir nichts tun können, als unseren Schicksalsweg bis ans Ende zu gehen.

Und dennoch: Jedesmal, wenn wir gerade dabei sind, unsere Sucht auszuagieren, scheint es eine Sekunde der Klarheit zu geben, in der uns bewußt ist, was wir tun und wohin wir steuern. Wir spüren ein Aufflackern der Freiheit, doch wenn wir es nicht beachten, senkt sich die Dunkelheit der Sucht erneut auf uns, und wir gehen wie Schlafwandler unserem »Geschick« entgegen.

Wir wollen uns auf diesen Lichtblick der Freiheit konzentrieren. Jedesmal, wenn wir ihn nutzen, um unseren Kurs zu ändern und dieses blinde Ausagieren der Sucht zu beenden, wird das Licht stärker und die Entscheidung das nächste Mal leichter sein. Mit diesem kleinen, aber sicheren Schritt können wir uns von der Sucht entfernen und einem neuen Weg folgen, der erleuchtet wird von der Freiheit unserer Wahl.

Angesichts meiner Sucht will ich bewußter auf meine Fähigkeit achten, frei zu handeln.

PW

8. Mai

Die Selbstliebe, Euer Gnaden, ist keine so schändliche Sünde wie die Selbstverachtung.

William Shakespeare

Nie werden wir das Gefühl wahrer Sicherheit erlangen, wenn wir uns selbst nur im Spiegel unserer charakterlichen Schwächen sehen. Den eigenen Unzulänglichkeiten solche Macht einzuräumen heißt, dafür zu sorgen, daß wir nie genügend Vertrauen oder Stärke besitzen werden, um voranzukommen. Dann sind wir entweder dazu verdammt, in der Vergangenheit zu leben, die wir ständig zu ändern versuchen, oder in der Zukunft, die wir zu beherrschen trachten.

Allein die Gegenwart verspricht Sicherheit: wenn wir die positiven Qualitäten, die wir besitzen, auch wirklich bejahen. Selbst wenn wir in diesem Augenblick großen Kummer haben, können wir uns dadurch sicher fühlen, daß wir für die Fähigkeit zu trauern dankbar sind, denn sie verlangt Mut und Leidenschaft für das Leben. Wenn wir unsere vielen guten Seiten zu schätzen wissen, wirken wir damit der Angst entgegen, die unsere Sicherheit aushöhlt.

Es gibt eine Reihe von Mitteln, durch die wir uns des eigenen Wertes versichern können. Wir können diese Bestätigungen schriftlich festhalten, andere um positive Unterstützung bitten, unsere guten Eigenschaften auflisten und unsere Fortschritte im Heilungsprozeß in unsere tägliche Bestandsaufnahme mit einbeziehen. Wir verdienen es, jene Freiheit zu besitzen, die aus dem Gefühl kommt, in uns selbst sicher zu sein.

Was sage ich gerade zu mir selbst? »Du bist ein Versager« oder: »Du bist wunderbar, und ich liebe dich«?

SK

Sehr viele Menschen, die nicht wissen, was sie an einem regnerischen Sonntagnachmittag mit sich anfangen sollen, sehnen sich danach, unsterblich zu sein.
Susan Ertz

Viele von uns sehnen sich danach, ewig zu leben. Doch als die Sucht von uns Besitz ergriffen hatte, empfanden wir die Zeit als eine schwere Last. Morgens schien es, als könnten wir nicht aufstehen und in Gang kommen; es war eine Art Trägheit in uns, die im Grunde daher kam, daß wir nur an uns selbst interessiert waren.

Ja: Die Sucht ließ uns selbst-süchtig werden. Als wir in Gedanken schon bei unserer nächsten Ausschweifung und den Vergnügungen des folgenden Tages waren, verengte sich unser Blick so sehr, daß wir nur noch uns selbst sahen. Und dann gefiel uns vielleicht das, was wir sahen, nicht besonders. Unsere Schamgefühle waren vorherrschend und schlossen jede andere Regung aus.

Nun, im Rahmen des Heilungsprozesses, lernen wir, über uns selbst hinauszuschauen. Wenn wir ehrlich sind und unser Programm durcharbeiten, werden wir fähig, den gegenwärtigen Augenblick zu genießen und doch auch anderes ins Auge zu fassen. Wir brauchen den größeren Überblick, und wir sind schon dabei, ihn zu finden.

Ich will lernen, über mich selbst und meine Vergnügungen hinauszuschauen, während ich meinen Blick im Gegenwärtigen erweitere.

PW

10. Mai

Wer ein zu starkes Sicherheitsbedürfnis hat, verlangt im voraus schon Garantien für das, was er tut.

John Dewey

Wenn wir uns fragen, was wir tun können, um die Höhere Macht in unserem Leben spürbar werden zu lassen, so wollen wir uns daran erinnern, daß dies gar nicht unsere Sache ist. Unsere Höhere Macht kümmert sich selbst um einen bewußten Kontakt mit uns, sobald die Zeit dafür gekommen ist. Als Süchtige wollen wir alles in den Griff bekommen, selbst die zeitliche Planung dieser Macht und die Art, wie sie sich in unserem Leben manifestiert. Zum Glück funktioniert das nicht so — die Höhere Macht ist nicht unser Co-Abhängiger.

Unsere Aufgabe besteht darin, an der inneren Bereitschaft und Offenheit zu arbeiten, was für einen Menschen schon mehr als genug ist. In der Vergangenheit gründete unsere Bereitschaft in einer Haltung, die sich etwa mit der Frage: »Was springt für mich dabei heraus?« umschreiben läßt. Wir ließen den anderen wissen: »Sag mir, welchen Nutzen ich aus der Sache ziehen kann, vielleicht mache ich es dann.« Auch basierte sie auf Macht, die für viele von uns gleichbedeutend war mit Sicherheit. Nun aber kommt unsere Bereitschaft aus der Demut und dem aufrichtigen Wunsch nach innerer Veränderung. Sie zeigt an, daß wir Vertrauen haben in unseren Heilungsprozeß und in eine Macht, die größer und wissender ist als wir. Innerlich bereit sein heißt also: sich ergeben. Ich werde loslassen und Gott walten lassen.

Ich lade Dich heute in mein Leben ein, Gott. Bitte hilf mir, innerlich bereit und offen für Dich zu sein.

SK

Der große Sinn des Lebens liegt nicht darin, etwas zu wissen — sondern etwas zu tun.

Thomas Huxley

Es ist wichtig, Wissen zu erlangen, indem man danach strebt, sich selbst und andere Menschen zu verstehen. Aber es kann auch vorkommen, daß wir uns verzetteln, wenn wir zu sehr auf diesem Wissen beharren, anstatt aktiv etwas zu tun. Vielleicht sind wir manchmal zu stark mit uns selbst beschäftigt, zu verbissen in dem Versuch, alles mögliche zu klären und zu lösen.

Oft hilft es, sich einfach davon zu befreien und spontan etwas zu unternehmen. Unter Umständen fühlen wir uns erst einmal wie gelähmt und glauben, wir könnten nur »kuriert« werden durch einen Augenblick der Erleuchtung. Aber schon wenn wir eine kleine liebevolle Tat vollbringen oder alltägliche Aufgaben übernehmen, kann dadurch eine Kettenreaktion ausgelöst werden, aus der uns neue Kräfte und neues Selbstbewußtsein erwachsen. Repariere einen Zaun, pflanze einen Baum, mach einen Spaziergang mit einem Freund. Ja, wir *können* diese Dinge tun und uns wohl dabei fühlen.

Auch die Liebe ist eine Tat. Liebe ist nicht nur ein Gefühl, sondern ein Sich-Annähern an den anderen, eine Verbindung, eine Gemeinschaft. Lieben heißt tun — Dinge tun für andere. Und so haben wir am Ende des Tages vielleicht den Wunsch, nicht nur das niederzuschreiben, was wir dachten und empfanden, sondern das, was wir heute getan haben — für uns selbst und für andere.

Dies soll ein Tag sein, an dem ich liebevolle Dinge tue, die mir und anderen helfen werden.

PW

12. Mai

Wirf dem Sprößling nicht vor, daß er keimt. Wirf mir nicht vor, daß ich Bedürfnisse habe. Melanie

Mensch sein heißt: viele unterschiedliche Bedürfnisse haben. Weshalb also klammern wir uns an die Vorstellung, wir würden uns selbst genügen, bräuchten nichts und niemanden? Weshalb behandeln wir unsere physischen, emotionalen, spirituellen und intellektuellen Bedürfnisse als bloße Unannehmlichkeiten, die so schnell wie möglich aus dem Weg geräumt werden müssen? Warum fahren wir fort, unsere Bedürfnisse so lange zu verdrängen, bis wir uns selbst krank machen?

Mit der Zeit werden wir Antworten auf diese Fragen in einem Heilungsprogramm finden, das Unnahbarkeit durch Sanftheit, Selbsthaß durch Selbstliebe und Angst durch Vertrauen ersetzt. Sobald wir den Irrglauben abgelegt haben, all unsere Bedürfnisse könnten durch Sex und Sucht befriedigt werden, beginnen wir herauszufinden, wer wir sind und was wir wirklich brauchen. Vor allem durch die Hinwendung zu anderen Menschen werden wir allmählich die Angst verlieren, unsere wahren Bedürfnisse könnten ungestillt bleiben. Mit Geduld und einer realistischen Einstellung werden wir den inneren Frieden erfahren, der sich dann einstellt, wenn die wichtigsten Wünsche erfüllt worden sind.

Ich lebe in der Gegenwart, achte jederzeit auf meine Bedürfnisse und tue mein Bestes, um sie zu stillen.

SK

Das letzte Mal, als ich ihn sah, ging er die Seufzergasse hinunter und hielt sich selbst an der Hand.

Fred Allen

Eine komische Übertreibung wirkt verblüffend, und dadurch sehen wir uns selbst in anderem Licht. Wir können nun wirklich nicht unsere eigene Hand wie ein Verliebter halten — und doch verstehen wir, was damit gemeint ist.

Diejenigen unter uns, deren Sexualleben von Zwängen und Obsessionen beherrscht wurde, waren oft der Ansicht, sie hätten wenigstens mit ihren Sexualpartnern eine Art von Beziehung. Aber wir waren wohl so sehr mit unserer eigenen Lust beschäftigt, daß wir den anderen kaum noch wahrnahmen. Unsere Phantasievorstellungen bestimmten unsere Handlungen und schrieben uns vor, welche Vergnügungen gut seien. So lebten wir in unserer eigenen, abgeschlossenen Welt.

Aus der Sex-Sucht ausbrechen heißt, auszubrechen aus dieser ichbezogenen Art, in der wir bisher unsere Sexualität erlebten. Es bedeutet, daß wir unsere abgegrenzte Welt verlassen, Risiken eingehen, verletzt werden, daß wir zu ergründen suchen, wie andere Menschen in Wahrheit sind, und daß wir lieben lernen. Wir werden sehen, daß wir eine Hand halten — aber die Hand eines anderen, die eines reifen, freien, wirklichen, unabhängigen Menschen.

Ich habe es satt, in Wunschvorstellungen von mir selbst zu leben. Meine Sexualität stellt ein wichtiges Mittel dar, die Wirklichkeit, in der ein anderer Mensch lebt, zu erkunden.

14. Mai

Unser Wissen wird getragen von unserem Nicht-Wissen.
Bill Moyers

Es kommt eine Zeit, da wir uns umwenden und der Sucht stellen müssen. Wenn wir davonlaufen, werden wir nur eine schreckliche Isolation und Einsamkeit erfahren und so das eigene Leid noch verstärken. Statt dessen müssen wir den Mut finden, uns selbst als Sex-Süchtige zu sehen. Vielleicht glauben wir, wir bräuchten unsere Sucht, um die Gefühle zu verbergen, denen wir uns nicht aussetzen wollen. Irgendwie scheint das Eingeständnis, daß wir Gefühle haben und nicht wissen, was wir mit ihnen anfangen sollen, unerträglich und beschämend für uns. Wenn wir dennoch dieses Wagnis eingehen und entdecken, daß wir das, was uns widerfährt, bewältigen können, so erwächst uns dadurch eine ganz spontane Kraft.

Es ist nicht leicht, die eigenen sexuellen Zwänge bewußt zu erfahren, ohne sich ihnen zu ergeben. Ein großes Maß an Mut ist dazu notwendig — Mut, den wir nie wirklich zu besitzen glaubten. Wir werden diesen Mut haben, gewiß, aber nur insoweit, als wir bereit sind, in jenen Augenblicken der Verzweiflung die Hand auszustrecken nach unseren Gefährten und Gefährtinnen im Heilungsprozeß. Mut haben bedeutet nicht, daß man alles alleine macht. Die Gruppentreffen und Telefonanrufe sind gewissermaßen die Rettungsleine, die uns miteinander verbindet; wir brauchen nie mehr unter der Einsamkeit zu leiden.

Wenn ich heute gegen meine Sucht ankämpfe, werde ich nicht davonlaufen. Die Sucht verliert ihre Macht, wenn man ihr mit der Aufrichtigkeit und Stärke der Gemeinschaft begegnet.

SK

Wir verfügen über zu viele hochtrabende Wörter und über zu wenige Taten, die ihnen entsprächen.

Abigail Adams

Es ist leichter, über die eigenen Vorhaben zu reden, als sie tatsächlich auch auszuführen. Wir fassen gute Vorsätze und sind auch fähig, unsere Absichten mit hübschen Formulierungen zum Ausdruck zu bringen, aber wenn es dann wirklich darauf ankommt, schaffen wir es oft nicht, die Erwartungen zu erfüllen.

Natürlich ist es wichtig, eine Sache gut machen zu wollen und darüber auch zu sprechen. Aber wenn wir uns in der Sucht verlieren, werden wir sehen, daß — im Banne unserer Obsessionen — die Außenwelt dazu tendiert, schattenhaft und unwirklich zu werden. Wir haben zum Beispiel vor, dem Freund ein Geschenk zu kaufen, der Freundin eine Geburtstagsüberraschung zu bereiten — indessen jedoch beherrschen uns, wie gewohnt, die eigenen Wunschvorstellungen. In unserer Sucht haben wir keine Zeit, keine Kraft für andere Menschen. Die Besessenheit im Kopf verschlingt Zeit, das zwanghafte Verhalten kostet Geld. Also muß die Welt ein bißchen warten …

Im Verlauf der Heilung haben wir es mehr und mehr satt, derart isoliert und selbstsüchtig zu leben. Es braucht Zeit, Geduld und Unterstützung von anderen, um auszubrechen und das Leben von neuem zu beginnen, aber wir können es schaffen. Wir sind es uns selbst schuldig, guten Absichten Taten folgen zu lassen, die in der realen Welt wirksam werden.

Ich setze meine Gedanken in die Tat um und trete in Verbindung mit wirklichen, lebendigen Menschen.

PW

16. Mai

Ich werde das Licht einschalten, und dann werden wir zwei Menschen in diesem Zimmer sein, die einander ansehen und sich fragen, warum in aller Welt sie sich vor der Dunkelheit fürchteten. Gale Wilhelm

Sobald wir uns einmal ehrlich dazu bekannt haben, daß die Sucht nach Sex uns der Fähigkeit beraubte, wahre Intimität mit anderen zu entwickeln, stehen wir vor der Aufgabe, neu definieren zu müssen, was Intimität eigentlich ist und worin sie besteht. Zudem müssen wir unsere Einstellungen und Wertmaßstäbe hinsichtlich unserer Sexualität noch einmal überdenken. Die Herausforderung, die wir zu bestehen haben, liegt dann darin, der Sexualität wieder ihren ursprünglichen Platz in unserem Leben einzuräumen und intime Beziehungen zu entwickeln.

Es gibt viele unterschiedliche Grade und Formen von Intimität. Meistens dachten wir, die einzige Art, auf die es dabei ankäme, sei die sexuelle. Nun aber wissen wir, daß da ein tiefes Bedürfnis in uns ist, mit uns selbst, mit Gott, mit anderen Menschen und dem Leben überhaupt intimen Umgang zu pflegen. Unser Beitrag dazu ist einfach; er besteht in der Fähigkeit, angemessen auf die jeweiligen Lebensumstände zu reagieren. Wenn wir an etwas arbeiten, so geben wir unser Bestes. Wenn wir mit jemandem sprechen, schenken wir ihm unsere ganze Aufmerksamkeit. Wenn wir Hunger haben, ernähren wir uns auf gesunde Weise. Intimität herstellen bedeutet: voll und ganz Anteil nehmen — und zwar an allem, was gegenwärtig geschieht, was immer wir tun. Es bedeutet, daß wir offen sind für all unsere Gefühle, für die Freude und die Wirklichkeit.

Ich kann in dem Maße intimen Umgang mit Menschen und Dingen pflegen, wie ich mich selbst aus ganzem Herzen dem Augenblick überlasse. SK

Wer zuviel anfängt, beendet nur wenig.

Deutsches Sprichwort

Einige von uns haben vielleicht das Gefühl, daß sie, sobald der Weg in Richtung Heilung einmal beschritten ist, die Reise auch sofort mit großen Sprüngen vollenden müßten. Entweder wir sind krank, oder wir sind gesund — dazwischen gibt es nichts. Also müssen wir unverzüglich und auf wunderbare Weise vollkommen gesund werden und uns wohl fühlen.

Wir vergessen, daß eine Reise viele Schritte beinhaltet, von denen ein jeder in sich vollständig ist und seine Bedeutung, seinen Wert hat. Selbst unsere Krankheit mag einem Zweck dienen, den wir jetzt noch nicht verstehen können. Unsere Heilung stellt einen Prozeß dar, dessen tieferer Sinn sich uns erst nach und nach enthüllt.

Wir sollten also nicht glauben, morgen früh völlig geheilt aufzuwachen; wir sollten nicht alle Dinge der Welt auf einmal in Angriff nehmen. Wir alle sind Menschen auf einer Reise, die Gutes und Schlechtes, Richtiges und Falsches, Fehlschläge und Erfolge für uns bereithält. Der Weg selbst ist wichtig — und unser Streben nach dem Guten.

Ich muß mich darauf besinnen, daß ich ein Mensch bin und mich auf einer Reise befinde, die mich Schritt für Schritt voranbringt.

PW

18. Mai

Ich möchte nicht, daß meine Kinder eines Tages zu mir kommen und fragen: Was hast du eigentlich gemacht? und ich darauf antworten muß: Ich weiß es nicht.
Dorothee Sölle

Wenn wir uns absondern, trennen wir uns damit oft auch so weit von der Welt ab, bis die Sex-Sucht die einzige Realität ist. In dieser isolierten Lage kann die Zeit — ein Abend, ein Wochenende oder auch eine längere Spanne — verstreichen, ohne daß wir uns dessen bewußt sind. Das Ausagieren unserer Sucht findet ebenfalls in der Abgeschiedenheit statt, egal, ob wir mit einem anderen Menschen zusammen oder allein sind. Die Sicherheit und Verbundenheit, die wir empfinden, während wir unserem blinden Verlangen nachgeben, ist eine Illusion.

Wenn wir uns der eigenen ungesunden Handlungen bewußt geworden sind, müssen wir achtgeben auf uns selbst — und zwar schnell. Je länger dieser isolierte Zustand anhält, desto weniger nehmen wir ihn wahr. Wenn wir fähig sind, den Telefonhörer abzunehmen und jemand anderem zu sagen: »Ich bin im Begriff, mich völlig abzukapseln — ich fühle mich einsam — ich habe Angst«, dann haben wir schon einen großartigen Anfang gemacht. Wenn wir eine andere Stimme hören, vor allem eine, die behutsam mit uns umgeht, dann wissen wir, daß wir nicht allein sind. Wir können geduldig sein und uns selbst Zeit geben, um zu lernen, wie man sich mit sich selbst beschäftigt, ohne in die Isolation zu geraten. Die Wand, die uns vom Leben trennt, kann unser Verlangen, lebendig zu sein, nicht zurückhalten.

Ich will bewußt leben.

SK

Ein Dichter beginnt sein Werk in Begeisterung und beendet es in Weisheit. Robert Frost

Die Künstler vertiefen unseren Sinn für das Wunderbare, denn sie haben sich die Fähigkeit bewahrt, das Leben mit Begeisterung zu betrachten. Sie wissen, daß nichts zu sonderbar oder zu winzig ist, um daran Gefallen zu finden. Man muß sich nur Zeit lassen und innehalten und schauen. Die Welt ist unermeßlich in ihrer Vielfalt und Schönheit.

Wenn wir süchtig sind nach sexuellen Phantasien und der exzessiven Befriedigung unserer Lust, verengt sich unser Blick, und wir sehen das Leben mit Scheuklappen. Wenn wir so verkrampft und auf das eigene Vergnügen fixiert sind, können wir uns nicht entspannen und dem Neuen offen begegnen. So bleiben wir im Grunde erschöpft und leer zurück.

Wir können aber Schritt für Schritt, Tag für Tag lernen, insgesamt langsamer zu machen und die Welt um uns wirklich zu betrachten. Vielleicht erkennen wir dann, daß uns gerade jene naheliegenden Dinge, die wir gewöhnlich übersahen, ins Auge fallen. Es mag ein wahres Vergnügen sein festzustellen, daß Dinge so unterschiedlich, so eigentümlich in ihrer Gestalt, Farbe, Bedeutung und Wirkung sein können. Indem wir sie weiter erkunden, verwandelt sich unsere Begeisterung in Wissen. Wenn wir dann beharrlich weitermachen, wird uns wie zufällig Weisheit zuteil.

Ich habe vor, mir Zeit zu nehmen, um innezuhalten und an der Welt und ihrem ganzen Reichtum, ihrer Mannigfaltigkeit, Freude zu haben.

PW

20. Mai

Es gibt im Grunde keine Präzedenzfälle. In deiner Art bist du der erste Mensch, der je gelebt hat.
Christopher Morley

Oft vergleichen wir uns mit anderen Menschen, und gewöhnlich schneiden wir dabei schlecht ab. Wir sehen nicht, daß Vergleiche schädlich sind, und glauben, sie würden dazu beitragen, daß wir uns selbst näher kennenlernen. »Ihre Beziehung funktioniert so gut im Gegensatz zu meiner.« — »Er arbeitet besser als ich an den Schritten des Programms.« — »Sie sieht großartig aus; ich sehe schrecklich aus.« Die Vergleiche setzen sich fort und fort.

Gewiß, Vergleiche sind eine intellektuelle Übung; aber da wir Menschen sind, die an sich arbeiten, um gesund zu werden, können wir unseren Verstand für bessere Dinge nutzen. Sicherheit erwächst aus dem Gefühl, daß man sich selbst akzeptiert, und dieses Gefühl wird stärker mit jedem Tag, an dem wir unsere Heilung fördern. Nie werden wir, wenn wir uns mit jemand anderem vergleichen, uns selbst kennenlernen. Sobald wir abwägen, fühlen wir uns hinterher meist schlechter. Durch den Vergleich berauben wir uns unserer Einzigartigkeit und stellen falsche Maßstäbe auf, denen wir, unserer Meinung nach, gerecht werden sollten. Ein jeder ist der, der er ist. Es gibt jeden von uns nur ein einziges Mal. Wir haben es nicht nötig, uns mit irgend jemandem zu vergleichen.

Wenn ich mich mit anderen vergleiche, werde ich mich daran erinnern, daß ich ein einzigartiges Wesen bin.

SK

Vergiß niemals, was ein Mensch zu dir sagt, wenn er wütend ist. Henry Ward Beecher

Sagen wir die Wahrheit, wenn wir wütend sind? Immer und sofort haben wir die Formel parat: »Ich habe es wirklich nicht so gemeint.« Vielleicht versuchen wir sogar, den Schaden wiedergutzumachen, der durch unsere Unbesonnenheit entstanden ist. Doch die Menschen, vor allem Kinder, vergessen selten, was man im Zorn zu ihnen gesagt hat.

Böse Wörter verletzen die Menschen und hinterlassen Spuren bei ihnen. Selbst wenn unsere Eltern es nicht so meinten: ihre wütenden Stimmen und bösen Wörter begleiten uns noch immer. Oftmals gelangen wir zu der Überzeugung, daß die Eltern uns nicht liebten und keine Achtung vor uns besaßen. Wie hätten sie sonst so schlimme Dinge sagen können, die immer noch schmerzen?

Stets werden wir Augenblicke erleben, in denen wir aufgebracht sind. Aber wir können zweimal nachdenken, ehe wir es geschehen lassen, daß unsere Äußerung vom Ärger beherrscht wird. Wörter sind imstande zu verletzen — und die Menschen merken sich, was sie hören mußten.

Ich weiß, daß ich mich manchmal ärgere, aber ich will sicherstellen, daß das, was ich sage, ehrlich ist, denn die Menschen werden mich vielleicht beim Wort nehmen.

PW

22. Mai

Und wenn dieser besondere Ort, von dem du geträumt hast, dich durch Zufall zu einer Stelle führt, wo du allein bist, dann stärke dich dort durch die Liebe. Michael Masser und Linda Creed

Zwischen der Trennung von anderen und der Verbindung mit ihnen liegt eine Zeit des Übergangs. Sie heißt: Einsamkeit. In jenen Momenten entscheiden wir, wie wir mit dieser Einsamkeit umgehen. Wir können an der einsamen Stelle bleiben, solange wir dies für nötig halten. Wir müssen uns nicht zwingen, von dort wegzugehen, ehe wir nicht innerlich dazu bereit sind. Aber schließlich müssen wir einen Schritt tun, oder die Einsamkeit wird zunehmen und sich in eine Wüste verwandeln, aus der wir keinen Ausweg finden.

Wir sind dazu bestimmt, mit vielem verbunden zu sein: mit Gott, mit uns selbst, mit anderen Menschen und mit dem Leben überhaupt. Es kann sein, daß der Zweck der Einsamkeit darin liegt, den Übergang zu einer Verbindung mit anderen vorzubereiten. Anstatt die Einsamkeit als etwas zu erfahren, das uns ganz zu Recht widerfährt oder das wir selbst verschuldet haben, können wir uns tief im Innern der Sehnsucht bewußt werden, Teil einer umfassenderen Welt zu sein. Wir können dann unser Bestes tun, um unsere Bedürfnisse zu stillen, und uns freuen, sobald wir dies erreicht haben.

Ich werde dafür sorgen, daß die Einsamkeit mir den Impuls gibt, anderswohin zu gehen. Ich werde geduldig und sanft umgehen mit meinem Bedürfnis, mit anderen Menschen verbunden zu sein.

SK

Wenn jeder dem anderen ins Gesicht sagen würde, was er hinter seinem Rücken tuschelt, wäre ein gesellschaftliches Zusammenleben nicht moglich.

Balzac

Um unser Leben in Ordnung zu bringen, lernen wir im Rahmen des Programms, völlig aufrichtig zu sein gegenüber uns selbst und dabei keine Angst zu haben. So lange und so tief waren wir in das Labyrinth der Täuschungen verstrickt, daß wir gar nicht mehr sicher wissen, wer wir eigentlich sind und was wir tun sollen.

Wir müssen mit anderen Menschen leben. Wir müssen miteinander auskommen, und dazu ist ein gewisses Maß an höflicher Verstellung notwendig. Wir brauchen die Gefühle anderer Menschen nicht zu verletzen, nur um ihnen irgend etwas zu beweisen.

In unseren Gruppen aber lernen wir, unsere Bedürfnisse und Wünsche gegenüber anderen frei und ohne Angst vor Schamgefühlen oder Zurückweisung zum Ausdruck zu bringen. Und zur gegebenen Zeit sind wir wiederum aufrichtig zu anderen, indem wir streng und doch liebevoll auf ihre Mitteilungen reagieren. Die Gruppe bildet einen besonderen Ort, an dem Offenheit und Ehrlichkeit auf der Tagesordnung stehen. Es ist dies ein Ort, wo wir dadurch innerlich wachsen, daß wir uns anderen Menschen öffnen und uns auf jene Formen intimer Beziehung vorbereiten, vor denen die meisten Angst haben. Und wir tragen ein beträchtliches Maß dieser Ehrlichkeit mit uns hinaus in die Welt.

Ich will lernen, offen und aufrichtig mit anderen Menschen umzugehen. Ich lerne dies in der vertrauten Atmosphäre meiner Gruppe.

's ist eine Gabe, einfach zu sein, 's ist eine Gabe, frei zu sein.
's ist eine Gabe, dorthin zu kommen, wo wir immer sollten sein.
Und wenn wir jenen Ort gefunden, der richtig uns erscheint,
Sind wir im Reich der Liebe und der Herrlichkeit.

Volkslied aus den Appalachen

Heute können wir uns Zeit nehmen, unsere Dankbarkeit und Freude zu empfinden. Wir wissen, daß unser wahres Selbst allmählich zum Vorschein kommt und mit jedem Tag spürbarer unser Leben bestimmt. Dafür können wir dankbar sein. Wir werden von unserer Sucht geheilt in dem Maße, wie wir unsere Selbstachtung wiederherstellen, und zwar Tag für Tag. Wir wissen außerdem, daß wir wertvolle und liebenswerte Menschen sind.

Wir haben Freude ebenso erfahren wie Leid — und beides werden wir auch weiterhin kennenlernen. Aber wenn wir darauf vertrauen, daß unsere Höhere Macht alles, was geschieht, zu unseren Gunsten einrichtet, können wir wirklich sagen: »Dein Wille — nicht meiner — geschehe.« Verlangen wir etwa Unmögliches, wenn wir dankbar sein wollen für *alles,* was uns zustößt? An manchen Tagen scheint es vielleicht so, aber solche Tage gehen vorüber, und hinterher ahnen wir, welchen Zweck sie in unserem Leben erfüllen. Das ist dann der Augenblick, wo wir uns zufrieden fühlen, weil wir wissen, daß wir die Hoffnung auf jenes neue Leben, das wir gewählt haben, genauso besitzen wie seine schon fühlbare Gegenwart.

Ich bin dankbar, daß ich mich im Heilungsprozeß befinde. Ich lerne auch, dankbar zu sein für den Schmerz und die Schwierigkeiten, weil ich dadurch meine Lektionen lerne.

SK

Ich habe lieber Rosen auf meinem Tisch als Diamanten um meinen Hals. Emma Goldman

Wenn wir jemandem ein Geschenk machen, denken wir vielleicht, daß wir damit — wenn es nichts Extravagantes ist — keinen Erfolg haben. Entweder Diamanten oder gar nichts. Aber unter Umständen benutzen wir diesen Anspruch nur als Entschuldigung. Wir wissen sehr wohl, daß wir uns nicht gerade häufig Diamanten leisten können — und so kümmern wir uns nicht mehr darum, überhaupt irgend etwas zu geben.

Wenn wir etwas schenken, ist die Geste an sich wichtig; das Geschenk selbst ist ein Zeichen unserer Zuneigung, unserer Aufmerksamkeit. Die Menschen möchten gerne wissen, daß wir an sie denken und an ihnen interessiert sind. Manchmal kann eine Ansichtskarte soviel Freude machen wie eine Halskette.

Sobald wir aus der Abgeschiedenheit, in die uns die Sucht gebracht hat, auftauchen, gewinnen freundliche und liebevolle Gesten — so unscheinbar sie auch sind — um so mehr Bedeutung in unserem Leben. Wir haben es nötig, daß andere sich um uns kümmern und uns ihre Zuneigung und ihr Interesse zeigen. Wenn wir nicht vergessen, an andere zu denken, leben wir insgesamt bewußter und bleiben in Berührung mit der Welt jenseits von uns selbst. Und genau darum geht es in vielen Bereichen unseres neuen Lebens, zu dem wir im Heilungsprozeß finden.

Ich bin ein gebender Mensch und fähig, anderen zu zeigen, daß ich mich um sie kümmere.

PW

26. Mai

Meine Seele, höre mir zu: der größte Geist,
der Lehrer, ist nahe —
Wach auf, wach auf!
O meine Freundin, ich liebe dich: denke daran,
sorgsam!
Denn wenn auch du verliebt bist —
Warum liegst du im Schlaf? Anonym

Oft merken wir erst dann, daß wir eine Herausforderung bestanden haben, wenn wir uns ganz unvermutet neuer Erkenntnisse bewußt werden. Es ist, als würde in uns ein Licht entzündet, und plötzlich haben die Dinge einen Sinn. Einer unter uns, der sich auf dem Weg der Heilung befindet, hat genau darauf verwiesen, als er von dem »Blitz des Augenfälligen« sprach, »der uns blendet«. Es ist wichtig, einen solchen Augenblick innerer Klarheit ernst zu nehmen; er ist Anzeichen dafür, daß wir eine Lektion gelernt haben und daß es Zeit ist, voranzuschreiten.

In der Vergangenheit, als wir weder zu uns selbst noch zu einer Höheren Macht Vertrauen hatten, verließen wir uns darauf, daß der Sex unserem Leben einen Sinn geben würde. Und je mehr wir unseren Verstand und unseren Willen einsetzten, um das Leben zu meistern, desto weniger brachten wir zustande.

Im Heilungsprozeß ist dieser Augenblick innerer Klarheit ein Augenblick der Gnade. Es ist, als würde unsere Höhere Macht uns ein wunderbares Geschenk machen, so daß wir sagen können: »Darum also ging es die ganze Zeit, ich verstehe!« Die Empfänglichkeit für solch einen Augenblick läßt uns bereitwillig darauf vertrauen, was wir erlebten, und gibt uns die Stärke und den Mut, aufzubrechen, wohin das Leben uns demnächst ruft.

Heute werde ich mich den Augenblicken innerer Klarheit liebevoll hingeben.

SK

Eine intime Wahrheit ist auch eine universale Wahrheit.
John Cournos

Wahrheit als solche wird in erster Linie oft mit den größeren Themenstellungen und Fragenkomplexen in Verbindung gebracht und Idealen wie Gerechtigkeit, Freiheit und Demokratie zur Seite gestellt. Wir schätzen die großen Wörter — vor allem bei großen Anlässen.

Aber wir wollen uns daran erinnern, daß die Wahrheit zwischen uns und einem anderen Menschen, dem wir nahestehen, ebenfalls höchsten Wert besitzt. Ein Kosename, eine zarte Gefühlsregung, die man mit jemandem teilt, ein Eingeständnis, eine Entschuldigung, ein Gelübde, eine versöhnliche Geste — all dies erhält im intimen Rahmen die Bedeutung von Wahrheit. Und für jeden von uns ist genau das der Rahmen, auf den es ankommt.

Die Art und Weise, wie wir auf der Gefühls- und Vertrauensebene miteinander umgehen, ist von entscheidender Bedeutung. Wenn wir eine wichtige Beziehung aufbauen, geben wir auch stillschweigend eine Erklärung darüber ab, wie die Welt sein kann — eine Welt, die auf Mut, Toleranz, Zuneigung, Ehrlichkeit und Liebe gegründet ist. Wahrheiten wie diese werden bis ans Ende aller Zeiten deutlich vernehmbar sein.

Ich entdecke in meinem Leben viele Wahrheiten, die mit den Beziehungen zu anderen Menschen verknüpft sind.

PW

28. Mai

Komm, Liebe! Sing weiter! Laß mich dieses Lied hören, das du singst — der Freude wegen, und um zu lachen. Mechtild von Magdeburg

Wir alle haben schon Menschen kennengelernt, deren geistige Leichtigkeit uns in Begeisterung versetzte. Die Art dieser »Leichtigkeit« wurde von einer Frau, die gerade von der Sex-Sucht geheilt wird, charakterisiert: In einem ihrer Träume schwebte sie wie ein Ballon an die Decke ihres Zimmers. Unseren Willen und unser Ich loszulassen, ist ein spiritueller Prozeß, der sich nach und nach vollzieht. Er endet in jener »Leichtigkeit«, die in unser Leben Freiheit und anderen Menschen Freude bringt.

Wir wissen, daß wir leichter geworden sind, wenn wir das Leben von seiner humorvollen Seite her betrachten. Wenn wir uns gelassen fühlen und uns nicht darum bemühen, daß alles nach unserem Willen geht, führen wir ein Leben in Leichtigkeit. Ein anderer Teilnehmer unserer Gruppe drückte diesen Sachverhalt folgendermaßen aus: »Ich war mit meiner Tochter im Freien und blies Seifenblasen in die Luft; da sagte ich zu ihr: ›Schau, wie sie das Licht einfangen. Das Licht ist zwar schon überall ringsum vorhanden, aber erst die Seifenblasen lassen es sichtbar werden.‹«

Ich bin eine Seifenblase; Gott ist das Licht. Im Geiste leicht sein heißt: jene Transparenz besitzen, die es dem Geistigen ermöglicht, sichtbar zu werden.

Wo befindet sich meine Spiritualität? Bin ich im Reich des Lichts? Heute werde ich mich meiner Höheren Macht überlassen.

SK

Bloß zu überleben — das ist ein Elend. Wichtig ist das Leben, *und die Richtung, die es nimmt.*

Guy Fregault

Es gibt Menschen, die, wenn man sie danach fragt, wie es ihnen gehe, automatisch antworten: »Ich schlage mich so durch.« Sie sagen das mit einem strahlenden, tapferen Lächeln, als ob sie gegen eine enorme Übermacht angekämpft und es durchgestanden hätten — blutend, aber ungebrochen. Das Leben ist eine grausame, ungerechte Angelegenheit, scheinen sie uns zu verstehen zu geben. Aber in Wirklichkeit scheint ihr Leben leicht und sicher zu sein.

Andere, die tatsächlich Schwierigkeiten haben — Krankheit in der Familie, finanzielle Sorgen, gefährdeter Arbeitsplatz —, grüßen uns vielleicht mit einem Lächeln und bringen in das einfachste Gespräch eine Kraft und Lebendigkeit ein, daß wir erfrischt daraus hervorgehen. Solche Menschen besitzen die Gabe zu leben und teilen sie großzügig mit anderen. Wie auch die siebenundneunzigjährige Frau mit den neununddreißig Enkeln, die sie alle mit Namen begrüßt und für jeden von ihnen eine Geschichte und einen Witz parat hat. Sie lebt in deren Gedächtnis als eine liebende und vitale Kraft. In der Erinnerung ist sie unsterblich — und bleibt in Liebe verbunden mit ihrer Familie.

Jeder Tag kann uns so viele Freuden wie Kümmernisse bescheren. Wenn wir geduldig sind und den Mut finden, unser Bestes zu investieren, so können wir wahrhaft leben, statt nur zu überleben.

Ich bin fähig, die Hand auszustrecken und zum Reichtum des Lebens beizutragen. Ich kann den Menschen meiner Umgebung Kraft spenden.

PW

30. Mai

Humor ist jenes Chaos der Gefühle, an das man sich später heiter erinnert. James Thurber

Wann haben wir uns das letzte Mal über etwas amüsiert? Wenn wir unser Leben nur noch in schwarze Schatten gehüllt sehen, sind wir wahrscheinlich zu angespannt und reagieren zu heftig. Es mag schwierig sein, in unseren selbstzerstörerischen Verhaltensweisen irgend etwas Humorvolles zu entdecken, aber wenn es uns trotzdem gelingt, nimmt unser Heilungsprozeß ganz neue Ausmaße an. Wenn wir über den Schmerz, den wir durch die Sucht erlitten haben, lachen, heißt das nicht, daß wir ihn abwerten, sondern daß wir ihn hinter uns lassen. Das Lachen trägt manchmal dazu bei, unsere Sucht auf den Platz in unserem Leben zu verweisen, an den sie eigentlich gehört; es verhindert, daß wir ihr jene mythische Dimension zugestehen, die sie früher einmal besaß.

Es ist gut für uns, innerlich leichter zu werden und nicht alles — vor allem nicht uns selbst — so ernst zu nehmen. Lieber sollten wir mit einem Freund sprechen, um gemeinsam mit ihm zu lachen. Wenn wir ins Theater gehen, können wir uns für die Komödie statt für die Tragödie entscheiden. Alles in dieser Art ist gut und nützlich für uns.

Unser Sinn für Humor stellt einen besonderen Aspekt unserer Persönlichkeit dar. Wir können ihn benutzen, um die eigenen Probleme für einen Moment zu vergessen. Immer wird er uns helfen, dem Leben gegenüber die innere Balance zu wahren.

Geh voran — setz dich lachend über deine Probleme hinweg.

SK

Alle Lebewesen — ausgenommen der Mensch — wissen, daß das höchste Ziel des Lebens darin liegt, es zu genießen. Samuel Butler

Wenn wir uns einmal Zeit nehmen, Tiere zu beobachten, stellen wir fest, daß sie eine Lebensfreude besitzen, die sie für alle ihre Tätigkeiten ganz in Anspruch zu nehmen scheint. Eine Katze, die ihrem Schwanz nachjagt, ein Hund, der hinter dem Ball her ist, ein Pferd, das den Strand entlanggaloppiert, ein Delphin, der aus dem Wasser springt und wieder darin eintaucht — all dies sind Bewegungen, welche die Energie und Begeisterung über die eigene Lebendigkeit offenbaren.

Wir sagen zwar, man solle das Leben genießen, aber wie viele von uns schaffen es, diesen Satz in die Praxis umzusetzen? Für uns hat das Vergnügen oft mit Schuldgefühlen zu tun oder damit, daß wir unsere Sucht ausagieren oder jemanden verletzen beziehungsweise verletzt werden. Und so versagen wir uns die tiefe Freude über die eigene Kraft, die uns in vollen Zügen leben läßt.

Wenn wir unsere Schamgefühle und jene Empfindung, nichts wert zu sein, loslassen, hilft uns das, überhaupt im Innern loszulassen und wirklich zu leben. Wenn wir uns mit dem Strom spontaner Kraft verbinden können, der das Tierreich beseelt, werden wir dieses schiere Glück wiederentdecken: daß wir am Leben sind.

Ich will versuchen, mir Zeit zu nehmen, die Tiere beim Spiel zu beobachten und von ihrer Vitalität und Freude zu lernen.

PW

Juni

Nicht für den Augenblick, in dem du nicht weiterkommst, brauchst du Mut, sondern für den mühseligen Aufstieg, durch den du Gesundheit, Vertrauen und Sicherheit wiedererlangen wirst.

Anne Morrow Lindbergh

Man braucht großen Mut, um ja zu sagen zur Hoffnung. Es mag sehr viel leichter erscheinen, einfach vor der Sucht zu kapitulieren. Ihre Versprechungen sind so verlockend, die Reize, die der nächste Exzeß in Aussicht stellt, so greifbar nah. Solange die Sucht uns im Griff hatte, waren wir nicht fähig, das Angebot zu einem sexuellen Vergnügen auszuschlagen. Danach war es sogar noch leichter, sich der Hoffnungslosigkeit und Verzweiflung zu überlassen. Durch die Nachwirkungen der Scham, der Einsamkeit, der Angst fiel es uns schwer, zur Hoffnung zurückzufinden.

Aber es gibt einen Weg zurück — gerade durch jene Hoffnung, die wir bei unserer Höheren Macht und mit der Unterstützung von anderen Gruppenmitgliedern finden. Ein Süchtiger entscheidet sich nicht leichten Herzens für die Hoffnung — zu viel steht auf dem Spiel, und zu oft schon wurden unsere Hoffnungen zerstört. Aber irgendwo in uns lebt die Erinnerung an den Menschen, der wir wirklich sind, und daran, wie gut das Leben sein kann. Und in uns lagern jene verschütteten Gefühle des Glücks und der Freiheit, die wir gerne wieder einmal empfinden möchten. Wir finden Hoffnung, wenn wir unseren Mut zusammennehmen, um nach ihr zu suchen.

Fühle ich mich heute verzweifelt? Wenn ja, werde ich meine Einstellung ändern, indem ich meine Kraft dafür einsetze, richtige Entscheidungen zu treffen. Ich werde mich anderen Menschen zuwenden, die bereit sind, ihre Hoffnungen mit mir zu teilen.

SK

2. Juni

Nicht im Haß offenbart sich die schlimmste Sünde gegen unsere Mitmenschen, sondern in der Gleichgültigkeit; sie ist die Wurzel der Unmenschlichkeit.

George Bernard Shaw

Haß ist die Kehrseite der Liebe, aber er beweist zumindest, daß Kraft und Leidenschaft vorhanden sind. Dann und wann fühlen wahrscheinlich die meisten von uns Wogen des Hasses in sich aufsteigen — vor allem gegen jene Menschen, die wir am meisten lieben. Wir können jedoch damit fertig werden, wenn wir erkennen, daß diese Augenblicke vorübergehen und vom anderen verziehen werden.

Gleichgültigkeit und Apathie hingegen können sich zu einer derart beherrschenden Krankheit des Geistes entwikkeln, daß ihre Dunkelheit alles andere einhüllt. Dann wird das Leben unterdrückt, schon im Keim erstickt. Wenn wir die Menschen in unserer Umgebung nicht schätzen, werden sie sich durch diesen Mangel an Aufmerksamkeit im Grunde ihres Menschseins getroffen fühlen. Und wenn wir keine Zeit haben für das Leben, werden sich das Leben und jene Menschen, die uns nahestehen, von uns zurückziehen.

Die Welt ist ein Ort der Herrlichkeit und der Liebe. Wir können uns mit ihr verbinden, wenn wir das bloße Eigeninteresse überwinden und Gleichgültigkeit und Apathie ersetzen durch die Kraft des Lebens und der Liebe.

Die Apathie macht uns zu Krüppeln, sie bringt uns um. Ich entdecke, wie ich meinen Körper und meinen Geist beleben und die Hand nach anderen Menschen ausstrecken kann, die mich genauso brauchen wie ich sie.

PW

Es ist eine alte und paradoxe Angewohnheit des Menschen, schneller zu laufen, wenn er vom Weg abgekommen ist. Rollo May

Unsere Grenzen verlaufen sowohl in uns wie außerhalb von uns. Niemand ist imstande, sie für uns festzulegen; nur wir selbst können sie setzen. Wenn wir in den Heilungsprozeß eintreten, sind wir mit diesen Grenzen oft nicht vertraut. Wir fragen uns: Welcher Art sind sie? Welchen Gebrauch machen wir von ihnen? Viele von uns kommen aus Familien, in denen die Grenzen, die ein Kind normalerweise schützen, ignoriert wurden, so daß die dadurch ausgebildeten Verhaltensweisen bestimmend bleiben für unser Handeln als Erwachsene.

Es erfordert Zeit und Übung, damit anzufangen, die eigenen Grenzlinien selbst zu ziehen. Weil diese Erfahrung ungewohnt ist, werden wir wohl oft zwischen zwei Extremen schwanken: zum einen zögern wir, aus Angst, unsere bisherigen Grenzen könnten verwischt werden; zum andern handeln wir so, als ob wir überhaupt an keine Grenze gebunden wären. Doch unsere Bereitschaft, Grenzen zu setzen und uns auch an sie zu halten, bewirkt, daß wir eine klarere Vorstellung von uns selbst bekommen. Wir lernen allmählich, wo unser Bereich anfängt und wo er endet. Dasselbe lernen wir nach und nach auch in bezug auf andere Menschen. Mit den so gesetzten Grenzen stellt sich ein neues Gefühl von Selbstachtung ein, denn sie bestätigen uns in der Auffassung, daß wir keine Objekte sind, auf denen man herumtrampeln oder die man benutzen kann, sondern menschliche Wesen, die Würde besitzen.

Ich kenne meine Grenzen — und wenn nicht, steht es mir vollkommen frei, sie kennenzulernen.

SK

4. Juni

Die meisten Menschen wollen lieber Zuneigung bekommen als sie schenken. Aristoteles

Viele von uns Sex-Süchtigen neigen dazu, sich ständig selbst zu beobachten und nur Interesse an sich selbst zu haben. Wir sind sensible Wesen, deren Liebesgefühle in der Jugend vielleicht verschmäht oder falsch aufgefaßt wurden, was zur Folge hatte, daß wir uns dann uns selbst zuwandten, um die Liebe zu bekommen, die wir brauchten. Das Bedürfnis nach Liebe ist nichts Schlechtes. Viele Menschen haben Angst, sich dies einzugestehen, weil sie, sobald sie einmal offen und verwundbar sind, die Zurückweisung fürchten. Aber es ist notwendig, Zuneigung zu erfahren, damit wir uns weiterentwickeln und produktiv handeln können in der Welt.

Wenn wir daran glauben, daß wir liebenswert sind, werden wir sicher geliebt werden. Doch auch wir müssen lieben. Wir müssen aus uns selbst herauskommen und uns mit der Eigenart eines anderen Menschen auseinandersetzen. Die Liebe ist ein Prozeß, der in beiden Richtungen verläuft, ist Geben und Empfangen. Wir müssen uns selbst als wirklich liebenswerte Menschen empfinden, ehe wir fähig sind, die Hand nach anderen auszustrecken. Wir lernen dies im Rahmen unseres Zwölf-Schritte-Programms. Indem wir anderen zuhören und konstruktive Antworten geben, können wir zugleich lernen, daß es gut ist zu geben wie auch zu empfangen. Wenn wir wieder gesund sind, bedeutet das: Wir haben die Macht der Liebe wiederentdeckt.

Ich lerne, mich selbst als liebenswert zu betrachten — und so kann ich mich nun an den Kraftstrom anschließen, der in der liebevollen Hinwendung zu anderen Menschen seinen Ursprung hat.

PW

Sie sucht nach mir. O Gott: Laß sie nach mir suchen und sag mir, warum sie mich verlassen hat.
Stephen Sondheim

Wenn der geliebte Mensch uns verläßt, haben wir das Gefühl, der Strom unseres Herzens würde unterbrochen. Verlassen werden heißt: mit unbeantworteten Fragen leben zu müssen, Angst, Wut und Zurückweisung zu verspüren, sich zu grämen. Es heißt: im Passiv leben — nicht wir haben jemanden verlassen, sondern wir wurden verlassen. Diese innere Trennung, die Entscheidung eines anderen, das geistige Band zu lösen, tut schrecklich weh. Wo gibt es Hoffnung? Wie machen wir weiter? Wenn wir verlassen werden, stellt sich sogar die Frage, die am allerschmerzlichsten ist: »Will ich überhaupt weitermachen?« Sobald wir sie mit Ja beantworten, können wir mit unserer Heilung beginnen.

Wir können uns entscheiden, die Dinge so zu akzeptieren, wie sie sind. Mit Hilfe der Gnade Gottes und der Unterstützung von Menschen, die uns lieben und uns gerne um sich haben, können wir unseren Weg wiederfinden. Wenn wir uns dem Wunsch des anderen, die Beziehung zu beenden, fügen, so bezeugen wir ihm damit unsere Achtung. Es ist ein Akt der Liebe, für den anderen das Beste zu wollen, auch wenn wir dadurch selbst einen großen Verlust erleiden.

Wenn ich aufrichtig trauere um den Verlust eines anderen Menschen, so ist das ein Zeichen dafür, daß meine Heilung begonnen hat.

SK

6. Juni

Man braucht im Leben nichts zu befürchten. Man muß nur verstehen. Marie Curie

Meistens haben wir dann Angst, wenn wir die betreffenden Umstände und Zusammenhänge einer Sache nicht kennen; und sie lähmt uns gewöhnlich nur so lange, wie wir im dunkeln tappen. Bei Sex-Süchtigen ist diese Angst oft Ausdruck einer allgemeinen Unruhe und Sorge, die uns auf unerklärliche Weise überfällt und dazu führt, daß wir verantwortungslos handeln.

Sorge und Angst haben ihre Ursachen, und wenn wir genügend Mut besitzen, können wir diese erforschen und die Schreckgespenster zum Schweigen bringen. Doch sind wir dazu nicht immer allein imstande, denn wir müssen berücksichtigen, wie andere auf unsere Einsichten und Ahnungen, woher die Angst kommen könnte, reagieren. Oft auch können wir unser wahres Selbst finden durch die inneren Kämpfe eines anderen, der uns daran teilhaben läßt — oder durch das, was man uns sagt, wenn wir von unseren eigenen Ängsten und Hoffnungen erzählen. Die meisten von uns sind zu lange mit ihren eingeschlossenen Gefühlen allein gewesen.

Wir bemühen uns um Verständnis, wie lange und schmerzlich diese Reise auch sein mag. Während wir weiterkommen, müssen wir uns daran erinnern, daß wir von guten und loyalen Kameraden begleitet werden. Jeder Schritt, den wir tun, kann ein Stück Weg sein, das wir — während wir uns allmählich an das neue und unbekannte Gebiet gewöhnen — von der Angst zurückerobern.

Ich werde darüber nachdenken und darüber sprechen, wie ich mich von Unwissenheit und Angst befreie, und auf meinem Weg die Gesellschaft anderer Menschen begrüßen.

PW

Ich bin gegangen, weil da kein Platz mehr für mich war. Aber du könntest mir sagen, daß ich nicht gehen soll. Sag es mir. Sag mir: Geh nicht.

Stephen Sondheim

Wenn wir den geliebten Menschen verlassen, brechen wir bewußt eine wichtige Beziehung ab. Selbst wenn *wir* uns zu diesem Schritt entschlossen haben, sind wir doch erstaunt, weshalb er uns oft so viel Schmerz bereitet. Aber das Herz denkt nicht logisch; es fühlt die seelische Erschütterung, die mit dem Verlust einhergeht, und die Last der Verantwortung: weil wir es sind, die auf Wiedersehen sagen.

Die Liebe ist ein Prozeß; er hört nicht auf, nur weil wir uns verabschieden. Egal, wie schmerzlich oder gar schädlich eine Beziehung war, es gab auch positive Ereignisse in ihr, genauso wie der Partner liebenswerte Eigenschaften besaß. Die Aufgabe besteht darin, die Entscheidung, die wir getroffen haben, mit Anstand und Würde zu akzeptieren und jede Kränkung, die uns zugefügt wurde, zu verzeihen. Wir können uns weigern, der Selbstgerechtigkeit und Empörung freien Lauf zu lassen. Solche Empfindungen erwachsen aus der Illusion, wir verfügten über Macht; und diese wiederum stellt sich ein, wenn man sich in der Position desjenigen befindet, der geht. Vor allem aber können wir unseren Verlust betrauern und dann den Menschen, den wir liebten, loslassen, so daß wir vom Trennungsschmerz genesen.

Ich muß manche Beziehung beenden, weil es besser ist für meine innere Heilung. Dennoch: Ich kann leiden und betrübt sein über den Verlust solcher Beziehungen.

SK

8. Juni

An dem Tag, wo du zum ersten Mal über dich selbst lachst, bist du erwachsen geworden.

Ethel Barrymore

Säuglinge glucksen und gurgeln und finden die Welt unterhaltsam, aber offenbar lachen sie selten über sich selbst. Vielleicht ist dem so, weil sie noch so sehr Herr und Meister ihrer Welt sind. Selbst wenn sich die kleinen Knirpse im Spiegel sehen, finden sie sich wahrscheinlich eher atemberaubend als komisch.

Wenn wir einsichtiger und klüger werden, bekommen wir eine Vorstellung von unseren eigenen inneren Verhältnissen und unserer Stellung in der Welt. Ebenso, wie die Erde nicht das Zentrum des Sonnensystems ist, so sind auch wir nur einer unter Milliarden von Menschen auf unserem Planeten.

Können wir über uns selbst lächeln? Oder bewahren wir immer unsere Würde oder fühlen uns ständig schwach und verletzbar? Der Sinn für Humor verweist auf die Fähigkeit, sich auch einmal über menschliche Schwächen zu amüsieren, selbst wenn es auf unsere eigenen Kosten geht. Dieser Humor hilft uns, andere — und besonders uns selbst in bezug auf andere — in die richtige Perspektive zu rücken. Vielleicht können wir erst dann wirklich an Format gewinnen, wenn wir über unsere eigenen Unvollkommenheiten einmal richtig gelacht haben. Indem wir unsere eigene Bedeutung in der Relation sehen, lernen wir, innerlich zu wachsen.

Ich kann ein herzliches Lachen genießen — und werde meinem Sinn für Humor freien Lauf lassen, auch wenn es mich selbst betrifft.

PW

Die Heilung ist ein vielschichtiger und geheimnisvoller Vorgang. Manchmal geschieht sie allein durch das Geheimnis der Wunde selbst.

Allan Bozarth Campbell

Wir können unseren Heilungsprozeß etwa auch dadurch verwirklichen, daß wir die Rolle des »verwundeten Heilers« übernehmen. Dieser Terminus, der häufig in der spirituellen Arbeit benutzt wird, drückt den wundersamen Widerspruch aus, der in der Hoffnung begründet ist, daß — egal, wie tief wir auch gefallen sind — wir dennoch unsere Erfahrungen anderen zugute kommen lassen können. Nicht obwohl, sondern weil wir soviel mitgemacht haben, sind wir in der Lage, die Hand nach jenen auszustrecken, die immer noch leiden.

Als »verwundete Heiler« haben wir in unserem Leben Erfahrungen gemacht, die schließlich unsere innere Transformation zur Folge hatten — ein spirituelles Erwachen. Aufgrund unserer Sex-Sucht und des daran anschließenden Heilungsprozesses verfügen wir nun über ein Wissen, das wir mit anderen teilen möchten. Die Gelegenheit, an der Heilung eines anderen beteiligt zu sein, stellt für uns jedesmal ein ebenso großes Geschenk dar wie für diesen Menschen.

Wir dürfen nie vergessen, daß unsere Machtlosigkeit eine Wunde war und ist. Aber sie weist uns auch den Weg zu neuer Kraft.

Möge ich die Einfachheit, die Demut und das Mitgefühl des »verwundeten Heilers« besitzen.

SK

10. Juni

Der zweite Gedanke ist immer der klügere.

Euripides

Vielleicht sind wir stolz auf unsere Spontaneität; vielleicht folgen wir gern der Eingebung des Augenblicks; vielleicht genießen wir sogar das erregende Gefühl, ein Risiko einzugehen. Vieles spricht dafür, so zu handeln, ohne sich allzusehr Gedanken darüber zu machen oder in Selbstkritik zu verfallen.

Solche Handlungen aber können Teil unseres Suchtverhaltens sein. Es gibt vielleicht Zeiten, in denen wir aus der Wut, aus dem Schmerz oder aus der Frustration heraus impulsiv reagieren und uns dann auf der gleichen alten Rutschbahn wiederfinden, um in Schamgefühlen oder gar gefährlichen Situationen zu landen. Wir sagen uns: »Zum Teufel damit, schlechter kann es nicht mehr werden!« — und schon sind wir auf dem Weg, unsere Sucht auszuagieren.

Wir sollten beschließen, in solchen Momenten innezuhalten und eine Weile nachzudenken. Warum versuchen wir nicht herauszufinden, was uns in diesen Zeiten hoher innerer Anspannung wirklich fehlt? Wiegt das Vergnügen oder die Erleichterung, die wir suchen, den Schmerz auf, den wir selbst und die geliebten Menschen dadurch erleiden? Ja *finden* wir überhaupt dieses Vergnügen, das die Phantasie uns zu suchen befiehlt?

Wenn wir noch einmal nachdenken, entdecken wir, daß wir eigentlich in Frieden mit uns selbst und mit der Welt leben wollen.

Ich lerne, erst einmal zu überlegen, bevor ich handle. Damit vergewissere ich mich, daß es nicht meine Sucht ist, die die Entscheidungen trifft.

PW

Wir wurden erzogen in der Vorstellung, daß wir ernten, was wir gesät haben. Und so verwarfen wir den Gedanken, daß alles, was wir tun, seinen Zweck bereits in sich selbst hat. Janet Harris

Welch ein gutes Gefühl ist es doch, eine Arbeit zu tun, die Befriedigung schenkt — besonders dann, wenn es zu den schlimmen Folgen unserer Sucht gehörte, daß wir nicht arbeiten konnten. Vielleicht waren unser häufiges Krankwerden, die schlechten Arbeitsgewohnheiten, die sexuellen Verwicklungen mit Kollegen und Kolleginnen und die sinnlosen Tätigkeiten in der Vergangenheit erst Auslöser für unser Suchtverhalten. Dadurch waren wir so unfrei, daß wir ständig gegen das Gefühl ankämpfen mußten, eigentlich überflüssig zu sein.

Unsere jetzige Arbeit stellt vielleicht nicht gerade unser Lebensziel dar, aber wir können ihr auf vielerlei Weise einen Sinn geben. Anstatt die Zeit mit heimlichem Ärger und Vorwürfen oder in Langeweile zu verschwenden, können wir unser Bestes geben und ein gutes Gefühl in bezug auf uns selbst haben. Wir können unsere Wut loslassen. Wir können darauf vertrauen, daß — ob wir uns dessen bewußt sind oder nicht — die Arbeit, die wir heute tun, einen Beitrag leistet zu jenen Gaben, die unsere Höhere Macht für uns bereithält. Auch können wir — egal, wie klein er ausfallen mag — einen Schritt unternehmen in Richtung der Arbeit, die wir im Grunde wünschen. Heute und an jedem anderen Tag wird und die Arbeit leichter fallen, wenn wir sorgsam auf uns selbst und unseren Heilungsprozeß achten. So werden wir zu innerer Gelassenheit finden.

Wenn ich in meiner Arbeit einen Sinn sehe, wird auch mein Leben einen Sinn haben.

SK

12. Juni

Veränderung bedeutet Bewegung, Bewegung bedeutet Reibung, Reibung bedeutet Hitze, und Hitze bedeutet Auseinandersetzung. Saul Alinsky

Wir sprechen davon, daß wir uns ändern wollen, um unserer Sucht entgegenzutreten, und dieser Wunsch ist sicher wahr und aufrichtig. Aber wir müssen uns klar sein, daß die Veränderung weiterhin tiefe Schmerzen für uns selbst und andere Menschen zur Folge haben kann.

Wir haben uns so lange so wohl gefühlt in unserer Sucht! Sie war unser Beruhigungsmittel und unsere Stütze. Wir fragten uns, warum wir uns Gedanken darüber machen sollten, aufzubrechen und Abstand zu gewinnen von unserer Welt der Rituale und Wunschvorstellungen und sexuellen Ausschweifungen.

Aber waren wir wirklich geborgen in ihr? Was ist mit unserer Wut? Unseren Gewissensbissen? Unserer Hoffnungslosigkeit und Verzweiflung? Unserer Scham, die uns veranlaßte, jeglicher Intimität und Berührung auszuweichen? Haben wir uns tatsächlich wohl gefühlt? War, gemessen am Elend unserer Sucht, die innere Veränderung derart einschneidend?

Obwohl wir wußten, daß es auf unserem weiteren Weg schwere Auseinandersetzungen und Unstimmigkeiten geben würde, riefen wir eines Tages aus: »Genug! Ich bin machtlos!« Daraufhin erst waren wir bereit, den Kampf aufzunehmen zugunsten einer neuen, ehrlichen Lebensweise.

Ich weiß, daß mir die Veränderung schwerfallen wird, aber ich bin froh, daß ich mich dem Prozeß innerer Entwicklung, inneren Wachstums anschließen darf, der das Leben selbst ist.

PW

Und wenn ich seh', wie glücklich du bist, fühlt mein Herz sich frei.
Ich wäre dir gern ein guter Freund, wie du es für mich bist. Joni Mitchell

Freunde sind mit die größten Geschenke im Heilungsprozeß; sie begegnen uns, wenn unser Leben in geordneten Bahnen verläuft. Es braucht Zeit und Kraft, gute Freunde zu gewinnen und sie auch zu behalten, aber diese Belohnungen sind der Mühe wert. Solchen besonderen Menschen gegenüber können wir frohen Herzens aufrichtig, treu und vertrauensvoll sein und sie uneingeschränkt akzeptieren.

Sowie die Beziehung sich vertieft, stellen wir fest, daß wir fähiger werden, die Bedürfnisse unseres Freundes zu verstehen. Hat er ein Kind, auf das man aufpassen sollte, oder muß die Küche geputzt werden? Können wir — ohne gleich ein Urteil zu fällen — einfühlsam zuhören, wenn der Freund von all dem erzählt, was er gerade durchmacht? Wenn ein Freund krank ist, sind wir dann bereit, ihm beizustehen? Können wir unsere eigenen Bedürfnisse einmal zurückstellen, weil die des Freundes im Augenblick wichtiger sind?

Sobald uns der Heilungsprozeß dabei hilft, die Fähigkeiten auszubilden, die nötig sind, um ein guter Freund zu sein, können wir im Innern loslassen und zulassen, daß unsere Freundschaften sich ganz natürlich entwickeln. Dann werden wir fähig sein, dem Band der Liebe zwischen unseren Freunden und uns zu vertrauen.

Ich werde heute einen befreundeten Menschen anrufen und ihn wissen lassen, wieviel er mir bedeutet.

SK

14. Juni

Beurteile die Menschen eher nach ihren Fragen als nach ihren Antworten. Voltaire

Süchtige Menschen neigen zur Redseligkeit. Einige von uns haben vielleicht zuviel Zeit allein verbracht und wünschen nichts sehnlicher als die Gesellschaft von Menschen. Ein anderes Mal haben wir vielleicht etwas zu verbergen, und wir reden, um es zu vertuschen. Das pausenlose Sprechen ist die beste Art, den wirklich schwerwiegenden Fragen auszuweichen. Auch wird damit verhindert, daß wir tatsächlich zuhören und überlegte Antworten liefern.

Wir alle brauchen das Gespräch, aber wir müssen uns auch Zeit nehmen, zu schweigen. Im Schweigen können wir uns selbst und den Platz beurteilen, den wir in der Welt einnehmen, und jene Dinge untersuchen, die wir wissen wollen und wissen müssen.

Unsere Programme geben uns die Möglichkeit, einfach dazusitzen, still zu sein und anderen zu lauschen. Wenn jemand einen Schritt erklärt oder seine Geschichte erzählt, so können wir lernen, indem wir einfach zuhören und die Fragen formulieren, die wir später während der Diskussion stellen müssen. Eine gute Frage wiegt tausend unüberlegte Wörter auf.

In dieser Woche will ich mir Zeit nehmen, um zu schweigen und darüber nachzudenken, was ich über mich selbst und die Menschen meiner Umgebung gelernt habe. Dies wird meinen Heilungsprozeß fördern und anderen Menschen helfen.

PW

Die höchste menschliche Freiheit besteht darin, unter jeglichen Umständen die eigene Einstellung frei zu wählen und sich für den eigenen Weg zu entscheiden.
Victor Frank

Im Verlaufe des Heilungsprozesses gibt es Tage, an denen uns das Leben wie ein schlechtes Theaterstück vorkommt, aus dem wir nicht herausgehen können. Es wäre wunderbar, wenn wir, nachdem der absolute Tiefpunkt erreicht ist, einfach mit der Heilung beginnen und dann unser ganzes Leben lang immer nur Fortschritte machen würden. Der Heilungsprozeß jedoch vollzieht sich nicht in dieser Weise. Wir müssen ihn Tag für Tag, Schritt für Schritt fortsetzen und dabei ein Problem nach dem anderen in Angriff nehmen. Wir bemühen uns bis zum äußersten, und manchmal haben wir keine Ahnung, wohin wir eigentlich gehen. Wir stellen fest, daß unsere Gefährten und Gefährtinnen auf dem Weg genauso fehlbar sind wie wir. Manchmal würden wir am liebsten die Arme in die Luft werfen und ausrufen: »Sieht so etwa die Heilung aus?«

Die Antwort lautet: ja und nein. Wenn wir lernen, unsere unrealistischen Erwartungen zurückzunehmen, unsere Einstellungen zu ändern und demütig an unseren charakterlichen Schwächen zu arbeiten, so verstehen wir, wie das Leben jenseits der eigenen Machtlosigkeit zu bewältigen ist. Sicher, wir werden dann und wann die Geduld verlieren. Aber wir können niemals mehr so leben wie früher: wir wissen zuviel. Wir sind imstande, unsere Gefühle wirklich zu erleben, ja — sollten wir also jetzt verzweifeln und endgültig aufgeben? Niemals.

Wenn heute auch ein schwieriger Tag ist, so werde ich trotzdem voller Hoffnung sein. Ich werde »so handeln, als ob«.

SK

16. Juni

Es gibt für jedes menschliche Problem immer eine einfache Lösung: sie ist sauber, plausibel — und falsch. H. L. Mencken

Wie kann ich von meiner Sucht genesen? Was muß ich tun, um mich wohl zu fühlen? Dies sind die grundlegenden Fragen, die wir uns selbst stellen, wenn wir gegen unsere Krankheit ankämpfen.

Solche Fragen sind naheliegend, sobald wir uns einmal Zeit nehmen, wirklich über das nachzudenken, was in unserem Leben passiert. Und die Antworten sind ebenso einfach: Hör auf damit, deine Sucht auszuagieren, arbeite weiterhin an deinem Programm.

Aber es ist nicht genug, einfach nur zu den Gruppentreffen zu kommen und etwas Zeit zu investieren. Leichte Lösungen mögen plausibel erscheinen, aber es reicht nicht, nur groß darüber zu reden — die Aufgaben müssen tatsächlich auch bewältigt werden. Wir waren kranke, manchmal sehr kranke Menschen, und wir werden einige Anstrengungen unternehmen müssen, um die Dinge wieder klar zu sehen und zu unserem Weg zurückzufinden. Die Route wird von unserem Programm ausgearbeitet, und wir haben gute Ratgeber und Freunde als Führer. Aber wenn alles gesagt und getan ist, müssen wir uns dafür entscheiden, die Antworten und Hilfen auch anzunehmen, die uns innere Erneuerung und Gesundheit bringen werden.

Ich weiß, daß der Weg zur Gesundheit nicht leicht ist, aber ich habe Vertrauen in mich selbst und in das Programm. Ich werde durchkommen.

PW

Das Leben wird betrachtet mit der ganzen Blindheit, die es selbst erzeugt. George Santayana

Gott wird uns vielleicht nicht immer das gewähren, was wir wollen — aber wir bekommen immer das, was wir brauchen. Natürlich müssen wir, damit das geschieht, das Wort »Bedürfnis« neu definieren. Unsere Sex-Sucht machte uns glauben, wir bräuchten mehr Sex — dieses Bedürfnis konnte nie gestillt werden. Und zusammen mit Sex, davon waren wir überzeugt, hätten wir auch mehr Geld, mehr Menschen in unserem Leben, eine bessere Arbeit, mehr Kleider und so fort nötig. Die Liste war endlos, weil die Bedürfnisse von unserer Sucht erzeugt wurden.

In dem Maße, wie unsere Heilung Fortschritte macht, werden auch mehr von unseren wahren Bedürfnissen zufriedengestellt — also jene, die das Leben bereichern, wie zum Beispiel die Hoffnung und das Bedürfnis nach Kameradschaft oder nach Gesundheit. Nach und nach sind wir bereit, uns um diesen Prozeß zu bemühen, und hören auf, irgendwelche Ergebnisse erzwingen zu wollen. Besonders glauben wir daran, daß es mehr gibt von allem, als wir tatsächlich brauchen. Ein Leben, das an unserer Höheren Macht ausgerichtet ist, stillt das süchtige Hungergefühl und befreit uns von der Scham, die wir angesichts unserer ständigen Bedürfnisse empfinden. Versäumnisse der Vergangenheit können wir nie wieder wettmachen, aber wir können heute leben im Vertrauen darauf, daß das Leben reich und großzügig ist.

Im Heilungsprozeß bin ich fähig, den Unterschied zu erkennen zwischen meinen Bedürfnissen und meiner Gier. Ich kann meine Bedürfnisse befriedigen, ohne mir Sorgen zu machen, es könnte nicht genug da sein.

SK

18. Juni

Was nützt es, wenn wir rennen, uns aber auf dem falschen Weg befinden? Deutsches Sprichwort

Wir stürmen geradezu durchs Leben — viele von uns mit Höchstgeschwindigkeit — und denken nur an unsere Aufgaben und Ziele. Vielleicht bewegen wir uns deshalb so schnell, weil wir nicht zur Ruhe kommen und einen genauen und strengen Blick auf den Weg werfen wollen, auf dem wir uns befinden, und auf gewisse Dinge, die wir tun.

Diese übertriebene Hast macht vieles zunichte — nicht nur, wenn wir Auto fahren. Sie kann uns umbringen, wenn wir uns ständig dazu zwingen, die eigenen natürlichen Beschränkungen aufzugeben. Sie schadet unserer geistigen und körperlichen Gesundheit.

Wir wollen langsamer machen. Warum nehmen wir uns nicht jeden Tag oder wenigstens einige Male im Monat etwas Zeit, um einfach nur dazusitzen und nichts zu tun? Wenn wir nicht alles so überstürzen, können wir die Welt näher in Augenschein nehmen. Und wenn wir uns Zeit lassen, um mit dem Menschen zusammenzusein, den wir lieben, werden wir alle möglichen Dinge wahrnehmen, die bisher spurlos an uns vorübergegangen sind. Wir wollen also sicherstellen, daß der Weg, auf dem wir uns befinden, auch der richtige für uns ist.

Schließlich ist das Leben kein Wettrennen, sondern eine Reise.

Sowie ich mir Zeit nehme, zu entspannen und auf alles zu achten, was auf meinem Weg liegt, sehe, höre, berühre, schmecke und rieche ich die Dinge genauer.

PW

»Die Menschen haben diese Wahrheit vergessen«, sagte der Fuchs. »Aber du darfst sie nicht vergessen. Du bist für das, was du gezähmt hast, verantwortlich. Du bist verantwortlich für deine Rose ...«

Antoine de Saint-Exupéry

Eine Frau in unserer Gruppe, die bereits auf dem Weg der Heilung ist, hat einmal über das Thema Verantwortung gesprochen und gesagt, es gehe für sie dabei um die Aufgabe, »fähig zu sein zur Antwort«, also darum, wie sie auf die Anforderungen des Lebens reagiert.

»Verantwortung« kann ein erschreckendes Wort sein; vielleicht dachten wir immer, es sei im Grunde ein Synonym für »Versagen«. Und wie viele Male schon war es für uns geradezu normal, verantwortungslos zu handeln, als wir unsere Kraft für die Sex-Sucht verschwendeten? All diese Verhaltensweisen, wie sie in ständig wechselnden Partnerbeziehungen zum Ausdruck kommen, im »Vergessen« von Verhütungsmaßnahmen, in Seitensprüngen und durch den häufigen Besuch jener Orte, die für uns gefährlich werden können, deuteten auf eine verantwortungslose Einstellung hin. Das Leben als Süchtiger war eine Tretmühle, aus der wir nicht herauszukommen vermochten.

Wenn wir für unser Denken, unsere Gefühle, Entscheidungen und Handlungen Verantwortung übernehmen, werden wir wirklich erwachsen. Wir können uns der Herausforderung, die die Verantwortung mit sich bringt, stellen, indem wir keine Perfektion erwarten. Wir können die uns zur Verfügung stehenden Möglichkeiten untersuchen, ehe wir uns entscheiden, und lernen, das Leben zu genießen. Dann werden wir erfahren, daß es in geordneten Bahnen verläuft — und daß wir gesund sind.

Heute will ich die Entscheidung treffen, verantwortungsvoll zu handeln, indem ich auf meine Bedürfnisse reagiere.

SK

20. Juni

Wir sind mit Zuständen konfrontiert, nicht mit Theorien. Grover Cleveland

Insgesamt betrachtet, ist unser gegenwärtiges Zeitalter stark an der Vorstellung der Introspektion interessiert. Wir finden Gefallen an psychologischen Theorien und denken, daß wir dadurch herausfinden, was in den Menschen vorgeht. Vor allem im Bereich der Sexualität hegen wir die große Hoffnung, daß wir bald alle Probleme beseitigt und jene Rätsel gelöst haben, die Ödipus und Freud in Verwirrung stürzten.

Aber die Sexualität ist genausowenig Theorie wie das Leben. In jedem von uns ist sie vorhanden, immerzu — eine Kraft, ein Gefühl. In unserem speziellen Fall ist sie außer Kontrolle geraten. Als Sex-Süchtige, die den Heilungsprozeß durchlaufen, lernen wir gerade, wie wir mit diesem wichtigen Teil von uns selbst richtig umgehen können.

Wird die Theorie uns dabei helfen? Bis zu einem gewissen Punkt ja. Wir können es mit ihr versuchen und die näheren Ursachen für unsere Handlungsweisen ausfindig machen. Doch was wir verstanden haben, muß auch in die Tat umgesetzt werden: Wir müssen Schritte unternehmen, um unser Verhalten neu auszurichten. Deshalb enthält unser Programm im Kern *Handlungsschritte:* wir sind unaufhörlich dabei, uns zu ändern und innerlich zu erneuern. Wir werden nie einen Punkt erreichen, an dem wir sagen können: »Ah ja, ich verstehe das jetzt; damit ist die Sache beendet.« Das wäre zu einfach und, in gewisser Weise, beleidigend gegenüber der wunderbaren Vielschichtigkeit der Sexualität und des Lebens.

Ich gehe durchs Leben, bewege und entwickle mich, da ich teilhabe an den menschlichen Lebensbedingungen.

PW

Nicht nur einer äußeren Zurschaustellung oder großen Gebärde wegen muß die Seele das Ihre leisten — sondern tief in uns selbst, wo kein anderes Auge leuchtet als das unsrige. Montaigne

Eines der ersten Dinge, die wir im Heilungsprozeß lernen, ist, daß wir die Möglichkeit haben, frei zu wählen. Dies mag eine bestürzende Erkenntnis sein, denn als Sex-Süchtige gaben wir uns der tröstlichen Illusion hin, wir hätten eben keine Wahl, wir seien Opfer des Lebens.

Im Verlauf eines Tages werden wir mit vielen Wahlmöglichkeiten konfrontiert. Im Grunde treffen wir bei allem, was wir tun, eine Wahl. Wir denken vielleicht, die kleinen Entscheidungen — was wir anziehen, was wir essen, ob wir Kaffee oder Tee trinken, ob wir ein Gruppentreffen besuchen — seien unwichtig, aber zusammen bilden sie das Grundgerüst unseres Lebens. Auf diese Entscheidungen, die jeweils für sich getroffen werden, stützen wir uns, wenn wir die großen Entscheidungen fällen müssen. Und die wichtigste von diesen, nämlich ob wir fähig sind, enthaltsam zu leben, wird bedingt durch die kleinen Entscheidungen, die wir aus Liebe zu uns selbst und aus der inneren Verpflichtung gegenüber unserem Heilungsprozeß getroffen haben. Wir können dankbar dafür sein, daß durch ihn die Macht der Wahl, die wir haben, wiederhergestellt wurde.

Ich mag machtlos sein gegenüber meiner Sucht, aber ich bin nicht hilflos. Ich kann meine Entscheidungen treffen.

SK

22. Juni

Jedes Kind ist ein Künstler. Das Problem ist nur, wie man ein Künstler bleibt, wenn man größer wird.

Picasso

Künstler sein heißt: innerlich eingestimmt sein auf das Neue und sich ihm zuwenden, ja sagen zum Leben in all seiner Mannigfaltigkeit, all seinem Reichtum. Gesunde Kinder begegnen dem Leben aufgeschlossen und schöpferisch. Sie stellen Dinge her, schlüpfen in andere Rollen und erschaffen eine Welt der Schönheit und Begeisterung.

Wir sind noch immer Kinder, wenn wir es wagen, die kreative Kraft in uns anzunehmen und zurückzubeziehen auf die Spontaneität und den Sinn für das Neue, wie sie in der Kindheit vorhanden waren. Vielleicht müssen wir dabei Schatten, ja sogar Dunkelheit überwinden, aber wenn wir mutig sind, können wir die kindliche Kraft und Frische neu entdecken.

Picasso war über neunzig Jahre lang schöpferisch tätig. Er hielt — zu unserer Freude — das Kind in sich wach. Selbst wenn wir nicht über sein Talent verfügen, so können wir doch durch sein Beispiel inspiriert werden — um das kreative Kind in uns wieder zum Leben zu erwecken.

Ich bin froh, daß ich mit dem kreativen Kind in Berührung komme, das immer noch in mir lebt.

PW

Den Abend lang währet das Weinen, aber des Morgens ist Freude. Psalm 30, 6

Es ist wichtig zu erkennen, daß uns keine Schuld trifft, wenn wir in der Kindheit nicht gelernt haben, was man über Sexualität, Beziehungen und eine gesunde Lebensweise wissen muß. Es ist nicht Aufgabe des Kindes, sich selbst die Dinge beizubringen, die für ein glückliches Leben notwendig sind.

Obwohl es für einen Erwachsenen schwierig ist, das zu lernen, was man schon als Kind oder Jugendlicher gelernt haben sollte, so ist es doch nicht unmöglich. Wir können auf unseren Mut, die innere Stärke und Demut bauen, die wir durch unsere Bereitschaft kundtun, Tag für Tag mit unserem Heilungsprogramm zu verbringen. Auch können wir unsere Höhere Macht bitten, daß sie hilft, unsere Spiritualität zu fördern, durch die wir jene innere, für das Leben unerläßliche Wahrheit erfahren. Wir mögen manchmal wütend und des ewigen Kämpfens müde sein — aber wir müssen fest daran glauben, daß wir es schaffen. Unsere tiefe Sehnsucht nach Beziehungen, in die wir unsere Fähigkeiten und Begabungen einbringen können, muß greifbare Wirklichkeit werden. Wenn wir uns weiter entwickeln, bekommen wir das Gefühl, daß wir das Leben bewältigen, und können uns eine umfassendere Welt vorstellen, die darauf wartet, von uns erlebt zu werden.

Heute werde ich stolz sein auf meine Fähigkeit, Wagnisse einzugehen, damit mein Leben sich erweitern kann.

SK

24. Juni

Das Mitgefühl macht aus uns eine einzige wunderbare Gemeinschaft. David Garrick

Nach anonymen oder lieblosen sexuellen Begegnungen blieben die meisten von uns ohne ein Gefühl von wahrer menschlicher Wärme zurück. Aus solchen Begegnungen gingen wir nicht reicher, sondern ärmer hervor, und allmählich wurde unser Leben grau und kalt und hoffnungslos.

Sex kann eine einsame, erschreckende, traurige Angelegenheit sein, wenn er nicht eingebunden ist in das Gefühl starker Zuneigung. Wir werden sehr verwundbar, wenn wir uns hingeben, ohne zu lieben. Wir können sogar herzlos und grausam werden, wenn wir unser eigenes Vergnügen und unsere Befriedigung nur auf Kosten anderer Menschen suchen. Unsere Partner sind dann keine Partner mehr, sondern lediglich Objekte.

Ein Gefühl für andere, Sympathie, Zuneigung, Einfühlungsvermögen — das sind jene menschlichen Regungen, die wir gemeinsam mit unserer Sexualität pflegen müssen. Und das lernen wir im Rahmen unseres Programms. Das Sexuelle muß durch fürsorgliche und zärtliche Gefühle erweckt werden; wir müssen im Arm gehalten, angeschaut und geliebt werden, damit wir uns sicher fühlen. Sex kann Angst machen, aber die Liebe zügelt und bannt die Angst.

Ich will freundlich und liebevoll sein und aus ganzem Herzen mit anderen Menschen in Verbindung stehen.

PW

Wir finden innere Ruhe bei denen, die wir lieben, und wir schaffen in uns einen ruhigen Ort für jene, die uns lieben. Bernard von Clairvaux

Wie wunderbar ist das Gefühl, einfach dazuzugehören. Diese innere Gewißheit stellt sich ein, sobald wir den Blick allmählich nach außen richten und mit anderen Menschen in Beziehung treten. Indem wir uns aus dem isolierten Zustand der Sex-Sucht befreien und so selbstzerstörerische Haltungen wie Ängstlichkeit und Ressentiment aufgeben, entdecken wir, daß wir auf neue Weise fähig sind, uns draußen in der Welt zu bewähren.

Wir können zur Arbeit gehen und uns dabei als Teil einer Gruppe empfinden. Wir können ein Restaurant besuchen in dem Wissen, daß wir hierher gehören, und müssen nicht das Gefühl haben, jeder beobachte uns. Wir können zu einem Treffen gehen und den wunderbaren Gemeinschaftssinn erfahren, der allein dadurch entsteht, daß man mit anderen genesenden Sex-Süchtigen zusammen ist. Wir können freiwillige Arbeiten machen, uns einer Kirchengemeinde anschließen oder mit einer Gruppe von Freunden spazierengehen. Und bei all diesen Aktivitäten stellen wir fest, daß nicht nur wir andere kennenlernen, sondern daß auch die anderen die Möglichkeit haben, uns kennenzulernen. Im Vertrauen darauf, daß wir dazugehören, liegt ein Geschenk, das uns zuteil wird durch die Fähigkeit, wir selbst zu sein — ohne Rücksicht auf die Umstände.

Ich glaube daran, daß ich dazugehöre. Egal, wo ich bin oder was ich gerade tue, ich habe etwas beizutragen.

SK

26. Juni

Die Menschheit erträgt nicht allzuviel Wirklichkeit.
T. S. Eliot

Die meisten von uns Sex-Süchtigen sind nur allzusehr bereit, der Wirklichkeit den Rücken zu kehren und — sobald es einmal hart auf hart geht — Zuflucht zu ihren Phantasievorstellungen zu nehmen. Wenn wir einen Rückschlag erleiden, neigen wir dazu wegzulaufen, um ihn dann in Gedanken irgendwie zu revidieren. Wenn unsere Gefühle durch den geliebten Menschen verletzt wurden, wenden wir uns vielleicht der Pornographie zu oder stürzen uns in eine belanglose Affäre, um uns auf billige und schmutzige Weise zu rächen.

In unserer Sucht rechtfertigen wir unsere Phantasiewelt und führen unsere kindischen Allmachtsträume weiter fort. In diesen Träumen sind wir tatsächlich omnipotent, und unser sexueller Genuß kennt keine Grenzen. Andere Menschen werden zu Marionetten, die an Schnüren nach der Melodie tanzen, die wir pfeifen. Die Wirklichkeit ist ein weit entfernter Schmutzfleck am Horizont.

Im Heilungsprozeß lernen wir, die Unzufriedenheiten und Enttäuschungen, die wir erleben, zu ertragen, ohne uns in die Phantasie zurückzustürzen. Indem wir zuhören und reden, finden wir Halt in einer Gemeinschaft, die keine Angst hat vor dem Leben. Hier, in den Gruppen, entwickeln wir einen sicheren Blick und einen festeren Zugriff auf unsere Vernunft. Die Wirklichkeit mag manchmal hart sein, aber sie schenkt auch Freude und Erfüllung. Nun können wir sie bewältigen; können die heiteren Augenblicke genießen und Mißgeschicke bereitwillig ertragen.

Ich lerne, das Leben fest ins Auge zu fassen und voranzuschreiten, ohne daß ich mich in Phantasien verliere, um meine Probleme zu lösen.

PW

Das natürliche Vergnügen ist eine Sache; eine ganz andere ist jenes unnatürliche Vergnügen, das dem bereits übersättigten Geist aufgezwungen wird.
Thomas Merton

Überall kommen wir in Berührung mit Werbung, Filmen, Musik, Musikvideos, Fernsehen, Büchern und Magazinen, die den Sex benutzen, um einen Lebensstil anzupreisen oder ein Produkt zu verkaufen. Die Nachrichten sind voll von Berichten über Pornographie und über sexuelle Belästigungen von Kindern. Unser Instinkt sagt uns, daß das Ausdrucksformen der Sex-Sucht sind, obgleich sie in den Nachrichten nicht so genannt werden.

Wie schützen wir uns selbst, und wie bewahren wir unseren Heilungsprozeß in einer Welt, in der die Sex-Sucht alle möglichen Namen hat, nur nicht diesen? Wie behaupten wir unsere eigene Wirklichkeit inmitten gesellschaftlicher Verdrängungen? Wie bleiben wir enthaltsam, wenn uns die Zivilisation oft dazu ermutigt, die Sucht auszuagieren?

Wir müssen bezüglich unseres Heilungsprozesses strenge Schutzmaßnahmen ergreifen und zugleich rigoros ehrlich sein. Wir sind verantwortlich dafür, daß wir wissen, was unser Suchtverhalten auslöst, und daß wir uns fernhalten von Personen, Orten und Dingen, die genau dies erreichen könnten. Wir müssen uns nicht den Kopf zerbrechen über die Erziehung der Welt oder über den Versuch, sie zu ändern. Wir haben uns entschieden, auf andere Weise zu leben, fühlen uns geborgen in unserer Spiritualität und unserem Heilungsprogramm.

Bitte hilf mir, Gott, daß ich mich löse von einer Welt, die hauptsächlich mit Sex beschäftigt ist, und hilf mir, daß ich meiner Enthaltsamkeit treu bleibe.

SK

28. Juni

Gegen die Entmutigung tarnt man sich am besten durch Wagemut. Lukan

Als Sex-Süchtige wissen wir, wie es ist, wenn man sich demoralisiert fühlt. Unsere Sucht bewirkte, daß wir unsere ethischen Werte, Überzeugungen und unsere Spiritualität aus den Augen verloren. Wir verfielen den mechanischen Mustern unserer Wunschvorstellungen und sexuellen Betätigungen, die von unserem tiefen Gefühl für Sittlichkeit und Wertmaßstäbe abgetrennt und somit völlig isoliert waren.

Ein Ausweg eröffnet sich dadurch, daß wir den Mut finden, unsere Verbindung mit anderen Menschen und unsere Beziehung zur Höheren Macht erneut geltend zu machen — daß wir, mit einem Wort, unsere Spiritualität wiederentdecken.

Die Sex-Sucht setzt sich fort und verstärkt sich durch Schamgefühle und Einsamkeit, und sie schwindet im Licht einer offenen Einstellung und eines ehrlichen Austauschs mit anderen. In unserem Programm sprechen wir mit Menschen, befolgen die Schritte, würdigen unsere Fortschritte und wagen es, frei zu sein. Auf diese Weise finden wir den Mut, unsere Entmutigung zu überwinden.

Ich will es wagen, offen und ehrlich zu sein gegenüber mir selbst und anderen Menschen.

PW

Jeder Erwachsene hat das dringende Bedürfnis nach Hilfe, nach Wärme, nach Schutz, das sich in vielerlei Hinsicht von den Bedürfnissen des Kindes unterscheidet und ihnen doch ähnelt. Erich Fromm

Durch viele Geschichten von Sex-Süchtigen zieht sich ein gemeinsamer Faden: die sexuelle, physische, emotionale oder verbale Mißhandlung in der Kindheit. Eine solche Mißhandlung übt einen gewaltigen Druck aus, gegen den ein Kind hilflos ist. Am Ende kann sie einen Menschen anfällig machen für die Sex-Sucht und andere suchterzeugende Verhaltensweisen.

Deshalb ist es jetzt unbedingt erforderlich, daß wir liebevoll mit uns selbst umgehen. Nur so wird die heilende Kraft unseres Programms von unserem Herzen Besitz ergreifen. Genausowenig, wie wir Sand in eine Wunde reiben würden, die gerade verheilt, können wir die früheren Verhaltensmuster und Gewohnheiten fortsetzen. Das Kind in uns, das immer noch leidet, verdient all unsere Fürsorge und bedingungslose Liebe. Wenn wir in Selbstmitleid, Schuldzuweisungen, Wut oder Ressentiments versinken, so mag dies ein Hinweis sein, daß unsere Sucht auflebt. Die Gefühle, die uns Schmerz verursachen, müssen an die Oberfläche kommen, so daß wir sie zum Ausdruck bringen und Trost empfinden können. Wenn wir das Gebet der Gelassenheit sprechen oder jemanden anrufen, kann das unsere Hoffnung erneuern und uns die Kraft geben, von alten Verhaltensweisen Abstand zu nehmen.

Was sage ich in diesem Augenblick zu mir selbst? Ich werde mit mir auf dieselbe einfühlsame Weise sprechen, die ich von anderen erwarte, wenn sie mit mir sprechen.

SK

30. Juni

Ich habe noch keine Not erlebt, die nicht durch ein einstündiges Lesen gelindert worden wäre.

Montaigne

Die Lektüre ist eines unserer Hilfsmittel im Heilungsprozeß. Die meisten unserer Gruppen verfügen über Bücher mit täglichen Meditationen, aus denen wir laut vorlesen; darüber hinaus lesen viele von uns jeden Tag eine Meditation zu Hause. Wir stellen fest, daß der kurze und komprimierte Text uns hilft, die Gedanken zu sammeln; dann erweitern sich Verstand und Gefühl und schweifen über die Lektüre hinaus.

Das Lesen ist nicht nur eine Unterhaltung, es ist eine Art stiller Zwiesprache mit uns selbst. Und während wir in unseren Lieblingsbüchern blättern, setzen wir den Dialog mit alten Freunden fort. Wir werden gewissermaßen herausgeführt aus uns selbst und tiefer in den Lebensprozeß hineingezogen.

Als Sex-Süchtige brauchen wir dies ganz besonders. Die meisten von uns sind gefangen in ihrer Welt aus Wunschvorstellung und Angst. Wir benötigen diese Art von Intimität, die durch das Lesen entstehen kann, und wir benötigen die Wechselbeziehung mit dem geschriebenen Wort und den Ansporn, wie wir sie durch inspirierende Bücher erfahren. Wir können dann aus dem Haus gehen und uns mit Freunden über sie unterhalten und den Wirkungskreis unseres Wissens und unserer Erfahrung erweitern.

Ich bin dankbar für die Möglichkeit zu lesen; dadurch komme ich auf andere Gedanken.

PW

Juli

1. Juli

Mein Leben ist ein Geheimnis, das ich nicht wirklich zu begreifen versuche; es ist, als würde ich in einer Nacht, in der ich nichts sehe, an der Hand geführt werden und mich dennoch voll und ganz auf die Liebe und den Schutz desjenigen verlassen können, der mich führt. Thomas Merton

Es gibt viele verschiedene Arten, Spiritualität zum Ausdruck zu bringen, und ich weiß, daß meine Höhere Macht mir die richtige zeigt. Spiritualität ist nicht notwendigerweise gleichbedeutend mit Religion. Sie ist die Sehnsucht des Herzens nach Gott, das Verlangen, den Abgrund zu überwinden, der uns vom Unendlichen und Ewigen trennt.

Für einige besteht der spirituelle Ausdruck in einem Ausruf, der Dankbarkeit und Lobpreis bezeugt. Für andere hat er die Gestalt einer Reise, die durch die Wüste, durch Dunkelheit oder eine gefrorene Landschaft führt. Für wieder andere ist er in einer Suche begründet, die sie unbewußt, ohne sich genauere Gedanken zu machen, unternehmen. Da wir Sex-Süchtige sind, die sich im Heilungsprozeß befinden und deren Fortschritte in einem spirituellen Leben gründen, das Tag für Tag bewältigt wird, müssen wir unserer eigenen Spiritualität treu sein. Wir müssen ihr vertrauen, egal wie beschwerlich die Reise ist. Nichts ist zu mächtig für Gottes unbedingte Liebe — nicht die Sex-Sucht, nicht die Angst, nicht der Widerwille. Der Gott, der uns liebt, der uns in den Heilungsprozeß und in ein neues Leben führte, will nur unser Glück.

Wenn ich lache, lacht Gott. Wenn ich weine, weint Gott. Wenn ich etwas brauche, sagt Gott ja.

SK

Nicht, daß ich Angst davor hätte zu sterben — ich will nur nicht dabeisein, wenn es passiert.

Woody Allen

Viele von uns denken beim Tod an etwas Abstraktes — sie betrachten ihn weniger als etwas Wirkliches, sondern als bloßes Faktum. Wir wissen, daß alles vorübergeht und daß auch wir sterben werden, aber selten gestatten wir es uns, diese Realität auch zu akzeptieren: sterben zu müssen und tot zu sein.

Wenn wir unsere Sucht ausagieren, so ist das vielleicht nur ein Mittel, der Wirklichkeit des Todes auszuweichen. Es mag sein, daß wir an Sex nur denken können im Sinne eines Neubeginns, einer — falsch verstandenen — ständigen Erneuerung, einer Art Wiedergeburt. Vor allem in unseren Wunschvorstellungen verlieben wir uns immer wieder »bis über beide Ohren«. Dabei kommen wir uns immer jung vor, stehen immer vor einem Neuanfang und halten uns immer alle Türen offen.

Sobald wir im Verlaufe des Heilungsprozesses allmählich reifer werden, können wir lernen, unsere Gedanken und Gefühle gegenüber dem Tod zu integrieren in jene Gefühle, die wir gegenüber unserer Sexualität und dem täglichen Leben haben. Wir können den Tod als einen unerläßlichen Bestandteil des Lebens begreifen — und nicht nur als etwas abstrakt Endgültiges. Diese Einsicht kann Bestandteil unseres Programms werden, Teil unseres Lernprozesses, die Wirklichkeit in all ihrer phantastischen Vielfalt zu erfahren. Das Leben kann wertvoller werden, wenn wir erkennen, daß wir es verlassen müssen.

Ich finde heraus, wie ich meine Gefühle gegenüber dem Tod erforsche und sie in meinen Heilungsprozeß integriere.

PW

3. Juli

Man versündigt sich wirklich am Leben, wenn man die Schönheit zerstört, noch dazu die eigene — ja gerade die eigene, denn sie wurde unserer Sorgfalt unterstellt, und wir sind dafür verantwortlich, daß sie unversehrt bleibt. Katherine Anne Porter

Ein guter Einstieg für den Tag ist, ihn mit einer Frage zu beginnen: »Was kann ich heute tun, um auf mich selbst achtzugeben?« Wenn wir uns diese Frage stellen und sie beantworten, bekräftigen wir unsere Überzeugung, daß wir diese Sorgfalt verdient haben. Damit werden wir auch aufgefordert, uns selbst ehrlich zu betrachten. Geben wir nur ungern zu, daß wir mit unserer Sucht zu kämpfen haben? Oder daß wir uns krank fühlen? Oder daß solche Gefühle wie Wut, Trauer und Angst in uns überwiegen? Oder daß wir an unseren Problemen arbeiten, die mit Inzest, mit sexueller, physischer oder emotionaler Mißhandlung zu tun haben?

Wenn wir unseren Bedürfnissen sanft und einfühlsam gerecht werden, fällt uns die Ausgabe, uns selbst gut zu behandeln, leichter. Vielleicht müssen wir lange Zeit fragen: »Was kann ich tun, um auf mich selbst achtzugeben?«, ehe wir wirklich dazu bereit sind und wissen, wie wir dabei vorgehen. Aber genauso, wie gute Eltern sich Gedanken machen, auf welche Weise sie ihrem Kind die beste Pflege angedeihen lassen, können wir lernen, eben dieses Verhalten auf uns selbst anzuwenden. Jedesmal, wenn wir das tun, gewinnen wir allmählich eine höhere Selbstachtung.

Was kann ich heute tun, um auf mich selbst achtzugeben?

SK

Das menschliche Elend muß irgendwann ein Ende haben:
Es gibt keinen Wind, der immer stürmisch bläst.

Euripides

Es ist nicht schwer, sich vorzustellen, daß wir immer im selben Boot sitzen werden, daß der eigene Charakter statisch ist, unsere Gewohnheiten unabänderlich sind. »So bin ich eben. Entweder du versuchst es mit mir, oder du läßt es bleiben.« Wenn wir das sagen, meinen wir im Grunde oft: »Wenn du weißt, wer ich wirklich bin, dann *wirst* du es bleiben lassen.« Dies ist die Grundhaltung des Sex-Süchtigen.

Aber niemand ist dazu prädestiniert, ein ganz bestimmter Mensch zu sein oder sich in einer speziellen Art und Weise zu verhalten. Und niemand hört auf, innerlich zu wachsen und sich zu verändern. Wir müssen Vertrauen haben in die enormen Möglichkeiten, die mit Entwicklung und Wachstum gegeben sind.

Im Grunde besteht das Leben nicht nur aus Wind und Sturm. Es kann ruhig sein, unbeständig, leidenschaftlich, trocken, sanft, vielversprechend, düster, glänzend oder gelassen — und wir sind imstande, der immensen Vielfalt seiner Stimmungen zu entsprechen. Denn wir sind Teil des Lebens, Teil all dieser wundersamen Verwandlung und Vielfalt, und wenn wir keine Angst davor haben, uns selbst loszulassen, können wir so abwechslungsreich und beweglich sein wie das Leben selbst.

Ich glaube nicht, daß ich in meinen Verhaltensweisen festgelegt bin oder in meiner Sucht verharre. Ich lerne, offen zu sein für alle Veränderungen, die das Leben bietet.

PW

5. Juli

O Körper, der sich wiegt in Musik,
O Blick in tiefem Glanz —
Wer könnte trennen den Tänzer
Vom Tanz?

W. B. Yeats

Die Sexualität ist keine Tätigkeit, sondern ein Teil unserer selbst. Als Menschen sind wir körperliche, intellektuelle, emotionale, sexuelle und spirituelle Wesen, und all diese Aspekte sind gleich wichtig. Wenn wir die Sexualität als Energie und eher als eine Form des Seins statt als Aktivität betrachten, so können wir sie als Bestandteil unserer Heilung und unseres Programms leichter wieder in uns selbst integrieren.

Zum Teil besteht die Aufgabe für uns, die wir auf dem Weg der Heilung sind, darin, daß wir herausfinden, was eine gesunde Sexualität eigentlich ist, und entscheiden, welche Wertmaßstäbe wir an unser Verhalten legen. Wir sind nur verantwortlich für die Sorgfalt, mit der wir uns selbst behandeln; es ist nicht unsere Sache, in sexuellen Angelegenheiten Entscheidungen für andere oder für die Gesellschaft zu treffen. Es ist schon mehr als genug, die eigenen Bedürfnisse zu kennen und zu wissen, wie man ihnen gerecht wird. Wir können uns selbst erlauben, der Sexualität den Platz einzuräumen, der ihr gebührt. Sie ist ein wichtiger Teil unseres Wesens — aber eben nur ein Teil und nicht das Ganze.

Meine Sexualität ist Ausdruck meiner Spiritualität, ein Teil von mir, den ich pflege und liebe.

SK

Ich war schon viel weiter draußen, als du dachtest, und war nicht am Winken, sondern am Ertrinken.
Stevie Smith

Manchmal deuten wir die Zeichen falsch, die Freunde uns übermitteln. Wenn wir denken, sie seien vergnügt und würden ganz gut mit allem zurechtkommen, müssen sie in Wirklichkeit vielleicht kämpfen und leiden. Vor allem wenn wir nur mit unseren eigenen Belangen beschäftigt sind, können wir die leisen Hilferufe überhören, die von geliebten Menschen ausgesandt werden.

Das trifft gerade dann zu, wenn wir sex-süchtig sind. Unsere Krankheit kann uns zurückwerfen auf uns selbst und uns vom Leben der Menschen abtrennen. Wenn wir Sex haben, ist es oft so, daß wir dem anderen dabei nicht wirklich Liebe geben und Freude bereiten; statt dessen verkriechen wir uns in uns selbst, in das Dunkel unseres isolierten Zustands. Zusammen mit der Einsamkeit verstärken sich dann Scham und Angst.

Wir müssen aus uns selbst ausbrechen und unsere Augen öffnen für die Schmerzsignale, die andere uns übermitteln. Sobald wir die Hand ausstrecken, um zu helfen, wird unser Leben reicher und gefestigter sein. Durch die Verbindung mit anderen Menschen gewinnen wir unschätzbar dazu. Bald werden wir feststellen, daß die Verhaltensweisen der Sucht gleichsam von uns abfallen wie alte Haut.

Ich kann lernen, auf andere Menschen und ihre Hilferufe zu achten.

PW

7. Juli

Das Gebet ist unsere demütige Antwort auf die unbegreifliche Überraschung, daß wir leben.

Abraham Heschel

Es gibt viele Arten des Gebets, und jeder von uns hat eine Form gefunden, die auf einmalige Weise seine Spiritualität zum Ausdruck bringt. Sobald wir uns der Höheren Macht öffnen, können wir uns wohl fühlen mit dieser uns eigenen Weise des Betens. Damit geben wir vielleicht früher praktizierte Formen des Gebets auf. Es kann sein, daß wir Gebete gewohnt waren, die nur auf Worten beruhten. Vielleicht haben wir meist auch für das gebetet, was wir wollten, indem wir sicherstellten, daß Gott ganz genau erfuhr, was am besten für uns und jeden anderen sei. Oder wir haben überhaupt nicht gebetet, weil wir nicht wußten, wie wir beten sollten oder weil wir Angst hatten.

Wir müssen uns nicht den Kopf darüber zerbrechen, *wie* wir beten sollen; unsere Höhere Macht zeigt uns das schon. Wir müssen jedoch bereit sein, die Alltagswelt zu verlassen und einen Ort aufzusuchen, an dem nur unsere Höhere Macht und wir selbst sind. Es ist ein aufregender Abschnitt unserer spirituellen Reise, neue Formen des Gebets zu entwickeln und darauf zu vertrauen, daß unsere innere Erfahrung durch die Beziehung mit unserer Höheren Macht vertieft wird. Allein wichtig ist, daß wir uns dem Gebet hingeben. Wir wissen, wenn es tief aus dem Herzen kommt, dann leben wir in Frieden.

Gebet *ist ein anderes Wort für »die bewußte Verbindung zu Gott — wie wir Ihn verstehen«, das in meinem Heilungsprozeß eine wichtige Rolle spielt. Heute werde ich mir Zeit nehmen, um zu beten.*

SK

Die Weisheit erhebt sich aus den Trümmern der Torheit.
Thomas Fuller

Wir eignen uns *Wissen* an durch andere Menschen, aber die *Weisheit* kommt von innen. Wir müssen unser eigenes Leben leben, von unseren Fehlern profitieren und aus unseren Erfahrungen lernen. Niemand kann uns das abnehmen.

Es gehört zum Leben, daß man Fehler macht. Einige von uns müssen ständig den gleichen Fehler machen, bis wir plötzlich den Durchbruch schaffen und uns selbst und unsere Handlungen aus einer neuen Perspektive sehen. Oft scheint es, als wären wir niemals bereit für den nächsten Schritt — und dann, ganz unvermittelt, bewältigen wir ihn doch und kommen weiter. Wir denken, wir werden es nicht schaffen — dann machen wir einen Sprung vorwärts.

Nichts in unserem Leben braucht verlorenzugehen oder ungenutzt zu bleiben. Selbst die Torheit unserer Sucht kann uns harte Lektionen lehren, wenn wir aufmerksam und tapfer sind. Gerade unser Wahn mag uns helfen, klarer zu sehen und Einsicht zu gewinnen in uns selbst und andere.

Ich kann meine Erfahrung und meine Fehler benutzen, um Weisheit und Frieden zu finden.

PW

9. Juli

Eine Lüge wäre sinnlos, wenn nicht die Wahrheit als gefährlich empfunden würde. Carl Jung

Es ist riskant, im Umgang mit anderen Menschen rigoros ehrlich zu sein; man muß es üben. Auch ist es schwierig, ehrlich mit sich selbst zu sein. Ehe wir das nicht geschafft haben, ist es fast unmöglich, ehrlich zu jemand anderem zu sein. Als Sex-Süchtige müssen wir der Tatsache ins Auge sehen, daß selbst die kleinste Lüge unserem Heilungsprozeß schadet und unser Suchtverhalten auslösen kann.

Durch die Arbeit an den Zwölf Schritten sind wir imstande, die Macht der Ehrlichkeit zu erfahren und zu lernen, wie wir solche Gefühle wie Angst, Scham oder Größenwahn, die uns zur Unehrlichkeit zwangen, zurückweisen. Wir können die Zwölf Schritte benutzen, um unsere Ehrlichkeit und Integrität wiederherzustellen. Wenn wir diese Integrität wiedererlangt haben, kann uns nichts passieren, das so schmerzlich wäre wie jenes innere Bewußtsein, daß wir unaufrichtig waren.

Im Heilungsprozeß lernen wir, uns in der Wahrheit sicher zu fühlen. Solange wir uns daran erinnern, wie es früher war — die Lügen, das Doppelleben, die Wunschvorstellungen, von denen wir annahmen, sie seien die Wirklichkeit, sowie die Auswirkungen unserer Lügen auf andere Menschen —, werden wir den Mut und die Redlichkeit aufbringen, ehrlich zu sein.

Welchen Schritt muß ich heute unternehmen auf meinem Weg in Richtung Ehrlichkeit?

SK

Anonymität erscheint den meisten Menschen als etwas Bedrohliches — aber mehr noch als etwas Befreiendes. Harvey Cox

Wenn wir uns einer Gruppe von Sex-Süchtigen anschließen, versprechen wir damit, die Intimsphäre jedes einzelnen Mitglieds zu respektieren. Wir sprechen einander mit dem Vornamen an, und wir tratschen nicht über das Privatleben unserer Gefährten und Gefährtinnen im Heilungsprozeß.

Unsere Gruppen arbeiten anonym. Wir haben keine Führer, keine offiziellen Sprecher und gehören keiner politischen Richtung an. Wir kommen zusammen und handeln gemeinsam auf der Grundlage: Alle für einen, einer für alle.

Wenn wir in unseren Gruppen miteinander sprechen, können wir unsere gesellschaftliche Rolle abstreifen und den wahren Menschen, der sich dahinter verbirgt, in Erscheinung treten lassen. Jeder von uns ist ein einzigartiges Wesen, aber wir haben eine gemeinsame Krankheit, die Sex-Sucht, die über den einzelnen hinausgeht und ihn mit den anderen im Leid verbindet. Auch wenn wir uns auf gesellschaftlicher Ebene nicht kennen, verstehen und lieben wir einander und bringen uns Sympathie entgegen; denn wir sind Frauen und Männer, die zusammen den Weg der Heilung beschreiten. Allmählich lerne ich dich kennen, und du lernst mich kennen, und zwar so, wie uns — wenn überhaupt — nur wenige Menschen erleben. Die Anonymität erlaubt uns, auf intensive Weise persönlich zu sein — und doch uns sicher zu fühlen und keine Angst zu haben.

Ich bin froh, daß ich bei unseren Gruppentreffen loslassen kann: denn sie sind ein anonymer Zufluchtsort.

PW

11. Juli

Jeden Tag geht es mir in jeder erdenklichen Weise besser und besser. Emily Cove

Es ist eine der heimtückischsten Überzeugungen, die der Sex-Sucht zugrunde liegen, daß wir erst dann eine dauerhafte Beziehung eingehen können, wenn wir den richtigen Partner finden. Viele von uns haben andere Menschen, die nicht diesem Ideal des oder der »Richtigen« entsprachen, schlecht behandelt, und wir beglückwünschten uns zu unseren hohen Ansprüchen, dafür, daß wir keine Kompromisse eingingen. Andere wiederum schwelgten regelrecht in melancholischen Gefühlen, weil sie nie den vollkommenen Seelengefährten gefunden haben, mit dem sie ihr Leben verbringen konnten.

Im Heilungsprozeß erfahren wir, daß wir Abstand nehmen müssen von der Vorstellung des perfekten Menschen. Wenn wir lernen, uns selbst zu lieben, und uns genügend Zeit geben, innerlich zu wachsen, stellen wir fest, daß unsere Besessenheit hinsichtlich des »richtigen Menschen« nachläßt. Wir sind vielleicht sogar angenehm überrascht, wenn wir erkennen, daß eine grundlegende Beziehung nicht unbedingt Voraussetzung für unser Glück ist. Obwohl wir uns einsam fühlen mögen ohne diese Beziehung, die wir so sehr wünschen: Unsere Höhere Macht schenkt uns die Gnade, die wir brauchen, um uns selbst Kraft zu geben — bis die Zeit für uns kommt, in der wir mit jemandem zusammen sind, oder bis wir akzeptiert haben, daß es nicht hat sein sollen.

Ich werde Geduld haben mit den Sehnsüchten meines Herzens, mich selbst lieben und die Menschen, denen ich heute begegne.

SK

Die Schönheit ist die Ankündigung des Glücks.
Stendhal

Oft sind wir zu beschäftigt oder zu ichbezogen, um noch wahrzunehmen, was an anderen Menschen und der Welt um uns anziehend und schön ist. Wir hetzen umher, sind nur auf uns selbst konzentriert und achten nicht darauf, was das Leben wirklich lebenswert macht.

Die Welt ist voller Schönheit: die Dämmerung über einem See, das Lachen eines Kindes, eine Filmszene, eine Steinmauer, auf der das Sonnenlicht spielt, eine Trauerweide, ein beschwingtes Lied, das Gesicht des Menschen, den wir lieben. Wenn wir aufmerksam sind und lernen, die Dinge langsamer anzugehen, so werden wir überall Zeichen der Schönheit entdecken, die unmittelbar zu uns sprechen.

Um sie zu finden, müssen wir keine exotischen Orte aufsuchen. Die Schönheit ist hier, in unserem Leben, rings um uns. Wenn wir sie finden, tragen wir sie in uns, und unser Leben wird bereichert. Die Sprache der Schönheit ist die Sprache der Freude.

Sobald ich die Schönheit, die mich umgibt, aufmerksamer wahrnehme, wird mein Leben glücklicher und spiritueller.

PW

13. Juli

Es ist besser, verloren zu sein, als alleine gerettet zu werden. Es ist außerdem eine Illusion, anzunehmen, daß dies überhaupt möglich wäre — wo doch überall die Solidarität zwischen den Individuen bewiesen wird.
Amiel

Durch das Eingeständnis unserer Sex-Sucht erkennen wir, daß wir unter sehr viel mehr leiden als unter einer schlechten Angewohnheit, die wir — wenn wir nur ein wenig härter daran arbeiten würden — in den Griff bekommen könnten. Der Sex-Sucht verfallen sein heißt: machtlos sein und ein unkontrollierbares Leben führen. Es heißt: besessen sein von Sex, wie auch immer wir dieses Bedürfnis ausagieren. Es heißt: uns selbst und andere belügen. Es heißt, den Kontakt zu dem Menschen verloren zu haben, der wir eigentlich sind. Und es heißt — dies ist am allerschmerzlichsten —, daß wir nicht bereit sind, die Sucht aufzugeben.

Sobald wir uns der Tatsache stellen, daß wir süchtig sind, können wir anfangen, uns der Tatsache der Heilung zu stellen. Wir müssen uns einfach nur unsere Machtlosigkeit und Unfähigkeit, das Leben zu bewältigen, eingestehen. Wir tun das allein; niemand kann es uns abnehmen. Aber es ist das letzte, was wir allein tun. Von nun an haben wir unser Heilungsprogramm, die Gemeinschaft unserer Gefährten und Gefährtinnen und unsere Höhere Macht. Wir werden nie wieder allein sein.

Obwohl das Eingeständnis der Machtlosigkeit mir vielleicht Angst bereitet, so kann es doch auch bewirken, daß ich innerlich wachse. Dieses Wachstum ist entscheidend für meine Heilung.

SK

14. Juli

Ich beklagte mich, weil ich keine Schuhe hatte, bis ich jemanden traf, der keine Füße hatte.

Persisches Sprichwort

Wenn wir durch unsere Sucht gefangen sind in Einsamkeit und Selbstmitleid, stellen wir die eigenen Mißgeschicke oft übertrieben dar. In unserer isolierten Lage glauben wir, wir seien die einzigen, die Schwierigkeiten haben und unglücklich sind, und es gebe keinen Ausweg.

Aber wenn wir der Situation aufgeschlossen begegnen, werden wir feststellen, daß es viele Menschen gibt, deren Leben voll ist von wirklichem Elend und Schmerz. Dennoch schaffen es viele von ihnen, vergnügt und liebevoll zu sein. Sie mögen arm, behindert oder leidend sein, doch sie beweisen jeden Tag ihre Tapferkeit und stehen dem eigenen Leben gelassen gegenüber.

Auch in unseren Gruppen begegnen wir vielen Menschen, die in ihren Grundfesten erschüttert wurden — weil man sie überging, weil man sie im Stich ließ oder mißhandelte. Trotzdem haben sie ihre Bitterkeit und Wut hinter sich gelassen und sind zu gesunden, freundlichen Menschen geworden. Wenn sie sich Zeit für uns nehmen, schenken sie uns etwas von ihrer Tapferkeit und Zuneigung.

Unser Leben kann reicher werden, sobald wir unser Glück erkennen, das darin besteht, daß wir mit tapferen und liebenswürdigen Menschen auf dem Weg der Heilung sind.

Ich werde nicht vergessen, den Menschen in meinem Leben zu danken, die meine Gesundheit und spirituelle Entwicklung fördern.

PW

15. Juli

Das spirituelle Leben entspringt in der Gegend des Herzens, in seinen freien Räumen, sobald jene beiden geheimnisvollen Wesen, Gott und Mensch, dort einander begegnen.
Paul Evdokimov

Die Sex-Sucht ist eine spirituelle Krankheit. Wenn wir in der Sucht leben, werden wir unserer Spiritualität beraubt. Wir verlieren die Verbindung zur Wirklichkeit und wenden mehr und mehr Kraft auf für den Versuch, die innere Leere auszufüllen. Unglücklicherweise übersehen wir oft, daß die Sucht uns gar nicht geben kann, was sie versprochen hat — bis wir schließlich den hohen Preis spiritueller Verarmung bezahlt haben.

Früher betrachteten wir unser zwanghaftes Sexualverhalten als höhere Macht; aber nur unsere wahre Höhere Macht kann uns von unseren obsessiven Einstellungen und Verhaltensweisen befreien und uns gesund machen. Nach der Höheren Macht suchen bedeutet: Wir müssen unsere Richtung vollkommen ändern. Der Zweite Schritt hilft uns, Hoffnung zu finden, ohne die niemand leben könnte. Wir gelangen zu diesem Schritt als Menschen, die eine lange, lebensbedrohliche Reise durch die Einöde hinter sich haben. Dann beginnen wir — als sowohl geistige wie fleischliche Wesen — eine andere Reise zu einer Höheren Macht des Lichts, der Freude und unbedingten Liebe.

Der Zweite Schritt stellt einen Prozeß dar, und ich kann mir dafür so viel Zeit nehmen, wie ich brauche.

SK

Ein ruhiges Gewissen schläft im Donner.
Englisches Sprichwort

Als die Sexualität unser Leben in der Gewalt hatte, verloren wir das Gefühl für ein angemessenes, anständiges Verhalten. Wir waren so sehr damit beschäftigt, die Ansprüche unserer Sucht zu befriedigen, daß wir es zuließen, wie unsere tiefsten Überzeugungen von den eigenen Phantasien ad absurdum geführt wurden. Unsere sittliche Gesinnung und unsere Wertmaßstäbe kamen uns abhanden.

Immerhin wußten dann doch die meisten von uns, wie weit sie vom Weg abgekommen waren, und sehnten sich danach, wieder in innerem Frieden mit sich selbst zu leben. Mitten in der Not vernahmen wir allmählich eine Stimme, die sagte, daß wir uns selbst nicht treu waren. Wir befanden uns auf der falschen Spur, und es war uns bewußt. Wir wünschten den Frieden herbei, den ein ruhiges Gewissen beschert, konnten ihn aber nicht finden. Wir waren allein und draußen in der Kälte.

Deshalb traten wir ein in die Wärme, die das Zwölf-Schritte-Programm spendet. Wir müssen zu unseren Wertmaßstäben zurückkehren und mit uns selbst in Frieden leben. Und wir können das tun mit der Hilfe unserer Freunde im Heilungsprozeß und unserer Höheren Macht.

Das Gewissen ist ein kostbarer Teil von mir, und ich lerne, ihm gegenüber aufrichtig zu sein.

PW

17. Juli

Dann gewinnt man die Einsicht, daß Alles Gott ist. Zwar stellt man immer noch fest, daß die Welt so ist, wie sie ist, aber das spielt keine Rolle; der eigene Glaube wird davon nicht beeinträchtigt.

Abraham Heschel

Gott ist kein Gegenstand, den man besitzt. Als wir uns der Sucht hingaben, versuchten wir, durch Sex die Menschen zu besitzen und unsere Realität zu ändern. Wir brauchten die Illusion von Macht und Herrschaft, um uns zu stärken. Es gab keinen anderen Gott als uns selbst, und insgeheim fürchteten wir, in uns selbst sei nichts und niemand, nur Schwärze und Leere.

Der Dritte Schritt ersetzt das Bedürfnis nach Besitz, die Angst und die Leere durch den Glauben. Wenn wir unseren Willen und unser Leben der Sorge Gottes — wie wir Ihn verstehen — anheimstellen, dann erfahren wir Gott. Wir lassen unseren Eigenwillen los — egal, wie sehr wir dabei zögern — und vertrauen darauf, daß Gott uns, gemäß spiritueller Prinzipien, zu neuen Menschen machen wird.

Der Dritte Schritt verstärkt unsere innere Verpflichtung gegenüber dem Heilungsprozeß. Wir bringen innere Bereitschaft, Offenheit und Ehrlichkeit in unser Leben ein, weil wir dieser Gesinnungen bedürfen und weil andere Menschen uns gesagt haben, daß sie funktionieren. Das ist eine weitere Handlung, die unser Vertrauen zum Ausdruck bringt. — Wie finden wir Gott? Wir finden ihn nicht. Wenn wir damit aufhören, Gottes Rolle zu übernehmen, und uns selbst ihm anheimgeben, dann findet Gott uns.

Dein Wille — nicht meiner — geschehe.

SK

Das Hauptmotiv der »Losgelöstheit« ist der Wunsch, dem Schmerz des Lebens und, vor allem, der Liebe zu entfliehen, die — sei sie sexueller oder nichtsexueller Natur — hart erarbeitet werden muß.
George Orwell

In populären Liebesromanen wird die Liebe oft als ein Bett aus Rosen dargestellt — jedoch ohne Dornen. Auch wir stellen uns vielleicht vor, daß Lieben immer so sei wie Sich-Verlieben: raffiniert, riskant, spannend, offen im Ausgang, ein wahres Hochgefühl. Und wenn wir unsere Bedürfnisse in süchtiger Weise ausleben, suchen wir vielleicht ständig nur solche Momente.

Aber die Liebe verlangt, über längere Zeit hinweg, unsere Energie, eine loyale Haltung, geschickte Fähigkeiten, Geduld, Ergebenheit — genau jene Talente also, jene Hingabe, die wir auch in unsere Arbeit einbringen müssen. Natürlich kann die Liebe freudig, spielerisch und kindlich sein, doch wenn sie wachsen und reifen soll, bedarf sie sorgsamer Pflege und muß hart erarbeitet werden.

Die Liebe bringt uns mit dem Leid wie auch mit den Freuden des Lebens in Verbindung. Wenn wir es wagen, daran teilzuhaben, damit vertraut zu werden und uns zu engagieren, so werden wir feststellen, daß wir auf dem Weg sind, reife Menschen zu werden: Menschen, die den Realitäten des Lebens nahe sind — nicht der »Wirklichkeit« von Liebesromanen.

Ich weiß, lieben heißt: tief von der Freude des Lebens wie von seinem Leid berührt zu werden. Genau das möchte ich.

PW

19. Juli

Widerspreche ich mir selbst?
Sehr gut, dann widerspreche ich mir.
(Ich bin groß. Ich umfasse viele Dinge.)

Walt Whitman

Der Vierte Schritt eröffnet jenen Prozeß, durch den wir die Beziehung zu uns selbst wiederherstellen. Egal, auf welche Weise wir die innere Inventur strukturieren — sie offenbart uns selbst zwangsläufig so, wie wir tatsächlich sind. Bei solchen Bestandsaufnahmen erfahren wir keine »schlechten Nachrichten« — nur die, daß Licht und Dunkelheit in uns nebeneinander bestehen.

In der Vergangenheit haben wir uns entschieden, nur das zu sehen, was wir sehen wollten. Es war notwendig, die Vorstellungen, die wir von uns selbst hatten, genau zu selektieren — denn die Sucht bewies, daß wir die Wahrheit nicht ertragen konnten. Nun liegt das alles hinter uns. Durch eine »gründliche und furchtlose Inventur in unserem Inneren« sehen wir, daß wir nicht schlecht sind, sondern menschlich. Mit der Hilfe unserer Höheren Macht und dem aufrichtigen Wunsch, ehrlich zu sein mit uns selbst, begegnen wir unseren charakterlichen Mängeln — vor allem der Angst, dem Ressentiment, dem Stolz, dem Eigenwillen. Ebenso erkennen wir unsere Stärken an, zu denen Mut, die innere Bereitschaft und die Sehnsucht nach Veränderung gehören. Der Vierte Schritt ist unser Eintritt in ein wunderbares neues Stadium inneren Wachstums.

Indem ich mich selbst erkenne, mache ich den ersten Schritt, mich selbst anzunehmen und zu lieben.

SK

Der Mut ist wie die Liebe: Er braucht die Hoffnung, die ihn nährt. Napoleon

Der Mut wird nie wirksam im luftleeren Raum; immer sind wir mutig in bezug auf etwas. Und wir müssen davon überzeugt sein, daß unsere kühnen Taten auch Konsequenzen haben. Denn wir suchen, auf lange Sicht gesehen, nach einer Art Rettung für uns selbst und andere.

Auch die Liebe muß sich an der Zukunft orientieren: sie braucht Zeit, um zu wachsen und zu blühen. Nur die Leidenschaft lebt vom Augenblick, und wie die leuchtendrote Rose hält sie nicht sehr lange.

So sind Liebe und Mut einander ähnlich und wirken oft zusammen — zu unserem eigenen Wohl und zum Wohl der anderen. In unserem Programm lernen wir Liebe und Mut in dem Maße zu schätzen, wie wir an Weisheit und innerer Gelassenheit dazugewinnen. Allmählich vertrauen wir auf die längeren Zeiträume und die Dinge, die Bestand haben. Wir wissen, daß wir uns nicht an einem Tag ändern können, aber mit Liebe und Mut und mit Hilfe der Hoffnung, in welcher beide gründen, können wir Wunder tun.

Ich vertraue auf meinen Mut, mich Tag für Tag zu ändern.

PW

21. Juli

Denn das, was nie gespalten wurde,
Kann nicht eins sein oder ganz. W. B. Yeats

Die Stärke des Fünften Schritts beruht darin, daß er imstande ist, unsere Geheimnisse zu zerstören. Wenn wir — mit der Hilfe und Gnade unserer Höheren Macht — einen anderen an unserer inneren Inventur teilhaben lassen, bekennen wir damit unsere Zugehörigkeit zur Menschheit. Sobald wir durch unsere Aufrichtigkeit die Farce unseres früheren Lebens beenden, beseitigen wir mit einem Schlag die Unaufrichtigkeit, unseren isolierten Zustand, die Angst, den Größenwahn und Eigenwillen: all das, was mit unserer Sex-Sucht einherging.

Es ist heilsam, mit einem anderen Menschen darüber zu sprechen. Allein können wir einfach nicht dieselbe Wirkung erzielen. Wenn wir uns vielleicht auch davor fürchten, jemand anderen an dieser inneren Inventur teilhaben zu lassen, so können wir doch, mit Gottes Hilfe, Vertrauen in unsere Bemühungen haben und aufhören, Ergebnisse erzwingen zu wollen.

Jedes Eingeständnis, das wir machen, und jedes Geheimnis, das wir während unseres Heilungsprozesses aussprechen, zeigt an, wer und wo wir im gegenwärtigen Augenblick sind. Wenn wir die eigenen Geheimnisse offenbaren, trägt dies dazu bei, daß wir sie loswerden. Wenn wir um Hilfe bitten, geben wir damit zu, daß wir andere brauchen: es hilft uns, die Vergangenheit loszulassen.

Bitte, hilf mir, Gott, so demütig und ehrlich zu sein, daß ich in meinen Bekenntnissen Dir, mir und einem anderen Menschen gegenüber nichts verschweige von der genauen Art des Schadens, den ich mir und anderen zugefügt habe.

SK

Zeit zum Entspannen ist dann, wenn man keine Zeit dafür hat. Sydney J. Harris

Viele von uns sind arbeitssüchtig: Immer zwingen wir uns, bis an die Grenzen zu gehen, und überzeugen uns selbst davon, daß wir nur glücklich sind, wenn wir arbeiten. Während wir durch das Leben hetzen, können wir scheinbar keine Zeit für uns selbst oder für andere finden. Wie oft sagen wir: »Ich wünschte, ich hätte Zeit, dies zu tun« oder: »Warum habe ich nie Zeit, dich einmal zu sehen?«

Genau dann, wenn wir äußerst beschäftigt und in höchster Aufregung sind, müssen wir uns Zeit nehmen für uns selbst und die Menschen, die wir lieben. Ein Kind hat vielleicht das Bedürfnis, mit uns zusammenzusein; der Partner hat einen Anspruch darauf, daß wir vertrauten Umgang mit ihm pflegen. Es gibt Zeit für diese notwendigen Dinge, und wir werden bereichert sein, wenn wir uns Zeit dafür nehmen.

Jene, die unter der Sex-Sucht zu leiden haben, werden oft innerlich dazu getrieben, ihre Geschäftigkeit aufrechtzuerhalten, um dadurch die Schamgefühle und die Empfindung, nichts wert zu sein, zu verbergen. Sobald wir gesund werden, sehen wir, daß wir mehr und mehr Zeit einplanen, um nachzudenken und anderen Menschen nah zu sein. Diese Augenblicke sind wertvolle Zeichen unseres Heilungsprozesses.

Ich lerne, mir Zeit zu nehmen, um mit mir und anderen zusammenzusein.

PW

23. Juli

Oft braucht man mehr Mut für das Leben als für das Sterben. Vittorio Alfieri

Der Sechste Schritt verstärkt unsere Beziehung zu Gott. Durch ihn entwickeln wir die innere Bereitschaft, jene Charakterfehler aufzugeben, die wir im Fünften Schritt eingestanden haben. Bereit sein heißt, zuzugeben, daß wir selbst nicht imstande sind, diese charakterlichen Mängel zu beseitigen. Wir haben es probiert — diesen Versuch nennt man Sex-Sucht. Statt dessen wenden wir uns gläubig, vertrauensvoll und demütig einer Macht zu, die uns übersteigt. Wir glauben daran, daß eine Höhere Macht unsere Unzulänglichkeiten beseitigen kann und will.

Oft haben wir gesagt, daß wir uns ändern wollen. Der Sechste Schritt fordert uns dazu heraus, dieses Wort in die Tat umzusetzen. Wenn wir im Heilungsprozeß leben wollen, müssen wir bereit sein, von unseren Charakterfehlern loszukommen. Wir müssen bereit sein, all das aufzugeben, was uns von unserer Höheren Macht fernhält. Wir müssen nicht vollkommen bereit sein — nur soweit, wie wir es im Augenblick können. Dieser Punkt der inneren Bereitschaft ist das unbewegliche und stille Zentrum, wo wir vertrauensvoll warten, wissend, daß unsere Höhere Macht in unserem Leben tätig ist.

Heute will ich offen sein für die Augenblicke innerer Bereitschaft, die sich für mich ergeben.

SK

Es ist leicht, sich der Leidenschaft hinzugeben — jeder ist dazu imstande. Aber auf die richtige Person im richtigen Maß und zur richtigen Zeit und wegen der richtigen Sache und in der richtigen Weise wütend zu sein: das ist nicht leicht, und nicht jeder ist dazu imstande. Aristoteles

Vielleicht wuchsen wir in einem Zuhause auf, in dem die Wut tabu war und es nie ein lautes Wort gab. Vielleicht wurde jede Regung unterdrückt, weil wir Angst davor hatten, wütend zu werden. Aber wir *waren* wütend.

Es ist schwer, in der richtigen Weise wütend zu sein. Das muß gelernt werden — wie so viele Dinge in unserem Gefühlsleben. Wenn wir nicht gelernt haben, unsere Wut in angemessene Bahnen zu lenken, kann es sein, daß wir einen plötzlichen, unerklärlichen und zügellosen Anfall bekommen, der uns selbst und die Menschen in unserer Nähe erschreckt. Oder wir sind aus unersichtlichem Grund mürrisch und gereizt. Oder wir geraten völlig außer uns wegen einer Sache, die vor zwanzig Jahren passiert ist.

Im Rahmen unseres Programms lernen wir, mit unserer Wut richtig umzugehen und auf eine vertretbare und angemessene Art wütend zu werden. Es tut gut, den Ärger über die Vergangenheit loszuwerden, so daß wir uns darauf konzentrieren können, voll und ganz in der Gegenwart zu leben.

Heute werde ich versuchen, mit meinen Gefühlen ehrlich umzugehen, vor allem mit meiner Wut.

PW

25. Juli

Mein Schöpfer: Nun bin ich dazu bereit, daß Du alles von mir haben sollst, das Gute und das Schlechte. Ich bitte darum, daß Du nun jeden einzelnen Charakterfehler von mir nimmst, der mich davon abhält, Dir und meinen Gefährten nützlich zu sein. Verleih mir Stärke, wenn ich mich aufmache, Deine Gebote zu erfüllen. Amen.

Aus: »Anonyme Alkoholiker«

Wenn wir an den Punkt kommen, wo wir Gott bitten, unsere Unzulänglichkeiten zu beseitigen, sind wir an einer Stelle, von der es kein Zurück mehr gibt. Wenn wir Gott bitten, unsere charakterlichen Mängel zu beseitigen, lassen wir im Innern vollständig los. Es ist, als wären wir eine wunderbare Statue, die darauf wartet, aus dem formlosen Marmor herausgearbeitet zu werden — und Gott ist der Bildhauer. Wie aufregend ist es doch, der zu sein, der man wirklich ist — befreit von den Schwächen, die uns umhertrieben, als wir unsere Sex-Sucht ausübten.

Die Demut, die wir brauchen, um Gott darum bitten zu können, er möge die Unzulänglichkeiten von uns nehmen, erfordert die Bereitschaft, etwas lernen zu wollen. Sobald Gott unsere Mängel gleichsam mit dem Meißel herausschlägt, kommen wir ins innere Gleichgewicht, denn die guten Eigenschaften, die wir besitzen, können endlich hervortreten. Wir arbeiten am Siebten Schritt, weil wir mehr haben wollen, das wir geben können — unserem Gott, uns selbst, anderen Menschen und dem Leben. Die Arbeit am Siebten Schritt ist, von unserer Seite, ein Akt bedingungsloser Liebe, der Gott zum Ziel hat — und sie bezeugt Gottes Liebe, die er uns gegenüber hegt.

Alles, was ich tun muß, ist, demütig zu bitten.

SK

Es gibt nichts Schlimmeres, als sich etwas in den Kopf zu setzen: es wird zu einem rotierenden Rad, das man nicht mehr kontrollieren kann. Ugo Betti

Wenn etwas uns wirklich packt, kann es leicht zu einer Obsession werden. Wir denken morgens, mittags und nachts daran und sind damit beschäftigt — wie ein Hund, der einen Knochen bewacht.

Sex-süchtige Menschen sind besessen von Phantasien, die in ihnen herumwirbeln wie endlos surrende Räder. In dieser Bedrängnis sind wir außerstande, uns wirkliche Menschen in lebendigen Situationen vorzustellen. Wir fahren fort, Bilder zu wiederholen, die nur in unseren Phantasien existieren. Und diese Phantasien trennen uns ab von der Welt der Wahrheit.

Um uns aus dieser Bedrängnis zu befreien, müssen wir drastische Maßnahmen ergreifen. Wir müssen uns nach anderen Menschen umsehen, mit ihnen sprechen und aus ihren Erfahrungen lernen. Wir müssen einem Weg folgen, der hinaus ins Leben und weg von den wirbelnden Rädern unserer Obsession führt. Tausende haben an den Schritten gearbeitet, und nun gehen sie stolz auf dem offenen Weg, der in die Heilung mündet. Wir wollen uns ihnen anschließen.

Ich lerne, ein Leben jenseits meiner wahnhaften Welt aus Sucht und Obsession zu führen. Ich strecke die Hand aus und werde frei.

PW

27. Juli

Ich verlange nur, frei zu sein. Charles Dickens

Nachdem wir unsere Beziehung zu Gott und zu uns selbst wiederhergestellt haben, sind wir schließlich willens, auch unsere anderen Beziehungen in Ordnung zu bringen. Indem wir eine Liste jener Menschen zusammenstellen, denen wir Schaden zugefügt haben, und bereit sind, ihn (bei diesen) wiedergutzumachen, beginnt jener Prozeß, in dem wir uns mit anderen Menschen neu verbinden, so daß wir uns wieder als Teil der Menschheit fühlen können.

Viele Menschen, die auf dem Weg der Heilung sind, empfehlen, daß wir in diese Liste auch unsere Familie, Freunde, Gläubiger und sogar jene aufnehmen, die schon tot sind. Als Sex-Süchtige wollen wir vielleicht auch die Personen aufführen, mit denen wir unsere zwanghaften Bedürfnisse ausagierten, einschließlich der früheren Geliebten. Es ist sogar möglich, ganz im stillen Wiedergutmachung zu leisten an Menschen, mit denen wir in unserer Phantasie Sex hatten.

Diese so wichtige innere Bereitschaft, Schaden wiedergutzumachen, stellt sich dann ein, wenn wir die wahren Gefühle darüber zulassen, *wie* wir jeden einzelnen verletzt haben. Ressentiment, Vorwurf, Groll und Ärger sind nicht heilsam; aber die Verantwortung ist es, die wir für uns selbst übernehmen. Als Süchtige benutzten wir andere Menschen, um unsere Droge zu bekommen: Sex. Der Achte Schritt hilft, jenen Schmerz zu heilen, der die Seele quält.

Gewähre mir, Gott, die Demut und Aufrichtigkeit, die ich brauche, um meine Liste der Menschen, die ich verletzt habe, zu erstellen — und bereit zu werden, den Schaden bei allen wiedergutzumachen.

SK

Ohne eine versöhnliche Haltung wird das Leben beherrscht von Ressentiments und Vergeltungsmaßnahmen, die ununterbrochen aufeinander folgen.

Roberto Assaglioli

Als Süchtige, die ihr Leben allmählich in den Griff bekommen, kennen wir den Schaden, der uns selbst und anderen durch die Sucht zugefügt wurde. Und dennoch kann unsere Krankheit weiterhin eine Brutstätte für Ressentiments sein. Vielleicht denken wir, andere seien gesünder und erfolgreicher als wir, und stellen uns vor, daß sie auf uns herabschauen. Wir bilden uns unter Umständen sogar ein, andere Menschen hätten es auf uns abgesehen. Obwohl es in der Tat Anlässe gegeben haben mag, wo uns wirklich Unrecht geschehen ist, so sind doch wahrscheinlich die meisten unserer Ressentiments aus der Luft gegriffen.

Wie dem auch sei, es steht fest, daß unser Heilungsprozeß zum Teil darin besteht, uns selbst und anderen zu vergeben und die Dinge ins Lot zu bringen. Unser Programm eröffnet uns die Möglichkeit, die eigenen charakterlichen Mängel zu erkennen, zu offenbaren und sie der Höheren Macht zu überlassen. Später treffen wir Vorbereitungen, den Schaden bei jenen Menschen wiedergutzumachen, die durch diese Charakterfehler verletzt wurden.

Auf diese Weise hilft uns das Programm, den Teufelskreis zu durchbrechen, in dem Verletzung und Vergeltung einander abwechseln. Wir erkennen allmählich, daß es einen Ausweg aus unserem suchterzeugenden Denken gibt. Durch eine versöhnliche Einstellung und die Bereitschaft, einige Dinge so zu akzeptieren, wie sie sind, finden wir innere Gelassenheit und geistigen Frieden.

Ich lerne, anderen Menschen zu verzeihen und ihre versöhnlichen Gesten anzunehmen.

29. Juli

Das AA-Programm ist eine große Wiedergutmachung, die in zwölf Abschnitte unterteilt ist.

Aus: »Das Kleine Rote Buch«

Im Neunten Schritt gehen wir die Liste der Menschen durch, denen wir Schaden zugefügt haben, und machen ihn jeweils bei einem wieder gut. Es ist nie leicht, jemandem einzugestehen, daß man Unrecht hatte. Obwohl dies unserem Ego schwerfällt, so ist es doch letztlich gut für unsere Selbstachtung.

Wir wissen, wie sehr wir uns danach sehnen, die Vergangenheit hinter uns zu lassen, indem wir zur Wiedergutmachung bereit sind. Ob Gott nun plötzlich jemanden auf unseren Weg führt oder ob wir vorhaben, einen Brief zu schreiben oder einen Besuch zu machen: Unsere Wiedergutmachung kann einfach sein und von Herzen kommen. Wenn wir immer daran denken, daß wir nicht die Absicht haben, jemanden zu verletzen, wird unsere Wiedergutmachung richtig und angemessen sein. Viele von uns Sex-Süchtigen mögen zum Beispiel überlegen, wie ehrlich sie sein wollen, wenn es darum geht, frühere sexuelle Aktivitäten offen darzulegen. Manchmal sind so aufrichtige Worte wie: »Es tut mir leid, daß ich dir weh getan habe«, schon genug. Eine angemessene Wiedergutmachung kann auch darin bestehen, daß wir unsere Einstellung ändern oder unser Verhalten.

Die Wiedergutmachung ist eines der wirkungsvollsten Mittel, um auf den richtigen Weg zurückzukommen. Sie ist wahrhaft befreiend.

Gott wird mich wissen lassen, welche Wiedergutmachung in welcher Situation am besten ist. Ich bekomme dafür so viel Zeit, wie ich brauche.

SK

Am meisten vergeudet ist der Tag, an dem wir nicht gelacht haben. N. Chamfort

Wenn wir unserer Sex-Sucht hilflos ausgeliefert sind, beschäftigen wir uns fast nur noch mit uns selbst und verlieren häufig den Kontakt zur Wirklichkeit. Wir verirren uns in Phantasievorstellungen und Obsessionen. Das Leben erscheint freudlos, weil wir nicht über unsere Sucht hinausschauen können und sonst keine wirkliche Befriedigung finden. Wir verlieren die Freude und den Spaß am Leben, und wir stellen fest, daß alles um uns und in uns trostlos ist und dunkel.

Eines der vielen positiven Anzeichen dafür, daß wir zu körperlicher und geistiger Gesundheit zurückfinden, ist die Wiedergewinnung des Lachens, das ein Geschenk darstellt. Sobald wir mehr Kraft und Lebensfreude gewinnen, gehen wir jeden Tag in die Welt hinaus und entdecken bei uns selbst und bei anderen Menschen vieles, das komisch ist. Wir lachen und stellen fest, daß wir nicht mehr allein sind.

Das Lachen ist das Kennzeichen eines gesunden und glücklichen Menschen. Es zeigt, daß wir wirklich Teil der menschlichen Gemeinschaft sind. Es ist ein Zeichen dafür, daß wir lebendig und auf dem Weg der Heilung sind.

Ich bin froh, daß ich wieder lachen und das Gefühl haben kann, mir selbst und anderen Menschen nah zu sein.

PW

31. Juli

Lebe so, daß du dich nicht genieren müßtest, deinen Papagei der größten Klatschbase der Stadt zu verkaufen. Will Rogers

Es ist eine Herausforderung, in der Gegenwart zu leben, aber der Zehnte Schritt zeigt uns einen Weg dahin. Er dient der Aufrechterhaltung jener inneren Inventur; er stellt eine Methode dar, durch die wir weiterhin aufrichtig gegenüber uns selbst bleiben. Sobald wir damit fortfahren, eine Inventur unserer Einstellungen und Verhaltensweisen vorzunehmen, stellen wir fest, daß wir uns selbst mehr annehmen und lieben. In der Vergangenheit war Aufrichtigkeit das letzte, was wir wollten. Nun, da wir über innere Gelassenheit und Vertrauen verfügen, können wir erkennen, daß unsere Fehler nichts anderes sind als: Fehler. Sie sind ein Teil unseres Wesens — und jeder Teil von uns selbst ist wichtig.

Eine Inventur bei sich vornehmen heißt nicht, über sich selbst zu Gericht sitzen. Vielmehr ermöglicht sie uns, das eigene Verhalten ehrlich und einfühlsam zu untersuchen. Diese Inventur ist eine Bestätigung dafür, daß das innere Wachstum ein Prozeß ist: Wir entwickeln uns das ganze Leben lang. Wenn wir uns Zeit nehmen für eine solche Bestandsaufnahme, geben wir damit zu erkennen, daß unsere Bedürfnisse wichtig sind, daß unsere Stärken wichtig sind und daß unsere charakterlichen Schwächen wichtig sind. Wir sind ganze Menschen und liebenswert — genau so, wie wir sind.

Ich will mir heute Zeit nehmen für eine innere Inventur. Ich werde mein Unrecht zugeben, meine Leistungen als Verdienst ansehen, das ich erworben habe, und diesen Tag Gott widmen in Dankbarkeit.

SK

August

1. August

Es gibt nichts Beständiges außer dem Wechsel.
Heraklit

Die Sucht gab uns die Überzeugung, wir wären niemals fähig, uns zu ändern. Wir konnten uns keiner Zeit erinnern, in der wir nicht einsam, isoliert, beschämt und ohne Hoffnung waren. Unsere Sucht hatte uns davon überzeugt, daß wir nichtswürdig und nicht wert seien, geliebt zu werden. Wir glaubten fest, daß wir so schon auf die Welt gekommen sein mußten.

Im Heilungsprozeß mag uns nicht immer bewußt sein, daß wir innere Veränderungen durchmachen, denn sie geschehen oft unbemerkt: wir fühlen sie nicht. Es ist wie beim Skifahren oder Maschineschreiben: Über lange Zeit hinweg scheint keine Verbesserung in Aussicht zu sein — und dann plötzlich schaffen wir einen Durchbruch.

Im Wechsel erweist sich das Gesetz des Lebens. Ob wir es erkennen oder nicht, wir sind ständig in Bewegung, immer im Wachsen begriffen, immer in der Entwicklung. Manchmal mag der Prozeß unserer Heilung nicht sichtbar sein, aber er findet statt. Wir gehen unseren Weg, und jeder Schritt bedeutet Veränderung und Fortschritt. Bald werden wir das wahrnehmen und froh darüber sein.

Ich weiß, daß ich mich verändere, und betrachte das als positives Zeichen dafür, daß ich von meiner Sucht geheilt werde.

PW

Liebe Gott und handle so, wie du es willst.
Augustinus

Stell dir vor, du sitzt in einem Boot, weit entfernt von der Küste, und bist am Verdursten. Du hast keine Ahnung, daß das Wasser um dich herum frisch ist, nicht salzig, wie du glaubst. Das einzige, was du tun mußt, ist: hinuntergreifen und es trinken.

Der Elfte Schritt bietet uns die Gelegenheit, von diesem frischen Wasser zu trinken: soviel wir wollen und wann immer wir wollen, denn wir leben inmitten der unvorstellbaren Gnade und Macht Gottes. Wir wissen, daß wir unsere Heilung nicht selbst vollbringen: Gott tut das. Unsere Aufgabe besteht darin, offen zu sein für Gottes Willen, wie wir ihn vor allem durch Gebet und Meditation erfahren. Die heilende und stärkende Kraft von Gebet und Meditation läßt den Tag richtig beginnen, beendet ihn friedlich und rettet ihn, wenn er danebengeraten ist. Durch die bewußte Verbindung zu unserer Höheren Macht entdecken wir, wie wir zulassen können, daß sie unser Kraftquell wird. Auf welche Weise dies tatsächlich geschieht, bleibt ein Geheimnis. Wir können es ruhig als solches belassen und einfach dankbar dafür sein, daß wir fähig sind zu beten und Gott bereit ist zu antworten. Wie die Bibel sagt: »Jeder Tag ist ein Tag, an dem wir die Vision von Gottes Willen einbringen müssen in all unser Tun.«

In meiner Höheren Macht ist wahre Macht: die Macht zu sein, die Macht zu handeln und die Macht, beide für die Heilung einzusetzen.

SK

3. August

Ehe man bricht, biegt man sich lieber.

Schottisches Sprichwort

Vielleicht erinnern wir uns an die Geschichte des Wettstreits zwischen dem Schilfrohr und der Eiche im Sturm. Als der Wind heulte, rühmte sich die Eiche ihrer Stärke, während das Schilfrohr schwieg. Der Wind steigerte sich zum Sturm, und das Schilfrohr bog sich elastisch nach unten. Die Eiche wurde entwurzelt und stürzte um.

Manchmal scheinen wir stark zu sein, aber wir sind einfach nur halsstarrig. Wir beharren hartnäckig auf unseren Standpunkten und versuchen nicht einmal, die Probleme unserer Kinder, Freunde oder Kollegen zu verstehen. Es schmeichelt uns, daß man uns für kompromißlos und hart hält.

Vielleicht sind wir verängstigt. Vielleicht befürchten wir als Süchtige, daß wir verloren sind, wenn wir einmal anfangen, Kompromisse einzugehen. Ein einziges Zeichen der Schwäche, und der Damm wird brechen, und wir werden wieder mit den alten Tricks weitermachen.

Wir sollten Unbeugsamkeit nicht mit wahrer Stärke verwechseln. Um stark zu sein, müssen wir tolerant, entgegenkommend und sanft sein. Wir müssen auf liebevolle, flexible und menschliche Weise stark sein. Das ist ein zentraler Bestandteil unseres Heilungsprogramms.

Ich will darüber nachdenken, was es heißt, stark im Geist und im Herzen zu sein.

PW

So setzt der Träumer zum anderen Ufer über. Und gleich ihm wird jeder, dessen Arbeit in der schwierigen, gefährlichen Aufgabe des Sich-selbst-Entdekkens, des Sich-selbst-Entwickelns besteht, wie durch ein Wunder über den Ozean des Lebens getragen.

Joseph Campbell

Der Zwölfte Schritt ist die mitreißende Bestätigung, daß wir das wahre Wunder spirituellen Erwachens und spiritueller Heilung erfahren haben. Was für ein Geschenk ist es doch, die Botschaft der Heilung an jene weitergeben zu können, die immer noch unter der Sucht nach Sex leiden. Durch die Macht, die er besitzt, erfüllt Gott uns mit seiner Gnade, und so geben wir uns vorbehaltlos dem Leben hin.

Jeder von uns erlebt die Heilung anders. Mit Hilfe unserer gemeinsamen Erfahrung finden wir unsere Stimme, als einzelne und als Gruppe. Irgendwo gibt es einen Menschen, der darauf angewiesen ist, diese Stimme zu hören, die Hoffnung in unseren Herzen zu spüren und den Frieden in unseren Augen zu sehen. Es gibt nicht so etwas wie eine gute oder schlechte Heilung; es gibt nur *die* Heilung, und das ist immer die eigene. In den Augen unserer Höheren Macht hat sie einen unschätzbaren Wert, denn am Ende weiß nur sie, was wir durchgemacht haben, um dahin zu gelangen, wo wir heute sind. Wir kommen zu diesem neuen Leben durch zwölf einfache Schritte, über die wir niemals hinauswachsen.

Nun, da ich mich Gott ausgeliefert habe, lobe und danke ich ihm während des ganzen heutigen Tages.

SK

5. August

Wut stirbt, wenn man sie nährt.
Das Hungern macht sie fett. Emily Dickinson

Viele Sex-Süchtige haben Probleme mit ihrer Wut. Vielleicht wurden wir als Kind sexuell mißbraucht, vernachlässigt oder geschlagen und setzen nun diese Mißhandlungen fort, indem wir sie gegen uns selbst oder andere richten — in einem ständig sich wiederholenden Teufelskreis.

Wir müssen über diese Vorkommnisse, die uns immer noch quälen, sprechen und wütend werden auf jene, die uns mißhandelt haben. Wenn wir einmal zu Opfern gemacht wurden, werden wir wahrscheinlich weiterhin Opfer sein, bis wir uns von diesen frühen Situationen freigemacht haben. Oft schaffen wir diesen Schritt nur, indem wir die Wut bewußt aus uns herauslassen — nicht, um all dem zu widersprechen, was uns über Toleranz und eine versöhnliche, friedliche Einstellung beigebracht worden ist, sondern um unser Selbstwertgefühl zu stärken.

Es ist möglich, die Tat zu verabscheuen, dem Täter aber zu vergeben. Wir haben das Recht, das zu hassen, was uns angetan wurde, und wir haben das Recht, auf Menschen wütend zu sein wegen ihrer aggressiven, verletzenden Handlungen — während wir zugleich bereit sind, ihnen zu verzeihen, weil sie Menschen sind, die ebensoviel Liebe brauchen wie wir. Wenn wir unsere Wut zurückhalten, wird sie an uns nagen und auf gemeine und kleinliche Art zum Ausdruck kommen. Wir wollen unsere Wut nicht verhungern lassen — sonst beraubt sie uns der Würde und inneren Gelassenheit.

Es gibt Dinge, über die ich wütend bin, und es ist gesund für mich, auf Menschen wütend zu werden, wenn sie mich mißbrauchen und erniedrigen.

PW

Jeder Verlust ist ein Gewinn. Seit ich kurzsichtig geworden bin, sehe ich weder Staub noch Schmutz und stelle mir vor, daß ich in Glanz und Herrlichkeit lebe.
Alice James

Manchmal haben wir im Verlauf der Heilung den Eindruck, als würden wir wieder zum Ausgangspunkt zurückkehren. Vielleicht tun wir immer noch einige Dinge aus jener Zeit, als wir unsere Sucht ausübten, aber wir haben jetzt eine andere Einstellung dazu und stehen ihnen mit neuem Enthusiasmus und vor allem mit Dankbarkeit gegenüber.

An diesen quälenden Tagen, als wir nur die nächste sexuelle Droge im Kopf hatten, waren wir nicht fähig, mehr zu bewältigen als das bloße Überleben. Ein Gefühl der Hoffnungslosigkeit und Zwanghaftigkeit beherrschte jede unserer Aktivitäten, zum Teil sogar jene, auf die wir uns gefreut hatten.

Durch unser spirituelles Erwachen können wir die gleichen Dinge tun wie vorher, nur viel besser. Auch können wir Verantwortung tragen und Herausforderungen annehmen, wie wir es vorher nie für möglich gehalten hätten. Der Augenblick, um innezuhalten und ein Dankgebet zu sprechen, ist dann gekommen, wenn wir erkennen, daß sich der Kreis geschlossen hat. Wir können uns auch dankbar der vielen Menschen im Heilungsprozeß erinnern, die uns freimütig an ihren Erfahrungen, an ihrer Stärke und Hoffnung teilhaben ließen, so daß auch wir leben konnten.

Ich bin ein Teil des wunderbaren Lebenskreislaufs, der Menschheit und der Gemeinschaft.

SK

7. August

Die Krähe, die einen Kormoran nachahmt, ertrinkt.
Japanisches Sprichwort

In der Jugend sind wir empfänglich für die Leitbilder des Erfolgs, die uns im Sport, in der Politik und in unserem Privatleben begegnen. Wir passen auf, wie unsere Helden und Heldinnen ihre Dinge erledigen, und bemühen uns, es ihnen gleichzutun. Wenn der Kormoran aus einer Höhe von dreißig Metern jäh ins Wasser taucht, würden wir ihn gerne nachahmen.

Sobald wir älter werden, schaffen es viele von uns nicht, den eigenen Wesenskern zu entdecken, denn wir waren zu sehr mit dem Versuch beschäftigt, andere zu imitieren — in unserer Kleidung, unserer Art zu sprechen, unseren geschäftlichen Transaktionen, unseren Vorlieben und unserem Geschmack. Häufig äfften wir jene nach, die man als »up to date« ansah.

Es ist gut, Vorbilder zu haben, doch sie sollten unser wahres, zum Vorschein kommendes Wesen widerspiegeln, und nicht das genaue Gegenteil davon sein. Als Krähen würden wir albern und ungeschickt aussehen, wenn wir aus dreißig Metern Höhe ins Wasser tauchen wollten. Unsere Aufgabe im Heilungsprozeß besteht darin, herauszufinden, wer wir sind und wer wir sein können, und uns ihr mit aller Kraft zu widmen. Es ist keineswegs falsch oder schlecht, eine Krähe zu sein.

Ich will aus ganzem Herzen danach streben, ich selbst zu sein.

PW

Wunder kommen plötzlich. Man kann sie nicht herbeirufen, denn sie geschehen von selbst, meist in einem unerwarteten Augenblick — und zwar jenen, die sie am wenigsten erwartet haben.

Katherine Anne Porter

Niemand kann uns zwingen, den Weg der Heilung einzuschlagen, oder uns den Arm verdrehen, damit wir an unserem Programm arbeiten. Es mag vor allem am Anfang Zeiten gegeben haben, als wir uns wünschten, jemand würde das tun, aber solche Phasen gehen vorüber. Je länger wir uns im Heilungsprozeß befinden, desto mehr ist uns an ihm gelegen. Wir können dankbar dafür sein, daß wir, Tag für Tag, dabeigeblieben sind. Nach den Zeiten der Freude und der Trauer, nach den Ausrutschern und Tränen, nach all den Kämpfen mit schwierigen Problemen — und während jener Augenblicke, in denen wir friedlich verbunden sind mit neuen Freunden —, können wir wirklich sagen, daß der Heilungsprozeß niemals langweilig ist.

Viele von uns schlossen sich dem Programm an, weil es sonst keinen Platz gab, wohin sie gehen konnten. Die Zeit verstreicht, und wir verändern uns aufgrund von Entscheidungen, die wir auf geheimnisvolle Weise und mit Hilfe von Gottes Gnade getroffen haben. Dann erkennen wir, daß sich die in den Heilungsprozeß gesetzten Hoffnungen wirklich erfüllen. Wie es in der Bibel heißt: Die Hoffnung auf Heilung wird »erfüllt inmitten von uns — manchmal schnell, manchmal langsam. Sie wird sich immer verwirklichen, wenn wir uns dafür einsetzen.«

Ich empfinde grenzenlose Dankbarkeit und Freude gegenüber dem Wunder des Heilungsprozesses.

SK

9. August

Die Kunst soll beunruhigen. Georges Braque

Viele große Künstler wurden zu Lebzeiten mißachtet oder sogar schlecht behandelt, weil man ihre Werke als provokativ betrachtete. Maler wie van Gogh, Dichter wie Blake oder Poe und Romanciers wie James Joyce wurden von der Gesellschaft ausgegrenzt, weil ihre Visionen zu beunruhigend waren.

Die meisten von uns schätzen ein angenehmes Leben, und auch jene, die süchtig sind nach dem einen oder anderen Hochgefühl durch die Droge, möchten vielleicht nicht irritiert werden durch eine neue Betrachtungsweise der Dinge, durch eine neue Vorstellung von der Welt. Und doch kommt der Tag, an dem uns die Sucht nicht mehr befriedigt und wir uns nach einem neuen Lebensentwurf, einer anderen Daseinsweise sehnen. Hier kann uns die Kunst behilflich sein bei unserer Heilung.

Sie ermöglicht es uns, die eigene Sicht- und Lebensweise zu ändern, selbst wenn uns dieser Wechsel zunächst durcheinanderbringt. Wie Künstler können wir neue Bilder und Muster für unser Leben entwerfen. Am Anfang mag das ein schmerzlicher Vorgang sein. Alte, angenehme Gewohnheiten sind zählebig. Aber sobald wir Schritt für Schritt in unserem Programm vorwärtsgehen, gelangen wir zu der Einsicht, daß es aufregend ist, in Bewegung zu sein und sogar vor bisher unbekannten schöpferischen Unternehmungen zu stehen. Schließlich entsteht Kreativität aus der Liebe zu uns selbst und zu anderen.

Ich bin imstande zu erkennen, daß mein neues Leben voll von unbekannten Dingen sein wird — aber genau dadurch kann es aufregend und schöpferisch werden.

PW

Gott erlegte uns Bürden auf, aber er gab uns auch Schultern. Jiddisches Sprichwort

An manchen Tagen wissen wir schon beim Aufwachen, daß wir nicht aus dem Bett kommen. Wir liegen da, versuchen uns aufzuraffen, aber keine der gewohnten Motivationen funktioniert. Vielleicht sind wir deprimiert, grämen uns oder sind ganz einfach müde.

Dann ist man leicht versucht zu glauben, jeder andere bewältige sein Leben mit Leichtigkeit. »Alle gehen zur Arbeit. Was ist nur los mit mir?« Je verzweifelter wir werden, desto wahrscheinlicher verfallen wir in alte Denk- und Verhaltensweisen, um überhaupt auf die Beine zu kommen.

Wenn wir das Gefühl haben, wir können nicht aufstehen, so gibt es wahrscheinlich gute Gründe dafür. Wir können es zulassen, sie zu entdecken. Indem wir aufrichtig sind, werden wir herausfinden, wie wir am besten Sorge tragen für uns selbst. Vielleicht ist dies ein Tag, um innezuhalten und uns selbst zu hegen und zu pflegen und uns eben nicht ständig zu irgendwelchen Tätigkeiten zu zwingen. Nur wir wissen, was wirklich gut für uns ist. Wir müssen uns nicht mit anderen vergleichen oder uns für das entschuldigen, was wir gerade durchmachen. Statt dessen können wir sanft sein und unserem Körper, unseren Gefühlen, unserem Geist das geben, was sie jeweils fordern. Wir können diesen Tag Gottes Willen anvertrauen.

Ich bitte um die innere Bereitschaft, diesen Tag so zu gestalten, daß er der Heilung dient. Ich werde teilhaben an meiner eigenen Erneuerung.

SK

11. August

Es ist etwas Außergewöhnliches, wenn man verstanden wird. Ralph Waldo Emerson

Viele Sex-Süchtige haben seit ihren frühesten Tagen das Gefühl, mißverstanden worden zu sein. Vielleicht suchten wir Trost bei einem Elternteil und wurden sexuell mißbraucht; vielleicht sprachen wir von unserem Bedürfnis nach Zuneigung und wurden ausgenutzt — durch den Bruder, die Schwester oder einen Freund. Unsere Botschaften und Bitten um menschliche Wärme wurden völlig falsch verstanden. Wir wollten Zuneigung, und man mißhandelte uns.

Welch eine Erleichterung ist es doch, in einer Gruppe zu arbeiten und zu sprechen, in der andere wirklich auf uns eingehen! Wir wissen jetzt, daß wir sogar unsere dunkelsten Gedanken aussprechen können und daß selbst unsere gemeinsten Handlungen verstanden werden. Es gibt nichts, was wir nicht der Gruppe gegenüber zum Ausdruck bringen könnten, denn sie ist zu einem Ort des Vertrauens und des Verständnisses für uns geworden.

In dem Maße, wie wir lernen, uns auszudrücken, und dabei wissen, daß man uns zuhört und akzeptiert, fühlen wir uns stärker und tiefer integriert in die menschliche Gemeinschaft. Wir lernen, uns sprechend einen Weg zu bahnen aus unserer Einsamkeit und Krankheit.

Ich weiß, daß ich allmählich den anderen vertraue, weil sie mir zuhören und mir Verständnis entgegenbringen.

Plötzlich sang jeder aus vollem Herzen.
Siegfried Sassoon

Das Kind in uns will sich zeigen und spielen. Der Erwachsene in uns wehrt sich vielleicht dagegen — aber warum sollten wir es nicht trotzdem tun? Spaß haben, spielerisch mit den Dingen umgehen und die eigenen maskenhaften Erstarrungen loslassen: all dies ist für die innere Heilung genauso notwendig wie gute Nahrung und liebevolle Beziehungen.

Wenn wir Spaß empfinden können, ist das sowohl eine innere Einstellung wie eine Tätigkeit. Wir können uns bei allem wohl fühlen, was wir tun — gut, bei fast allem. Aber durchs Wohnzimmer tanzen, sich einen Tag von der Arbeit freinehmen, etwas Künstlerisches gestalten, das Kind in den Zoo mitnehmen — die Welt ist voller Dinge, die man genießen kann. Es mag sogar Spaß machen, eine Liste jener Dinge aufzustellen, die Spaß machen.

Wenn wir bereit sind, Spaß zu haben, treten die impulsiven, lustigen, sorglosen Seiten unserer Persönlichkeit hervor. Wir können den Menschen diesen Aspekt von uns zeigen und brauchen uns nicht darum zu kümmern, was sie denken. Zwar müssen wir unsere Grenzen nicht preisgeben, aber es ist doch gut, einmal ein Wagnis einzugehen und innerlich loszulassen. Am Ende ist es unser Geist, der frei wird. Und wer weiß? Vielleicht springen wir sogar vom Gipfel der Erwachsenenwelt und lachen, wenn wir frei fallen.

Meine innere Heilung geht besser voran, wenn ich herausfinde, was mir Spaß macht, und es auch tue.

SK

13. August

Schicksal ist: Unbewußtheit. Jan Kott

Wir neigen dazu, das Schicksal für das verantwortlich zu machen, was uns widerfährt. Einige von uns laufen herum, betrachten das Leben und sagen: »Wenn doch nur ...« Gemäß unserer Version von »Schicksal« trägt alles, was außerhalb von uns oder jenseits unserer Reichweite liegt — Pech, andere Menschen, die eigene Kindheit —, die Schuld. Wenn doch nur ...

Wenn wir nicht umhin können, so zu denken, würde es uns guttun, nach innen zu schauen. Wir brauchen diese Einblicke, diese Bewußtheit in bezug auf uns selbst. Wenn wir unseren Gedanken und Gefühlen aufrichtig, freimütig und unerschrocken folgen, werden wir oft feststellen, daß wir vielen Dingen gegenüber blind gewesen sind, die aus unserem Innern kommen. *Wir* waren verantwortlich, nicht das Schicksal.

Das nach innen gerichtete Bewußtsein entwickelt sich zusammen mit unserer Aufrichtigkeit, und es ist ein wesentlicher Bestandteil des Heilungsprozesses. Wenn wir bewußter mit uns umgehen, lernen wir, unseren Platz in der eigenen Geschichte genauer zu bestimmen und Verantwortung zu übernehmem, wenn wir dazu aufgefordert sind.

Ich kann damit aufhören, mich feindlich gegenüber dem Leben zu verhalten und anderen Menschen und Ereignissen die Schuld zu geben für meine eigenen Unzulänglichkeiten.

PW

Die Zusammenballung des Universums zu einem einzigen Wesen, die Ausdehnung eines einzigen Wesens bis hin zu Gott — das ist Liebe. Victor Hugo

Es besteht eine starke Beziehung zwischen Sexualität und Spiritualität. Beide sind Ausdruck tiefinnerster Aspekte unseres Wesens; beide berühren den Kern unseres Lebens. Viele jener Attribute, die wir mit Spiritualität in Verbindung bringen, lernen wir kennen, wenn wir unsere Sexualität ausleben: Transzendenz, Selbstvergessenheit, Ekstase, Einssein mit einem anderen Menschen und Einssein mit sich selbst.

Bei der Erforschung aller Dimensionen unserer Sexualität — der emotionalen, mentalen, physischen und, vor allem, der geistigen — gibt es nichts, wovor wir uns fürchten müßten. Früher trennten wir unser spirituelles Selbst ab, um uns dem Sex hinzugeben. Nun müssen wir nicht länger unter dieser Trennung leiden oder den Preis dafür bezahlen. Wir können unser ganzes Wesen, einschließlich unserer Spiritualität, in unser Sexualleben einbringen. Beide entstammen unserer Höheren Macht. Während unsere Heilung Fortschritte macht, werden wir auf einer immer tieferen Ebene erkennen, daß wir unsere Sexualität weder zu fürchten noch sie zu meiden brauchen. Die Sucht kann uns keinen Schaden zufügen, wenn Gott gegenwärtig ist und Körper und Geist vereint sind.

Lieber Gott: Ich habe Vertrauen, daß du mir den Weg zeigst zum gesündesten und höchsten Ausdruck meiner Sexualität.

SK

15. August

Ein neuer Besen kehrt drei Tage lang gut.
Italienisches Sprichwort

Gern glauben wir daran, daß neue Besen gut kehren — und zwar ein für allemal. Wir flitzen durch unser Programm, und damit hat sich's. Keine Sorgen mehr. Kein Ausagieren der Sucht mehr. Wir können nach Hause entlassen werden!

Einer der Gründe, warum wir uns bei den Gruppentreffen als Sex-Süchtige vorstellen, ist der, daß wir erkennen, daß unsere Krankheit weiterhin ein Teil unserer selbst sein wird. Viele von uns können sich kaum an eine Zeit vor dem Heilungsprozeß erinnern, in der sie nicht süchtig waren nach sexuellen Phantasien und dem Ausagieren ihrer Bedürfnisse. Das heißt nicht, daß wir nichts anderes sind als Sex-Süchtige — denn wir alle führen ja offensichtlich ein vielseitiges Leben und besitzen eine unverwechselbare Persönlichkeit. Aber wir sind der treibenden Kraft unserer Obsessionen und Zwänge unterworfen.

Wir müssen unser Programm ebenso hartnäckig verfolgen wie unsere Sucht. Es bringt nichts, alle zwei Monate einmal kurz bei einem Gruppentreffen vorbeizuschauen und die Teilnahme am Programm wie die Mitgliedschaft in einem Club zu betrachten. Wenn wir aus der Dunkelheit und den Schamgefühlen, die die Sucht erzeugt, herauskommen wollen, müssen wir zäh sein, entschlossen, wachsam und unerschütterlich in unserer Ehrlichkeit. Und wir müssen ständig zum Programm zurückkehren, um mehr Hilfe und Unterstützung zu erhalten.

Ich weiß, ich muß meinem Programm treu bleiben und wachsam sein hinsichtlich meiner Sucht.

PW

Der Neid ist unerbittlicher als der Haß.
François de la Rochefoucauld

Viele von uns waren manchmal schon neidisch auf andere Menschen. Wir beneiden jene, die das haben, was wir gerne haben wollen: mehr Geld, mehr Selbstvertrauen, eine glückliche Beziehung, ein interessanteres Leben. In der Vergangenheit definierten wir unsere Wünsche entsprechend der Wertmaßstäbe, die uns die Sucht vorgab — und sie gab uns zu verstehen, wir bräuchten mehr, immer mehr.

Wenn wir einmal hinter unseren Neid blicken, was entdecken wir? Traurigkeit? Wut? Das Gefühl, es mangelt uns an etwas? Dies sind wahre Emotionen, die zeigen, daß wir in der Kindheit wie auch im jetzigen Leben gegen Verluste ankämpfen mußten. Kein Wunder also, daß wir vor Neid erblassen: Es ist schmerzlich, mit dem Ausmaß der Verluste, die wir erlitten haben, und mit den Bedürfnissen, die ungestillt blieben, konfrontiert zu werden.

Eine Möglichkeit, den Neid zu überwinden, besteht darin, auf die Heilung der Vergangenheit hinzuarbeiten, indem wir die Gegenwart ausfüllen. Wir können feststellen, daß der Neid uns quält und respektlos ist. Er verwandelt die Menschen, die wir beneiden, in Objekte und trennt uns von ihnen. Unser geistiger Friede stellt sich erst ein, wenn wir in der Gegenwart leben und uns wohl fühlen mit uns selbst, so wie wir sind. Wir können nicht das Leben eines anderen führen, nur unser eigenes.

Wenn ich heute Neid empfinde, werde ich mich sanft in die Gegenwart zurückrufen und mir klarmachen, wie wertvoll ich bin und wie reich gesegnet.

SK

17. August

Die alte Frau, die ich einmal sein werde, ist ganz anders als die, die ich jetzt bin. George Sand

Etwas, was uns Sex-Süchtige wirklich erschreckt, ist das Gefühl, daß wir unter Umständen die gleichen Szenarien wieder und wieder durchleben werden, bis wir tot sind. Keine Veränderung, keine Freiheit, keine Liebe — nur die mechanische Routine unseres obsessiven Denkens, unserer zwanghaften Lustbefriedigung.

Wir wollen vehement protestieren gegen diese Auffassung von unserem Leben. Wir haben so viele Möglichkeiten, und es gibt so viele Ziele, die wir verfolgen können. Wir sehen, wie andere in unserer Gruppe sich verändern, wie sie sich an Höherem orientieren und sich entwickeln. Wir haben die Zeit dafür, die Kraft und die Absicht — was also hält uns zurück?

Unsere Sucht ist wie eine Fußfessel, mit der wir die Straße hinunterhumpeln; nun aber sind wir imstande, die Fessel zu sprengen und einen neuen Weg zu finden, auf dem wir gehen, eine neue Richtung, der wir folgen. Im Herzen wissen wir: Wir können es schaffen, wenn wir geduldig und sanft mit uns umgehen und tapfer und konsequent unsere Entscheidungen treffen.

Die Zeit, mit der Veränderung zu beginnen, ist — jetzt.

Ich will mich nicht länger zögernd und abwartend verhalten. Ich weiß, daß ich dabei bin, mich zu verändern, und daß ich weiterhin innerlich wachsen möchte.

PW

Deshalb werde ich dir immer vertrauen, obwohl ich verloren und im Schatten des Todes zu sein scheine. Ich werde mich nicht fürchten, denn du bist immer bei mir: nie wirst du mich allein lassen in den Gefahren, denen ich ausgesetzt bin. Thomas Merton

Viele von uns hatten manchmal schon das Gefühl, daß sie nicht wissen, wohin sie unterwegs sind. Vielleicht haben wir in unserem Leben gerade eine wichtige Änderung vorgenommen, zum Beispiel eine Arbeit oder eine Beziehung aufgegeben. Vielleicht fühlen wir uns weit entfernt von unserer Höheren Macht und wissen nicht, wie wir zu ihr zurückfinden sollen. Oder wir sind gerade dabei, in ein neues Stadium unserer Heilung zu treten, was oft eine tiefere Verpflichtung gegenüber unserem Programm und eine unsichere Haltung in bezug auf die Zukunft zur Folge hat.

Während der Zeit, da wir keine Antwort wissen, mag es einfach schon genügen, Fragen zu stellen. Als Sex-Süchtige haben wir das Bedürfnis, unser Verhalten unter Kontrolle zu bringen, unseren Verstand zu benutzen und Lösungen zu finden. Aber einige Dinge kann man nicht einfach nur durch Logik in Angriff nehmen. Alles, was wir dann tun können, ist, Fragen zu stellen, Vertrauen zu haben in die Antworten, wie unsere Höhere Macht sie uns offenbart, und loszulassen.

Wir fassen erneut Vertrauen, indem wir jene Situationen durchgehen, auf die wir nicht sofort eine Antwort wissen. Das Wunder des Lebens besteht auch darin, daß es geheimnisvoll ist. Um dieses Geheimnis nicht nur anzunehmen, sondern es zu lieben, ist Vertrauen nötig.

Das Leben ist gleichsam ein Fragezeichen. Heute ist ein Tag, an dem ich das akzeptieren und schätzen kann.

SK

19. August

Dank der Kunst sehen wir anstelle der einen Welt (unserer eigenen) ein Vielfaches von ihr.

Marcel Proust

Als wir unsere Sucht ausübten, neigten wir dazu, nur eine einzige, enggefaßte Meinung von uns selbst und der Welt zu haben. Wir dachten, jeder sei besessen von Phantasien und erotischen Bildern; wir betrachteten andere als bloße Spiegelbilder unserer selbst.

Eines der großen Vergnügen, die das Lesen bereitet, ist, daß man in das Leben anderer Menschen eintreten kann. Oft kennen wir die erfundenen Charaktere sogar besser als unsere Freunde, weil ein Romanautor uns die Illusion vermittelt, er sei allmächtig und allwissend. So kommen wir in den Genuß einer besonderen »Innenansicht«, und viele Personen, die in Büchern vorkommen, werden uns vertraut und teuer.

Das Lesen kann uns von uns selbst befreien und unseren Blick auf andere Menschen erweitern. Wir lernen, daß es in der Tat auch andere, auch »solche« Leute gibt. Durch den Umgang mit ihnen fühlen wir uns selbst nicht mehr so isoliert. Die Macht der Kunst liegt darin, die Vorstellung, die wir von uns selbst in bezug auf die Welt haben, zu vertiefen und zu bereichern. Indem wir lesen, Theaterstücke und Filme ansehen oder die Welt eines Malers erkunden, lernen wir, wie unterschiedlich und faszinierend andere Menschen sind.

Ich bin froh, daß ich das Leben anderer Menschen kennenlernen kann, indem ich an ihrem künstlerischen Ausdruck beteiligt werde und mit anderen darüber spreche, was ich lese und mir anschaue.

PW

Unser Wissen wird getragen von unserem Nicht-Wissen. Bill Moyers

Wir bringen uns selbst und anderen dadurch Achtung entgegen, indem wir alles achten, was das Leben uns beschert. In der Vergangenheit wurde das verhindert, weil wir mit Sex beschäftigt waren und damit, unseren eigenen Willen durchzusetzen. Nun führen wir unser Leben nach einem anderen Rhythmus: dem des Loslassens. Und genau diesem Rhythmus müssen wir unsere Aufmerksamkeit schenken.

Manchmal empfindet man dieses Loslassen als Nichtstun — und das Nichtstun als Stillstand. Aber Loslassen ist nicht dasselbe wie Stillstehen. Es ist aktiv, nicht passiv. Indem wir loslassen, wird unsere Aufmerksamkeit auf das gegenwärtige Leben gelenkt, darauf, daß wir es Augenblick für Augenblick voll ausschöpfen — und nicht auf eine phantasierte Zukunft, die uns jene Ergebnisse, die wir so sehr ersehnen, nur verspricht.

Man sagt, das Licht von Gottes Liebe sei so glänzend und klar, daß es uns wie Dunkelheit erscheine. Wenn wir das Gefühl haben, in Dunkelheit zu leben, befinden wir uns vielleicht im allumfassenden Licht von Gottes Liebe und Erbarmen, das er mit uns und unserem Kampf hat. Wir können dem täglichen Beweis dieser Liebe vertrauen und gewiß sein, daß wir sicher sind.

Meine Kämpfe besitzen Würde, denn ich begegne ihnen mit dem Glauben an meine Höhere Macht.

SK

21. August

Versager sind in der Regel sehr eingebildete Menschen. D. H. Lawrence

Wenn wir tief in uns glauben, wir seien nichts wert, verspüren wir vielleicht das Bedürfnis, unsere Mißerfolge zu vertuschen. Manchmal tun wir es dadurch, daß wir eine hochtrabende und prahlerische Einstellung uns selbst und anderen gegenüber einnehmen. Wir schützen uns, indem wir uns wichtig machen und so tun, als würde uns alles gelingen.

Andere Menschen mögen eine Zeitlang darauf hereinfallen. Früher oder später aber wird die wahre Meinung über uns selbst allmählich zum Vorschein kommen wie eine alte Farbschicht, die nur schlecht übermalt wurde. Schließlich lehnen wir es ab, überhaupt noch eine verantwortungsvolle Haltung einzunehmen, und »fallen« auch in unseren Beziehungen »durch«. Es ist möglich, daß wir an den Punkt kommen, wo wir gar nichts mehr riskieren, weil wir wissen, daß wir sowieso versagen werden. Infolge der Sex-Sucht verlieren wir die Verbindung zu unserem inneren Ich.

Sobald wir beginnen, uns selbst zu finden und ein neues Leben zu führen, werden wir im Umgang mit anderen Menschen demütiger und bescheidener. Da wir nun auf dem Weg der Heilung sind, müssen wir sie nicht mehr durch unser eingebildetes Benehmen auf Distanz halten.

Nun, da ich immer zufriedener mit mir selbst werde, habe ich es nicht nötig, mich zu verstellen und so zu tun, als wäre ich ein anderer.

PW

Könnte es etwas geben, das uns überwältigt wie eine Wolke im Sommer, ohne daß wir darüber tief erstaunt wären? William Shakespeare

Wenn unsere Fähigkeit, erneut Anteil am Leben zu nehmen, durch den Heilungsprozeß wiederhergestellt ist, entdecken wir auch jene Gabe neu, Verpflichtungen einzugehen. Vielleicht bestehen sie darin, ein Kind aufzuziehen, einem Beruf nachzugehen, den wir lieben, einen akademischen Grad zu erreichen oder an einer für uns wichtigen Beziehung zu arbeiten. Es ist ein wunderbarer Augenblick, wenn es etwas in unserem Leben gibt, das all unsere besten Kräfte in Anspruch nimmt.

In Zeiten, in denen wir von Zweifeln geplagt werden oder zu kämpfen haben, mögen wir uns fragen, worauf wir uns da eingelassen haben. Doch in einer bestimmten Handlung oder in der Gegenwart eines Menschen, dem wir uns ganz und freimütig anvertrauen, offenbart sich die Höhere Macht in unserem Leben. Wenn unser Engagement sich auf etwas bezieht, das Gott uns zu tun aufgab, können wir absolut sicher sein, daß er uns auch helfen wird, dafür Sorge zu tragen. Die Zeit, die wir dafür benötigen, wird sich ergeben, das Geld wird uns zufließen, wir werden Unterstützung bekommen, und die Kraft und die Begeisterung, die wir brauchen, werden sich einstellen. Obwohl es vielleicht den Anschein haben mag, die Dinge würden einfach so geschehen, können wir uns darauf verlassen, daß Gott sie uns schenkt, damit unsere Aufgabe erfüllt werden kann.

Der heutige Tag bietet mir eine wunderbare Gelegenheit, meinen Verpflichtungen friedlich und bereitwillig nachzukommen. Ich werde umsorgt.

SK

23. August

Er war ein so gütiger, so barmherziger Mensch, daß er im Regen den Schirm über eine Ente gespannt hätte.
Douglas Jerrold

Oft sind wir zu sehr in Eile, um eine Pause einzulegen und auf die einfachen Bedürfnisse unserer Mitmenschen zu achten — auf einen älteren Menschen, der die Straße überqueren möchte, einen Mann, der Probleme hat mit seinem Auto, ein Kind, das auf ein Zeichen der Liebe wartet.

Es scheint, daß wir in einer Periode, in der so viele von uns über ein großes Maß an Freizeit verfügen, am Ende doch so wenig Zeit haben. Wir alle haben Situationen erlebt, in denen wir so beschäftigt waren mit dem Produzieren und Konsumieren, daß wir uns nicht die Zeit nahmen, den anderen unsere Vorstellungen und Gefühle mitzuteilen oder unser Mitgefühl zum Ausdruck zu bringen. Aber es gibt eine große Zahl von Menschen, die dringend nach Fürsorge und Zuneigung verlangen: Menschen, die krank sind, die nicht lesen können, die einfach ein freundliches Wort und eine hilfreiche Hand brauchen.

Wir können uns entschließen, uns mehr um andere zu kümmern, sie mehr an unserem Leben teilhaben zu lassen und aufmerksamer zu sein gegenüber ihren Wünschen und Bedürfnissen. Mildtätigkeit und Barmherzigkeit können in ganz natürlicher Weise aus der inneren Verpflichtung resultieren, »diese eben genannten Grundsätze in all unseren Angelegenheiten in die Tat umzusetzen«.

In bin ein glücklicher Mensch und will meine Gaben und mein Glück mit anderen teilen.

PW

Nur der Himmel wird verschenkt,
Gott allein ist für jede Bitte offen.
James Russell Lowell

Die Beziehung zu unserer Höheren Macht ist wie jede andere — sie verändert und vertieft sich im Laufe der Zeit, und sie verlangt, daß wir uns um sie bemühen. Deshalb ist der Ausdruck »bewußt« — im Sinne von bewußter Verbindung — wichtig, wenn wir danach streben, diese Beziehung zu unserer Höheren Macht zu stärken. Man braucht ein klares Bewußtsein, um sie wirklich eingehen zu können. Sich bewußt sein heißt: wahrnehmen, in Berührung sein mit der Wirklichkeit, in der Gegenwart leben. Es bedeutet, daß man eine Vorstellung davon hat, wer man ist und wie man sich von allen anderen unterscheidet.

Unsere Höhere Macht ermutigt uns dazu, dieses Gefühl der Einzigartigkeit in die Beziehung mit einzubringen. Als Sex-Süchtige, die sich auf dem Weg der Heilung befinden, sind wir bestrebt, eine noch viel bewußtere Verbindung mit Gott zu erfahren, denn durch sie ist unser Leben reicher: im spirituellen Sinne und auch in anderer Weise. Je lebendiger wir uns fühlen, desto leichter ist es, unseren Willen dem Willen Gottes zu übergeben. Diese Preisgabe erfordert Vertrauen — und es ist schwierig, Vertrauen in unsere Höhere Macht zu haben, wenn wir uns nicht als Teil des Lebens empfinden. Wir können Gottes Willen nur dann erfüllen, wenn wir Vertrauen haben in uns selbst und in den Gott in uns, der uns dazu befähigt, jeden Tag voll am Leben teilzunehmen.

Möge ich heute offen sein für einen stärkeren bewußten Kontakt mit meiner Höheren Macht und nur danach streben, Gottes Willen zu erkennen und auszuführen.

SK

25. August

Kein noch so kostbarer Gegenstand ist es wert, daß man seinetwegen die unschätzbare Erfahrung aufs Spiel setzt, an einem weiteren Morgen zu erwachen.

Jack Smith

Von Zeit zu Zeit ist es angebracht, das Leben auf seine wesentlichen Bestandteile, seine Grundbedürfnisse zu reduzieren. Verschließe das Haus, geh auf eine Reise mit dem Segelboot, wechsle den Beruf, riskiere etwas — wir alle müssen gelegentlich der Welt mit anderen Augen gegenübertreten und einen neuen Anfang machen.

Wir müssen nicht unbedingt extreme Maßnahmen ergreifen oder impulsiv handeln, um zu erkennen, wie wirksam und wichtig es ist, mit den einfachen Dingen des Lebens in Berührung zu sein. Aber wenn wir uns zu sehr auf unnütze Dinge und Luxusgegenstände einlassen und ein allzu geschäftiges Leben führen, bringen wir uns damit in Gegensatz zur eigentlichen Wirklichkeit und leben nicht, sondern existieren nur.

Ein Tagesanbruch, Vogelsang, Wolken, die vorüberziehen, eine Lieblingsphotographie, ein Zitat, das man gerne mag, der Geschmack von Waffeln, der Rauch von brennendem Holz, Sternenlicht — all dies kann unserem Leben Inhalt geben und es wirklich spannend machen. Wir brauchen das Wunder und die Freude, die mit einem einfachen, geordneten Leben einhergehen.

Ich bin der Unruhe und des Wirrwarrs überdrüssig; mein Blick bleibt klarer mit den einfachen Dingen des Lebens.

PW

Es gibt für jene, die gefallen wollen, keinen größeren Feind als die Erwartung. Montaigne

Kommt uns das nicht bekannt vor: »Warum hat sie es *so* gemacht? Das ist nicht die Art, wie ich es gemacht hätte.« Oder wie steht es damit: »Ich begreife nicht, weshalb er sich so benimmt. Was ist los mit ihm?« Sobald wir in dieser Art zu sprechen beginnen, sollten wir uns selbst Einhalt gebieten und den Blick nach innen richten. Dort stoßen wir wahrscheinlich auf Erwartungen. Wenn wir möchten, daß die Menschen gemäß unseren Wünschen handeln und leben, haben wir uns selbst zu Richtern über ihr Verhalten erhoben. Irgendwo in unserem Innern halten wir an der Vorstellung fest, wir wüßten es am besten.

Hinter unseren Erwartungen mögen solche Gefühle wie Angst, Unsicherheit, Größenwahn oder Wut stecken. Wir sind beunruhigt darüber, daß wir das Geschehen nicht kontrollieren können — und es stimmt, wir können es tatsächlich nicht. Aber je mehr wir respektieren, daß die anderen Menschen das Recht haben, ihre eigenen Fehler zu machen, ihre Einzigartigkeit zum Ausdruck zu bringen und sich in ihrem eigenen Tempo zu entwickeln, desto mehr Freiheit haben wir selbst, das gleiche zu tun. Wir können unsere Kräfte für das eigene Wohl einsetzen, anstatt sie zu verschwenden für latente oder nicht so latente Erwartungen.

Programmiere ich meine Enttäuschungen schon im voraus durch meine Erwartungen, oder bin ich realistisch hinsichtlich dessen, was ich von mir selbst, von anderen Menschen und vom Leben erwarte?

SK

27. August

Macht ist das absolute Aphrodisiakum.

Henry Kissinger

Infolge der Sucht kam vielen von uns das Gefühl für die eigene Stärke abhanden. Wir mußten zugeben, daß wir keine Macht über unsere Sexualität besaßen; sie hatte *uns* in der Gewalt. Wenn wir am Ersten Schritt arbeiten, entfernen wir uns von jenem inneren Schlachtfeld, auf dem wir immer nur Verlierer waren.

In unseren Gruppen und im Rahmen unseres Programms lernen wir, über eine Höhere Macht zu sprechen — einen Geist oder eine Kraft, die nicht wir einsetzen, sondern die uns übersteigt. Indem wir unser selbstsüchtiges Ich dieser neuen Macht übergeben, kehren wir wieder zurück an jene ursprüngliche Stelle, die wir im Plan des Lebens einnehmen, und entdecken die spirituelle Richtung und das Grundmuster unseres Daseins.

Natürlich wird es immer Menschen geben, die — wenn sie ein Amt in der Regierung oder eine andere starke Position bekleiden — eher die Macht, nicht die Liebe, als vorherrschende Triebkraft ihres Lebens ansehen. Aber was verstehen wir unter »Macht«, und auf welche Weise befriedigt sie uns? Als Süchtige versuchten wir, mit aller Macht gegen die Sucht vorzugehen, doch am Ende erlitten wir immer eine Niederlage. Schließlich stellten wir fest, was viele andere von uns bereits festgestellt haben: die einzig wahre und bleibende Macht ist die Macht der Liebe.

In meinem Heilungsprogramm lerne ich, »Macht« neu zu definieren und ihre Verbindung zur Liebe zu erkennen.

PW

Eine linde Antwort stillt den Zorn.

Die Sprüche Salomos 15, 1

Eines der wichtigsten Dinge, die wir im Verlauf der Heilung lernen, ist, sanft umzugehen mit uns selbst. Warum ist vor allem die Sanftheit wichtig für einen Sex-Süchtigen, der sich bemüht, von seiner Droge loszukommen? Die alltägliche Erfahrung lehrte uns, daß die Sex-Sucht gewalttätig wirken kann. Ob wir uns nun in einer Beziehung befanden, in der Gewalt ausgeübt wurde, ob wir vorhatten, uns umzubringen, oder in anderer Weise Gewalt anwendeten: die Sex-Sucht offenbarte, wie sehr sie uns in Mitleidenschaft ziehen und gefühllos machen kann.

Mit Hilfe der im Heilungsprozeß gewonnenen Weisheit lernen wir, mit uns selbst und anderen liebenswürdig umzugehen. In unseren Gruppen behandeln wir einander mit Mitgefühl, da wir wissen, daß freundliche Einstellungen und Verhaltensweisen die Härte und Gewalt der Sucht mildern und beseitigen. Sanft sein bedeutet nicht, daß man dem Schmerz ausweicht oder unehrlich ist. Es hilft uns vielmehr, auf eine Weise stark zu sein, die uns nicht schadet, sondern gesund macht. Die Sanftheit gibt uns Raum, um frei zu atmen. Sie schafft einen sicheren Ort in unserem Innern, so daß wir lernen können, uns selbst wieder zu lieben.

Ich werde heute sanft mit mir umgehen.

SK

29. August

Weise und langsam. Es stolpern, die schnell rennen.
William Shakespeare

Es gibt viele Redensarten und Sprichwörter, die uns den Rat geben, daß wir uns Zeit lassen sollen. Diese allgemein anerkannte Weisheit, die oft von Menschen angeführt wird, die abseits der hektischen Städte leben, spricht vom natürlichen Rhythmus und Zeitmaß des Lebens. Sie erinnert uns daran, daß es uns besser geht, wenn wir in Verbindung bleiben mit dem maßvollen Wechsel in der Natur, wie er im Übergang der Jahreszeiten zu erkennen ist.

Viele von uns mögen vergessen haben, sich Zeit zu nehmen, um die Sterne zu betrachten oder einen Vogel im Flug zu beobachten. Es ist, als wäre unser Blick immer auf Erfolg ausgerichtet, als würden wir nur schwer arbeiten. Wie leicht zieht man sich dann von dort in die Sucht zurück, um sie wieder aktiv auszuüben und schließlich die ganze wirkliche Welt auszulöschen.

Uns allen steht Zeit zur Verfügung, um die Rolle zu beurteilen und zu gestalten, die wir als Teil der Schöpfung spielen. Wir wollen uns Zeit nehmen, um an dieser Rolle Freude zu haben. Mit der Zeit können wir mehr finden als nur Entspannung; vielleicht entdecken wir sogar Weisheit.

Ich kann langsamer machen, um den Rhythmus der Zeit im Hier und Jetzt zu erfahren.

PW

Denn der Herr ist freundlich, und seine Gnade währet ewig und seine Wahrheit für und für.

Psalm 100,5

Als wir unsere Sucht ausagierten, dachten viele von uns, wir wollten Sex. Aber es war nicht wirklich Sex, was wir wollten; es war Liebe. Die Bedürfnisse, die uns trieben — akzeptiert und bestätigt zu werden, Aufmerksamkeit und Zärtlichkeit zu erfahren —, sind Teil jeder liebevollen Beziehung, aber wir erlebten sie als Hunger nach Sex. Wir hatten Liebe und Sex völlig durcheinandergebracht.

Es übersteigt unsere Kräfte, wenn wir diese Dinge allein in Ordnung bringen wollen, aber wir können uns dabei des Zwölf-Schritte-Programms bedienen, auf unsere Gefährten und Gefährtinnen im Heilungsprozeß und auf unsere Höhere Macht zurückgreifen. Viele von uns haben durch die Liebe der Höheren Macht zum ersten Mal die Erfahrung bedingungsloser Liebe gemacht.

Im Verlaufe der Heilung lernen wir, daß wir über die Liebe nicht verfügen können. Lieben heißt: Loslassen. Wir können auch nicht über Menschen verfügen, die uns lieben. Sobald wir unser Bedürfnis nach Liebe akzeptieren und nicht mehr versuchen, nur den sexuellen Hunger zu stillen, können wir uns von der Illusion befreien, daß Sex uns Liebe bescheren wird. Wir können uns auf die wahre Liebe konzentrieren, die in unserem Leben vorhanden ist. Wir können sie fühlen, sie hegen, sie stärken und — schließlich — geben.

Die Liebe in mir ist grenzenlos. Indem ich sie in all meinem Tun äußere, bringe ich meinen unverwechselbaren Geist zum Ausdruck.

SK

31. August

Mut ist eine Gnade, die sich unter Zwang erweist.
Ernest Hemingway

Die sexuelle Sucht war eine Kraft, die uns ständig dazu zwang, in entwürdigender Weise zu handeln. Wir gingen nach draußen, um für einen Freund etwas zu kaufen, und stellten fest, daß wir unsere Sucht ausagierten. Wir machten Besorgungen für die Familie und gaben unser ganzes Geld für Pornographie oder Besuche bei Prostituierten aus. Wir lebten unter der erdrückenden Last unserer Trübsal und richteten unsere Gefühle allmählich zugrunde.

Gibt es Hoffnung für uns? Ja, sobald wir auf das Gebet der Gelassenheit hören und in uns selbst den Mut finden, die Dinge zu ändern, von denen wir wissen, daß wir sie ändern können. Mit Hilfe der Gruppe, des Zwölf-Schritte-Programms und unserer Höheren Macht können wir lernen, uns anders zu verhalten.

Indem wir anderen zuhören, an ihren Kämpfen Anteil nehmen und dem Leben vertrauen wie auch darauf, daß wir einen besonderen Platz im Universum einnehmen, werden wir den Mut finden, unser Leben stolz und voller Hoffnung dem Neuen anheimzugeben.

Ich weiß, ich gewinne den Mut, mich meinem neuen Leben zuzuwenden. Dieses neue Leben wird mir helfen, dem durch die Sucht bewirkten Druck standzuhalten.

PW

September

1. September

Noch der Schrei aus der Tiefe hat etwas Bejahendes: Denn warum sollte man schreien, wenn es keine Anzeichen der Hoffnung gibt, gehört zu werden?

Martin Marty

Was geschieht mit einem Mädchen, das nicht die Hilfe erfährt, die es von den Eltern braucht? Was wird aus einem Jungen, der immer wieder die Hand ausstreckt nach seinen Eltern, die auf seine Bedürfnisse nicht eingehen? Welches Leben erwartet das Opfer einer sexuellen Kindesmißhandlung, das nun niemanden hat, an den es sich wenden kann?

Wir wissen so manche Antwort auf diese Fragen, weil die Kindheit bei vielen von uns das einsame, schweigsame Leiden mit einschloß. Wir baten um Hilfe, bekamen sie aber nie. Unser Vertrauen wurde mißbraucht, als wir auf andere zugingen.

Wenn es uns schwerfällt, um Hilfe zu bitten, dürfen wir nicht uns selbst verurteilen. Die Heilung ist ein Prozeß. Wir können die Hand nur so weit ausstrecken, wie wir in diesem Augenblick dazu fähig sind. Wir müssen Vertrauen haben, daß durch den Heilungsprozeß unser Gefühl für Würde und innere Klarheit nach und nach wiederhergestellt wird. Wir werden erkennen, daß unsere Fähigkeit, um das zu bitten, was wir brauchen, mit jedem Tag wächst.

Um einen neuen Anfang zu machen, müssen die Wunden der Vergangenheit, die ich davongetragen habe, nicht ganz ausgeheilt sein.

SK

2. September

Ohne dein Einverständnis kann dir niemand das Gefühl geben, minderwertig zu sein.

Eleanor Roosevelt

Wenngleich wir es verdrängen, mögen wir insgeheim immer noch den Wunsch haben, von anderen verletzt zu werden, denn auf irgendeine obskure Weise glauben wir, es verdient zu haben. Als Süchtigen war uns die gute Meinung, die wir von uns selbst hatten, abhanden gekommen; oft gaben wir uns Handlungen hin, die uns in demütigende und erniedrigende Situationen brachten. Es ist eine traurige Wahrheit, daß Sex-Süchtige sich darin wohl fühlen können und durch ihr entwürdigendes Tun Erleichterung finden von aller inneren Anspannung.

Wir wollen uns entschließen, solche Demütigungen zurückzuweisen. Durch das Gespräch mit anderen lernen wir, daß das Leben reich, vielseitig und offen ist — und wir wollen daran teilhaben. Wir müssen nicht weiterhin falschen Trost und Erleichterung finden durch Handlungen, die auf uns zurückwirken, um uns zu quälen und zu erniedrigen.

In unserem Leben gibt es keinen Platz mehr für Minderwertigkeitsgefühle, für diese Empfindung, nichts zu taugen. Unser Programm hilft uns, mehr Selbstachtung und ein Gefühl für den wahren Wert unseres Lebens zu gewinnen.

Ich möchte nicht durch andere Menschen und bestimmte Situationen gedemütigt werden. Ich habe es verdient, solche Dinge zu tun, die mir ein gutes Gefühl in bezug auf mich selbst geben.

PW

3. September

Wenn du erkennst, daß es an nichts fehlt, gehört dir die ganze Welt. Tao te king

Die Arbeit an den Zwölf Schritten ist der Prozeß von Sein und Werden. Sie bedeutet: herauszufinden, zu wissen und zu akzeptieren, wer wir sind. Sie besagt, daß wir bereit sind, hinzufallen, zu stolpern und Fehler zu machen. Sie verweist darauf, daß wir in Einklang leben mit dem beständigen Wechsel von Tod und Wiedergeburt, der zum großen Rhythmus des Lebens gehört.

Jeder von uns trägt einen Zeitplan in sich — jenen Rhythmus, in dem unser Geist sich offenbart. Wenn wir herausfinden, wie er verläuft, und unser Leben an ihm ausrichten, erfahren wir eine unsagbar tiefe Gelassenheit und Freude. Auch gewinnen wir Kraft, denn wir tragen keinen Kampf mehr aus gegen uns selbst und gegen die Realität. So oft sind wir unser eigener, unser schlimmster Feind. Doch wenn wir dem begegnen, der wir sind, und daraus lernen, werden wir zu neuen Menschen. In diesem Prozeß entdecken wir unsere eigenen Wahrheiten. Vielleicht ist genau das ein Bestandteil des spirituellen Erwachens: die Wahrheit in anderem Licht zu sehen.

Wenn wir gemäß den Vorgaben unseres Geistes und in Harmonie mit unserem Körper, unserem Verstand und unseren Gefühlen leben, sind wir auf einer einsamen Reise, einer Reise jedoch, die uns anderen Menschen und dem Leben selbst nahebringt. Sie erfordert Geduld — und beschert wahren Frieden.

Ich kann darauf vertrauen, daß ich im Lauf meines Heilungsprozesses die neuen Dinge in dem Maße lerne, wie es für mich notwendig ist. Das Tempo meiner Heilung ist mir angenehm.

SK

Wenn man das Leben nur von einer Warte aus betrachtet, gibt es immer Grund zur Besorgnis.

Elizabeth Bowen

Ein engstirniger Blick ermöglicht nur eine äußerst einseitige Perspektive auf das Leben, vor allem dann, wenn er mit einer bestimmten Obsession verknüpft ist. Als Sex-Süchtige gelangen wir allmählich zu der Überzeugung, jeder würde ständig seinen Phantasievorstellungen nachhängen, seine zwanghaften Bedürfnisse ausagieren, in irgendeine sexuelle Eskapade verwickelt sein und sich elend fühlen. Von einem gewissen Standpunkt aus betrachtet, ist das dann der Zustand der Welt. Und er ist erschreckend.

Im Rahmen unseres Programms lernen wir, auf andere Menschen zuzugehen. Wenn wir dies tun, sehen wir die Dinge anders — als würden wir durch eine andere Linse unseres Fotoapparats blicken. Wir bekommen eine neue Perspektive. Wir kommen in Kontakt mit Menschen und Dingen, kümmern uns um sie und engagieren uns. Wir wußten nicht, daß das Leben so reich sein und uns so viel geben würde. Nun sehen wir auch die anderen, nicht nur uns selbst.

Wodurch kam diese Änderung? Durch unsere geistige Gesundheit. Als wir aufhörten, die Welt nur von unserem besessenen und suchtabhängigen Standpunkt aus zu betrachten, kehrten wir zu Nüchternheit und Liebe und einem normalen Verhalten zurück. In dem Maße, wie wir die Schritte unseres Programms ausführen und um die Hilfe unserer Höheren Macht bitten, lernen wir die Dinge auf neue Weise zu betrachten.

Nun, da ich die Welt mit neuen Augen sehe, empfinde ich Freude.

PW

5. September

Der wichtigste Schritt, den wir unternehmen können, um die Angst der Menschen zu verringern, besteht vielleicht darin, daß wir ihnen helfen, sich selbst anzunehmen, sich selbst zu mögen.

Bonaro Overstreet

Vielleicht leben wir so vor uns hin, bis uns plötzlich klar wird, daß wir uns unruhig oder unbehaglich oder unsicher fühlen. Aber das eigentliche Gefühl, das sich dahinter verbirgt, ist Angst. Selbst wenn sie uns nicht bewußt ist, kann diese Angst unsere Kraft zur inneren Sammlung aufzehren und unser Selbstvertrauen mindern.

Jeder hat Angst; sie ist ein Teil, ja sogar eine Bestätigung des Menschseins. Die Angst kann eine normale, kraftspendende Antwort auf eine bestimmte Situation sein — wenn wir etwa ein Risiko eingehen oder eine neue Richtung einschlagen.

Wenn wir uns fürchten, finden wir vielleicht die innere Ruhe wieder, indem wir uns daran erinnern, daß es am Ende gar nicht auf Erfolg oder Mißerfolg ankommt. Wenn wir in jeder Lage das Beste geben, dessen wir fähig sind, und aus unseren Erfahrungen lernen, haben wir nichts zu befürchten. Dennoch: Wenn wir Angst empfinden, ist es wichtig zu wissen, daß die Menschen, die uns lieben, uns auch weiterhin lieben werden. Manchmal müssen wir nur hören, wie jemand sagt: »Ich weiß, du kannst es schaffen. Ich habe Vertrauen in dich.« Dann machen wir, ängstlich oder nicht, weiter, und die Angst wird ausgeglichen durch unser Vertrauen und unsere Bereitschaft, es zu versuchen.

Lieber Gott: Bitte befreie mich von meiner Angst oder hilf mir, sie auszuhalten, wenn es das ist, was ich tun muß. Stets bin ich Deiner Obhut unterstellt.

SK

Wenn du einen Menschen haßt, dann haßt du etwas in ihm, das ein Teil von dir selber ist.

Hermann Hesse

Der Haß nagt an uns und zehrt uns auf wie die Wut, und oft ziehen wir selbst am Ende den kürzeren. Unser Leben kann zerstört werden durch die Ressentiments und Feindlichkeiten, die wir anderen entgegenbringen.

Weshalb? Weil der Haß uns lähmt und den inneren Fortschritt verhindert. Wie oft schon waren wir, als wir unsere Sucht ausübten, fixiert auf häßliche Fehden und Rivalitäten, unfähig, mit unserem eigenen Leben voranzukommen?

Wenn wir scharfsichtig mit unseren Haßgefühlen umgehen, stellen wir fest, daß sie tatsächlich oft gegen jene Wesenszüge gerichtet sind, die wir an uns selbst nicht mögen oder vor denen wir sogar Angst haben. Vielleicht hassen wir Lärm, weil wir uns als Kind davor gefürchtet haben; vielleicht verabscheuen wir die sexuellen Vorlieben der anderen, weil wir Angst haben, es könnten insgeheim unsere eigenen sein.

Indem wir uns selbst gegenüber ehrlich sind, können wir zur Wurzel unserer Wut und unseres Hasses vordringen. Dann sind wir imstande, mit diesen Gefühlen zurechtzukommen und sie vom Wind der Zeit davontragen zu lassen.

Wenn ich über meine Wut und meinen Haß nachdenke, wird mir klar, daß sie oft gegen mich selbst gerichtet sind. Nun bin ich bereit, innerlich zu arbeiten, um mich von dem Haß zu befreien, der mich lähmt.

PW

7. September

Du gewinnst Stärke, Mut und Selbstvertrauen durch jede Erfahrung, in der du dich wirklich von der Angst freimachst. Du bist imstande, zu dir selbst zu sagen: »Ich habe diesen Schrecken durchlebt. Ich kann das nächste, was auf mich zukommt, bewältigen.«
Eleanor Roosevelt

Eines der Wunder des Heilungsprozesses besteht darin, daß er uns Mut schenkt — trotz der düsteren Realitäten, denen wir im Leben gegenüberstehen. Wir können anderen helfen, ihrer Sucht, ihrer Depression oder Krankheit ins Auge zu sehen, denn wir haben all dies schon erfahren. Wir haben so viel durchgemacht und sind trotzdem am anderen Ende des Tunnels wieder herausgekommen. Wir wissen, was Angst ist.

Welch ein großartiges Geschenk kann das für andere sein, vor allem für jene, die nach uns in den Heilungsprozeß eintreten: Unsere Gegenwart, unsere Unterstützung, unsere bedingungslose Liebe und unvoreingenommene Einstellung sind oft genau das, was ein anderer leidender Süchtiger braucht. Unsere eigenen Erfahrungen mit der Sex-Sucht haben uns verständnisvoll und weise werden lassen. Wir sehen die Dinge im richtigen Verhältnis und sind dadurch nah an der Realität und hilfreich für die anderen, sobald sie uns brauchen. Wir verfügen über das Einfühlungsvermögen, um mitleiden zu können. Wir besitzen die Stärke und innere Klarheit, um trotz der Sucht eines anderen die eigenen Grenzen zu wahren. Unser Mut bezeugt, daß unsere Heilung wirkt — und dafür können wir dankbar sein.

Ich mache schwierige Dinge durch, damit mir geholfen werden kann und ich später jemand anderem helfen kann.

SK

Kein Erbe ist so reich wie die Ehrlichkeit.

William Shakespeare

Als Sex-Süchtige haben wir einen Großteil unseres Lebens in der Lüge zugebracht. Wir waren gespalten in zwei Menschen, Dr. Jekyll und Mr. Hyde, und einer von beiden konnte sich nie klar ausdrücken, die Wahrheit sagen oder etwas zugeben. Mr. Hyde trat mehr und mehr in den Vordergrund, bis alles in Betrug, Täuschung und Verrat umschlug. Und dann sahen wir ein ganzes Leben in Trümmern liegen.

Mit dem Heilungsprozeß beginnen bedeutete, Mittel zu finden, damit diese beiden Seiten von uns selbst wieder zusammenwirken. Wir wußten, daß wir einen Weg finden mußten, das Vertrauen und die innere Sicherheit von beiden, Dr. Jekyll und Mr. Hyde, zu gewinnen, ehe der eine den anderen in Stücke reißen würde.

Es gibt einen Weg: Ehrlichkeit. Mr. Hyde wird nur tätig in der Dunkelheit der Täuschung, und er ergibt sich dem Licht, das einströmt, sobald wir offen und aufrichtig sprechen. Und dieses Licht hält an: Die Ehrlichkeit gibt uns nicht nur einen flüchtigen Einblick; sie hinterläßt ein Vermächtnis, das ein Leben lang bestehen bleibt.

Wie schwer es mir auch fallen mag: Ich bin entschlossen, offen und ehrlich mit mir selbst umzugehen, wenn ich mein Programm durcharbeite.

9. September

Die Einsamkeit ist ein angenehmer Ort für einen Besuch, aber ein armseliger Ort zum Bleiben.

Josh Billings

Sex-Süchtige haben einen Wesenszug gemeinsam: Sie bitten nicht gern um Hilfe. Oft sitzen wir in der Gruppe, die an den Zwölf Schritten arbeitet, und erzählen uns gegenseitig, wie schwer es uns fällt, jemanden um Hilfe zu bitten. Manchmal hat es den Anschein, als würden wir viel Energie aufwenden, um darüber zu sprechen, aber eben nichts in dieser Richtung tun.

Da viele von uns in einer Atmosphäre von Einsamkeit und Scham aufwuchsen, die sich ständig verstärkte, kann die Hilfe wie ein Luxusgut erscheinen, das anderen Menschen vorbehalten ist. Wir denken, wir hätten es nicht verdient. Wir glauben, wir sollten fähig sein, mit allem allein fertig zu werden. Wir erkennen nicht, daß wir Hilfe benötigen, weil wir uns schon daran gewöhnt haben, in der Krise zu leben. Wir sagen uns selbst, unsere Interessen und Probleme seien nicht wichtig genug, um andere Leute damit zu belästigen. Und dann, wenn unser Leben kompliziert wird, geben wir uns selbst die Schuld dafür, daß wir uns überfordert und unfähig fühlen, irgend etwas dagegen zu unternehmen.

Aber wir haben wirklich Hilfe verdient. Wir haben all die Hilfe verdient, die wir wünschen und brauchen, sei es, daß uns jemand nach Hause fährt, wenn unser Wagen nicht anspringt, sei es, daß uns ein Freund in die Arme nimmt, wenn wir weinen. Wir sind es wert, daß die Menschen Zeit, Mühe und Interesse für uns aufbringen: nicht, weil wir anders wären, sondern weil wir gleich sind.

Heute will ich das Wagnis eingehen und um Hilfe bitten, wenn ich Hilfe brauche.

SK

Ein schwerer Anfang ergibt ein gutes Ende.
John Heywood

Der Erste Schritt unseres Programms war für viele von uns der schwerste. Wir mußten zugeben, daß wir nicht mehr fähig waren, das Leben, an das wir uns gewöhnt hatten — *unser Leben* —, zu meistern. Durch die Sucht, in der wir lediglich Figuren eines Spiels waren, das wir immer verloren, konnten wir unseren Aufgaben und Pflichten nicht mehr nachkommen. Aber für einige von uns war dieses Leben in der Sucht das einzige, das wir kannten — und so mußten wir lernen, es zu ändern, und zwar von Grund auf. Das war hart, und wir wußten, daß es so sein würde.

Unser Programm jedoch bietet einen neuen Weg, mit uns selbst und anderen in Beziehung zu treten. Wir müssen ihn nicht weiterhin alleine gehen. In unserem alten Bezugssystem, dem der Sucht, waren wir immer allein, und deshalb haben wir immer verloren. Im Heilungsprozeß sind wir Teil einer Gruppe, in der wir lernen können, ein Zugehörigkeitsgefühl und Zuneigung untereinander zu empfinden. Wir fühlen uns nicht mehr machtlos und allein, sondern als stolze Mitglieder einer neuen Gemeinschaft.

Der Erste Schritt ist schwer; doch wir haben die Unterstützung und Liebe der anderen, und unser Programm öffnet das Tor zu einem neuen Leben.

Ich habe keine Angst, den Ersten Schritt zu tun, denn ich weiß, daß er mich auf neue Wege führt, wo ich geistige und körperliche Gesundheit und auch Liebe finden kann.

PW

11. September

Ohne Disziplin ist das Leben gar nicht möglich.
Katherine Hepburn

Wir alle haben Termine und Verpflichtungen, die wir einhalten müssen. Wir müssen Rechnungen bezahlen, tragen Verantwortung bei der Arbeit, haben Kinder, die in der Schule vor bestimmten Aufgaben stehen — all diese unzähligen kleinen Dinge, die uns im Leben auf Trab halten.

Wenn wir feststellen, daß wir sie vor uns herschieben, müssen wir uns verpflichten, deshalb nicht beschämt zu sein. Der Aufschub ist kein Anzeichen dafür, daß wir versagt haben. Wäre es etwa angebracht, daß wir uns freuen, unangenehme Dinge zu erledigen? Es ist doch menschlich, dem auszuweichen, was man lieber nicht tut.

Sobald wir uns von der Last des Perfektionismus befreien, können wir die Verantwortung besser auf uns nehmen. Wenn wir unsere Termine jeweils einhalten, so gut wir können, werden wir mit innerer Gelassenheit und einem Leben belohnt, das insgesamt in geordneten Bahnen verläuft. Denn wenn wir von Krisen geschüttelt werden, sind wir dazu gezwungen, unser Leben eher nach den Forderungen der anderen auszurichten als nach unseren eigenen Entscheidungen. Trotz der zögerlichen Haltung, des Ressentiments oder des Wunsches, perfekt zu sein, können wir uns dem Zehnten Schritt zuwenden, um eine innere Inventur vorzunehmen. Wir können uns selbst vergeben, versuchen, über uns zu lachen, in der Gegenwart leben und weitergehen. Heute kann ein besserer Tag sein als gestern.

Ich kann es gleich zugeben — daß es wahrscheinlich etwas gibt, dem ich ausweiche. Ist heute der Tag, es dennoch zu tun?

SK

Das große Gesetz der Kultur lautet: Jeder soll das werden, wozu er fähig ist. Thomas Carlyle

Jeder von uns ist ein einzigartiges und wertvolles menschliches Wesen. Wir müssen uns jenen Richtungen des Lebens und der Kultur anschließen, die uns dazu ermuntern, daß wir uns weiterentwickeln, uns verändern und die Reichhaltigkeit unseres inneren Potentials ausschöpfen.

Wenn wir versunken bleiben in unserer Sucht, schließen wir uns jenen Toten im Leben an, die die Möglichkeit zu innerem Wachstum und Werden verleugnen. Die Sucht ist eine Krankheit, die uns verkümmern läßt und den natürlichen Fortgang des Lebens verhindert.

Im Verlauf unserer Heilung gibt es Augenblicke, in denen wir unschlüssig sind und sogar rückfällig werden. Wenn das passiert, dürfen wir dennoch nicht den Glauben an uns selbst verlieren, denn wir werden unaufhörlich bestärkt durch die Arbeit an unserem Programm. Indem wir den Schritten folgen, gewinnen wir an Einsicht; darüber hinaus finden wir Unterstützung und Stärke in unseren Gruppen und unserer Höheren Macht. Und so fahren wir fort, die innere Verbindung zu unserem eigenen Rhythmus und der besonderen Art unserer Entwicklung wiederherzustellen.

Ich bin Teil einer lebendigen Kultur und fähig, mich zu verändern und weiterzuentwickeln.

PW

13. September

Freundschaft ist die starke und tief verwurzelte Neigung zweier Menschen, das Wohl und das Glück des anderen zu fördern. Eustace Budgell

Eine Frau, die an unserem Programm teilnimmt, gab eine ihrer wichtigsten Ansichten über menschliche Beziehungen weiter. Sie lautet: »Derjenige, der in größerer Not ist, steht an erster Stelle. Das heißt, es gibt Zeiten, in denen ich mich ganz bewußt entscheide, meine eigenen Bedürfnisse, Gefühle oder Interessen außer acht zu lassen, weil der andere mehr braucht. Wenn ich einen Freund im Krankenhaus besuche, so ist das keine passende Gelegenheit, mich immer weiter und weiter darüber auszulassen, wie ich eine neue Arbeit angenommen habe und daß ich anderswo hinziehe.«

Wir wissen: Je größere Fortschritte wir im Heilungsprozeß machen, desto mehr Beziehungen werden wir aufbauen, aus denen wir Unterstützung bekommen können. Und natürlich haben wir die beste aller Hilfen — uns selbst. Unsere Fähigkeit, uns selbst zu führen, zu unterstützen und zu hegen, nimmt zu, selbst wenn wir uns dessen gar nicht bewußt sind. Die starke Ichbezogenheit, die wir besaßen, als wir unsere Sex-Sucht ausübten, beginnt zu verschwinden. Wir müssen nicht mehr ständig um Anerkennung wetteifern oder unseren Kopf durchsetzen. Wir können beschließen, einem anderen den Vorzug zu geben vor uns selbst — nicht, weil wir Märtyrer sein wollen, sondern weil wir ihn respektieren und lieben.

Wenn ich im Zweifel bin, werde ich mich daran erinnern: Derjenige, der in größerer Not ist, steht an erster Stelle.

SK

Wer nicht mit wenigem zufrieden ist, wird nie zufrieden sein. Griechisches Sprichwort

Unsere Sucht schenkt uns grandiose Phantasien, aber keine große Befriedigung. Wir denken, wir müßten unendlich viele Dinge besitzen und eine Menge Geld ausgeben, um glücklich zu sein. Oft reden wir, als hätten wir einen großen Weitblick — aber wir sehen nicht, was direkt vor unseren Füßen liegt. Es kann sein, daß wir unser ganzes Leben lang das übersehen, was tatsächlich schon vorhanden ist.

Vielleicht stellen wir bei einer Campingreise fest, wie gut es doch ist, nur die notwendigsten Dinge zur Verfügung zu haben: ein offenes Feuer, ein Eintopfgericht, ein Messer, eine Gabel, einen Löffel, einen Schlafsack und eine einfache Grundausrüstung, die uns gegen Kälte, Wind und Regen schützt. Wir verbringen keine Zeit damit, Dinge hin und her zu schleppen, Dinge zu benötigen, Dinge zu kaufen, wieder Dinge zu transportieren, Dinge umzutauschen. In solchen freien Zeiten aber können wir uns entspannen und den Blick auf das Wesentliche lenken.

Vielleicht ist man dann weise, wenn man an einfachen Dingen seine Freude hat; wenn uns das gelingt, sind wir nie gelangweilt oder langweilig.

Ich werde mir Zeit nehmen, um die einfachen Dinge des Lebens zu genießen.

PW

15. September

Für extrem denkende Menschen bedeutet »Kommunikation«, daß der andere ihnen zustimmen soll.

Leo Rosten

Eine Frau sprach mit ihrer Freundin über die Schwierigkeiten, die sie mit einem männlichen Arbeitskollegen hatte. Am Ende des Gesprächs meinte die Freundin: »Es ist mühsam, nicht wahr, wenn ein anderer nicht unsere Sprache spricht?«

Es kommt so häufig vor, daß Männer und Frauen nicht die gleiche Sprache sprechen. Jemand, der bei der Arbeit weint, riskiert, daß man ihn als überempfindlich bezeichnet; und jemand, der unbeirrt seinen wie auch immer gearteten Pflichten nachgeht, wird schnell als kalt und unsensibel eingeschätzt.

Als wir unsere Sucht ausübten, waren wir angewiesen auf Sex, um unser Verhalten und unsere Rolle zu definieren. Wir dachten, Sex sei immer die höchste Form, um sich auszudrücken und sich zu verständigen. Nun versuchen wir, neue Mittel der Kommunikation zu finden, vor allem solche, die nicht sexueller Natur sind. Es ist keine Lösung, im Umgang mit dem anderen Geschlecht solange die gleiche Sprache zu sprechen, bis wir unserer Männlichkeit oder Weiblichkeit beraubt sind. Vielmehr können wir nach einer gemeinsamen Sprache suchen, die dennoch die Einzigartigkeit unseres Wesens bekräftigt.

Die Art und Weise, wie ich mit anderen Menschen kommuniziere — wie ich mich selbst ausdrücke —, entwickelt sich ständig. Ich werde mich so geben, wie ich bin.

SK

Nimm dich in acht, daß dir, wenn du nach dem Schatten greifst, nicht das Wesentliche abhanden kommt. Äsop

Wenn wir süchtig sind nach Sex, greifen wir nur nach dem Schatten der Dinge. Weder verhalten wir uns den anderen gegenüber so, als seien sie wirklich existent, noch teilen wir uns als reife und liebende Menschen mit. Statt dessen jagen wir Phantomen nach, um am Ende unbefriedigt zurückzubleiben.

Die Sex-Sucht schwächt uns und beraubt uns der inneren Würde ebensosehr, wie sie uns die Dinge nur als Projektionen unserer selbst sehen läßt. Wir haben Angst vor Individualität, vor dem, was das andere zum anderen macht. Wir betrachten die Menschen nur als Widerspiegelungen unserer selbst: das ist das einzige, was wir zulassen.

Im Heilungsprozeß haben wir gesehen, daß unser Leben einen Inhalt bekommen muß. Wenn wir an echten Problemen arbeiten und mit Menschen — so, wie sie sind — in Verbindung treten, fühlen wir uns wirklich lebendig. Damit eine erfreuliche Beziehung gedeihen kann, müssen wir wahre Zuneigung schenken und auch empfangen.

In unseren Gruppen finden wir das Wesentliche und Individuelle. Wir treffen wahre Menschen, die lernen, keine Angst davor zu haben, aus sich herauszugehen, und die kommen, um uns zu begrüßen und zu begegnen. Wir lernen, in der wirklichen Welt als vitale Menschen zu leben und zu lieben.

Ich lerne, aus den Schatten und der Dunkelheit meiner Sucht herauszukommen und in einer inhaltsreichen, realen und liebevollen Welt zu leben.

17. September

Nun soll das Weinen aufhören; niemand soll mehr trauern. Denn die Liebe Gottes wird euch Frieden bringen. Es gibt kein Ende. Sophokles

Wenn wir auf unser Leben zurückblicken, mögen wir erneut darunter leiden, wie die Dinge normalerweise abliefen. Aber wir wissen, daß unser Leben nicht immer so kompliziert sein muß, wie es einmal war. Nie mehr muß es so aus den Fugen geraten, so unüberschaubar, so erschrekkend sein. Die Sex-Sucht muß uns nicht auf Schritt und Tritt quälen. Die Zeit ist zwangsläufig fortgeschritten. Die Vergangenheit ist vorbei, und wir wissen allmählich, was wahre Sicherheit ist.

Wahrscheinlich müßten wir das Programm und unser Engagement für die Heilung eine ganze Zeitlang aufgeben, ehe wir zurückkehren könnten zu der Art und Weise, wie wir als Sex-Süchtige lebten und handelten. Vielleicht begehen wir heute oder irgendwann in der Zukunft einen Fehltritt: es gibt kein Versprechen für Vollkommenheit. Wir können nie vergessen, daß wir sex-süchtig waren und nur durch eine einzige kleine Entscheidung vom zwanghaften Ausagieren unserer Bedürfnisse getrennt sind. Aber das ist etwas anderes, als zum Anfang zurückzugehen, an jenen Punkt, wo unser neues Leben noch nicht begonnen hatte. An jedem Tag, da wir uns entscheiden, den Heilungsprozeß *nicht* aufzugeben, wird unser Herz bestärkt — so daß wir gar nicht mehr den Wunsch haben, zurückzukehren.

Ich bewältige einen Tag nach dem anderen. Ich vertraue darauf, daß ich so viel Zeit zur Verfügung habe, wie ich brauche.

SK

18. September

Diejenigen aber sind schlechte Entdecker, die denken, es gebe kein Land, wenn sie nichts anderes als Meer sehen. Francis Bacon

Wenn wir uns auf See verirrt haben, denken wir vielleicht, so etwas wie Land existiere gar nicht – derart gewaltig und erschreckend ist der Ozean, der uns umgibt. Nichts als riesige Flächen grauen, wogenden Wassers, und dazu die Angst, daß wir es nicht schaffen werden. Wir schaudern und lassen alle rationalen Gedanken und Handlungen hinter uns. Wir sind zu Tode betrübt.

Genauso verhält es sich mit unserer Sucht. Manchmal sieht es so aus, als wäre die Sex-Sucht alles, was wir haben, alles, was wir sind. Solange wir uns erinnern und so weit wir in die Zukunft blicken können, gibt es nichts anderes.

Wir müssen uns von dieser Art obsessiven Denkens freimachen. Wir wissen, daß Land in Sicht und Hilfe zur Hand ist. Wir haben andere Menschen auf dem Weg der Heilung gesehen, und wir selbst haben diesen Prozeß schon kennengelernt. Es hat ganze Tage, Wochen, Monate gegeben, da wir nicht im Meer unserer Sucht verloren waren. Unser Programm und unsere Gefährten und Gefährtinnen sind gleichsam unsere Rettungsleine. Wenn wir an uns selbst und an unser Programm glauben, werden wir eine sichere Heimreise haben.

Ich lerne, über mich selbst und meine Sucht auf rationale Weise nachzudenken. Ich weiß, daß ich meine geistige Gesundheit wiedererlangen werde, wenn ich weiterhin Vertrauen in mich selbst und mein Programm habe.

PW

19. September

Wir fügen uns und erkennen, daß Gott in unserem Innern etwas geschaffen hat — daß die Flügel unserer Seele gelernt haben, in höheren Regionen zu schlagen. Anonym

Wo sind unsere Orte der Ruhe? Wo sind jene Freiräume, in denen wir geistige Nahrung und Frieden finden? Bei einigen von uns liegen sie im Innern: ein Ort, wo wir still vor uns hin leben und wo sich ungeahnte Ideen einstellen. Wir begeben uns an diesen ruhigen Ort, weil wir dort sicher sind. Wir finden, was wir brauchen, um neue Kraft zu tanken, bis wir dann bereit sind, wieder in die Welt hinauszutreten.

Bei einigen anderen wiederum befinden sich die Orte der Ruhe hauptsächlich außerhalb ihrer selbst: auf dem Land, am Meer, in den Bergen. Wir nennen das: »Aus allem ausbrechen«, aber im Grunde gehen wir auf etwas zu, was wir genausosehr brauchen wie Luft und Nahrung. Wir finden einen Ort der Ruhe überall dort, wohin uns das eigene Herz ruft: in der Musik, im Tagebuch, in Büchern über die innere Heilung, in der Abgeschiedenheit. Wir alle brauchen eine heilige Stätte; Zeit, um uns zu erholen; Zeit, um wieder mit unserem wahren Wesen verbunden zu sein.

Ich will Dich preisen, mein Gott, denn in meinem abgeschiedenen Heiligtum bist Du immer bei mir.

SK

Die Kunst ist im wesentlichen Bestätigung des Daseins.
Friedrich Nietzsche

Viele von uns, die Sklaven ihrer Sucht waren, haben anscheinend nicht sehr viel Energie übrig, um ihre Freude zu bekräftigen, daß sie am Leben sind. Unsere Phantasievorstellungen, das Ausagieren unserer Bedürfnisse, all dies zehrte unsere Kraft auf, so daß wir fast zu Schlafwandlern wurden. Die Bilder, die uns heimsuchten, ließen nur wenig Raum für die Wirklichkeit, während wir tagträumend durch das Leben gingen.

Sowie wir geheilt werden, müssen wir neue Richtungen finden, in die wir unsere Energie lenken können, und neue Orientierungspunkte, auf die wir unsere Zuneigung konzentrieren. Wir werden feststellen, daß wir den Wunsch haben, auf Menschen und Dinge zuzugehen und unseren Einfluß auf das Leben zu bekräftigen.

Die Kunst kann uns innerlich bewegen und inspirieren, während wir auf schöpferische Weise ein Leben aufbauen und gestalten, das voll Energie und Bejahung ist. Neue Bilder und Gefühle werden in uns einströmen, um jene Räume auszufüllen, die von unseren alten, suchterzeugenden Phantasien zurückgelassen wurden. Wenn wir an diesem Energiestrom teilhaben, werden wir uns den Künstlern und all den anderen anschließen, die ja sagen zum Leben.

Ich lerne, meine neugefundene Energie zu nutzen, um eine schöpferische Kraft in der Welt zu sein und den Wert meines Lebens zu bestätigen.

21. September

... einige Teile in deinem Innern sind immer noch in unvollendetem Zustand. Julius

Und was machen wir an den Tagen, an denen wir nichts empfinden, an denen unser Herz und unser Verstand teilnahmslos und unzugänglich sind? Welcher Art von Geduld bedarf es, um eine solche Zeit zu überstehen, ohne die Hoffnung und das Vertrauen zu verlieren? Wie halten wir durch, bis die Gefühle sich wieder einstellen?

Auf sehr sanfte Art und Weise. Man kann Gefühlen nicht befehlen, sich bemerkbar zu machen. Wenn wir kein Gefühl verspüren, gibt es dafür immer einen guten Grund. Wir können diesen aufdecken, wenn wir es wollen, doch wir müssen auch bereit sein zu warten. Manchmal bleibt uns nichts anderes zu tun übrig. Es fällt uns leichter, behutsam mit uns selbst umzugehen, wenn wir dem inneren Drängen widerstehen und weder in Panik geraten noch die Dinge zu rational betrachten. Wenn wir imstande sind, flexibel zu bleiben und entweder in der Nähe anderer Menschen oder auch mit uns alleine zu sein — je nachdem, was wir gerade brauchen —, werden wir unser Gleichgewicht finden. Vor allen Dingen werden wir geistigen Frieden erlangen, wenn wir fähig sind, weiterhin enthaltsam zu leben. Die Gefühle kehren zurück, wenn die Zeit reif dafür ist und wir bereit sind, ihnen zu begegnen, sie willkommen zu heißen, sie zu ertragen und zu akzeptieren.

Meine Gefühle sind gleichsam ein Strom, der in mir fließt. Ich erfahre sie, und ich lasse los.

SK

Der Mensch ist das, was er glaubt.

Anton Tschechow

Sex-süchtige Menschen handeln aus einer ganzen Reihe von pervertierten Grundauffassungen. In diesem Bezugsrahmen gewinnen wir dann die Überzeugung, daß wir nichtswürdig und voller Schamgefühle sind und unsere Handlungen deshalb nicht weiter ins Gewicht fallen. So waren wir fähig, der Verantwortung für unser Tun auszuweichen: wir waren ja in unserem Sexualleben nicht wirklich »anwesend«.

Früher oder später stellten wir fest, daß uns die sexuellen Phantasien und Aktivitäten keine Befriedigung schenkten. Sie waren leer, bestanden nur aus ritualisierten Gebärden, die keine wirkliche Verbindung zu den Menschen brachten. Wir behandelten andere als Objekt, um unser eigenes süchtiges Verlangen zu befriedigen — mit der Folge, daß jenseits dieser »Selbstbedienungs-Phantasien« nichts mehr von Bedeutung war.

Wenn wir unser Handeln ändern wollen, müssen wir unsere Überzeugung ändern. Dies allein zu schaffen ist schwierig; wir müssen die eigenen Vorstellungen mit Hilfe anderer Menschen testen. In einer Gruppe, in der wir akzeptiert werden und uns wohl fühlen, können wir neue Überzeugungen ausprobieren und eine andere Art des Umgangs mit uns selbst und anderen entwickeln. Wir lernen, unsere Wertmaßstäbe und unser Verhalten zu ändern, so daß unsere Sucht gewissermaßen wie ein altes Stück Haut abgestoßen werden kann.

Ich fange an, meine Überzeugungen zu ändern, so daß die Gefühle sich ändern können, die ich mir und meinen Beziehungen zu anderen entgegenbringe.

PW

23. September

Nein, das bin nicht ich, das ist ein anderer, der da leidet.
Ich könnte dem nie begegnen, all dem, was geschah:
Sollen Sack und Asche es umhüllen,
Und seht zu, daß die Lampen entfernt werden …
Nacht.

Anna Achmatowa

Wir alle sind Menschen, die Bedürfnisse haben. Darin unterscheiden wir uns nicht. Aber wenn wir sex-süchtig sind, wurden wahrscheinlich doch einige unserer wichtigen Bedürfnisse in der Kindheit nicht gestillt. Nun sind wir erwachsen, und das Gefühl, es mangle uns an etwas, gleicht einem inneren Abgrund. Und um das Problem weiter zu erschweren, schämt sich das Kind in uns auch noch dafür, daß es Bedürfnisse hat.

Wenn wir nicht selbst Abhilfe schaffen, werden sich unser Schmerz und unsere Scham in Zorn verwandeln, der uns nichts bringt als die Illusion, Macht zu besitzen. Aber zugleich höhlt dieser Zorn uns aus, und wir können nicht für immer mit dieser inneren Leere weitermachen und versuchen, unsere wahren Gefühle zu verbergen.

Unsere Bedürfnisse sind real, und es gibt nichts, weswegen wir uns schämen müßten. Sei es, daß wir uns im Rahmen des Programms anderen Menschen nähern oder uns unserer Höheren Macht zuwenden oder in stiller Zurückgezogenheit auf unsere inneren Quellen vertrauen — wir können unsere Bedürfnisse selbst stillen.

Möge ich sanft umgehen mit meinen Bedürfnissen. Ich muß nicht perfekt, sondern einfach nur wahr und aufrichtig sein.

SK

24. September

Das Hauptmerkmal des Genies ist nicht Vollkommenheit, sondern Originalität: die Fähigkeit, unbekanntes Gebiet zu betreten. Arthur Koestler

Viele von uns wurden erzogen zu glauben, wir sollten nach Vollkommenheit streben; oft bedeutet das dann, daß wir jemanden nachahmen, dessen Leben uns beispielhaft erscheint. Wir entlehnen der äußeren Welt enorm hohe Maßstäbe und beginnen sie bald an uns selbst anzulegen.

Wenn wir den Erwartungen nicht entsprechen, schelten wir uns selbst. Wir sind allmählich davon überzeugt, daß wir Sünder sein müssen, weil wir keine Heiligen sein können; und weil wir nicht vollkommen sind, verachten wir uns. Gewiß, niemand ist so nichtswürdig, wie wir es sind! Wir haben versagt, haben wieder unsere Sucht ausagiert. Könnte uns jemand lieben, wenn er wüßte, wer wir in Wahrheit sind?

Aber weshalb beharren wir darauf, aufgrund nicht zu erfüllender Ansprüche beurteilt zu werden? Warum wollen wir wie ein anderer sein? Warum sollten wir nicht nach dem suchen, was uns zu ursprünglichen, kostbaren Menschen macht, die der Aufmerksamkeit und Liebe wert sind? Dann müssen wir nicht mit gesenktem Blick durch die Gegend gehen; wir können der Welt in die Augen sehen, weil wir wissen, wer wir sind. Wer? Wir selbst.

Ich will nicht perfekt sein. Ich will ein Mensch sein. Ich will ich selbst sein.

PW

25. September

Man kann sich niemals bereit erklären zu kriechen, wenn man den Impuls verspürt, sich emporzuschwingen.
Helen Keller

Als wir unsere Sucht ausübten, gingen wir schwerwiegende Risiken ein. Wir ließen es darauf ankommen, daß unser Ehepartner oder andere Menschen, an denen uns lag, die Wahrheit über unsere sexuellen Aktivitäten herausfinden würden. Wir trieben ein falsches Spiel mit mehreren Beziehungen. Wir riskierten es, schwanger zu werden oder uns mit einer sexuell übertragbaren Krankheit anzustecken. Unser Leben war aufgebaut wie ein Kartenhaus.

Vielleicht sahen wir selbst uns gar nicht als zwanghafte Spieler an, aber wir waren es. Wir setzten unser ganzes Leben aufs Spiel für das erregende Gefühl, gefährlich zu leben.

Im Heilungsprozeß können wir unsere Bereitschaft zum Risiko für konstruktive Veränderungen nutzen. Wir können darauf vertrauen, daß das, was wir tun, zu unserer inneren Entwicklung beitragen wird. Wir können handeln und dann abwarten, wie die Dinge ihren Lauf nehmen, ohne daß wir Ergebnisse erzwingen. Obwohl es unsere Bereitschaft zum Risiko war, die uns in Schwierigkeiten brachte, so ist es doch die gleiche Bereitschaft, die uns zum Heilungsprozeß führte und uns dort hält, Tag für Tag.

Kommt mein Wunsch, etwas Riskantes zu unternehmen, durch die Sucht oder durch den Heilungsprozeß? Eine ehrliche Antwort auf diese Frage wird mir helfen zu entscheiden, was ich tun muß.

SK

Für die Demut gibt es nichts Demütigendes.
Joseph Roux

Als wir jung waren, haben wir vielleicht jemanden um Hilfe gebeten und wurden abgewiesen. Vielleicht verspotteten uns die Freunde, als wir versuchten, ihnen gegenüber offen zu sein. Oder man nutzte uns aus, weil wir sensibel und verletzbar waren. Kurzum, wir fühlten uns gedemütigt, wann immer wir unser Inneres offenbaren wollten.

So entschlossen wir uns, unsere Offenheit und Abhängigkeit nicht mehr zuzulassen. Wir kapselten uns von anderen ab und kamen zu der hochtrabenden Überzeugung, daß wir es alleine schaffen könnten.

Nun, in unserem Heilungsprozeß, lernen wir, demütig zu sein. Wir haben allmählich erkannt, daß niemand eine Insel ist, abgeschnitten vom Rest der Welt. Wir kennen nicht alle Antworten. Wir brauchen die Hilfe jener Menschen, die wirklich gewillt sind, uns die Hand zu reichen.

Es ist schwer, demütig zu sein, wenn wir oft gedemütigt wurden, doch wir müssen erneut wagen, auf andere Menschen zuzugehen; die Belohnungen können erstaunlich sein. Und es ist großartig, nicht allein zu sein.

Ich weiß: Ich muß mich nicht weiterhin gedemütigt fühlen. Demütig sein ist nicht ein Zeichen von Schwäche, sondern von Stärke. Jetzt empfinde ich eine neue Kraft in den Beziehungen zu anderen Menschen.

PW

27. September

In einem aufrichtigen Menschen ist immer etwas von einem Kind. Martial

Warum kommt es manchmal vor, daß wir über ein Problem zwar sprechen können, uns aber trotzdem nicht besser fühlen? Gewöhnlich ist das ein Zeichen dafür, daß wir weiterreden müssen. Während wir die Dinge durchgehen, die uns beunruhigen und quälen, und dabei gewisse Entdeckungen machen, ist es möglich, daß wir einige wichtige Tatsachen übersehen haben. Oder wir wissen vielleicht nicht, wie wir uns fühlen — die Wörter sind da, doch nur auf einer rationalen, intellektuellen Ebene. Der Schmerz, die Traurigkeit, die Wut, die Freude oder das Ressentiment fehlt. Es mag sein, daß wir nicht einmal imstande waren, unsere Gefühle vor uns selbst zuzugeben. Das kann dann der schwierigste Teil der Arbeit an einem Problem sein, schwieriger noch als die Aufrichtigkeit gegenüber einem anderen Menschen.

Sich hinreichend wohl zu fühlen mit den eigenen Gefühlen, überhaupt immer zu wissen, wie man sich fühlt: das ist ein lebenslanger Prozeß, den wir nie vollenden werden. Aber wir wissen, daß je ehrlicher wir mit uns selbst sind, wir auch um so mehr akzeptieren. Das ist ein Geschenk, das wir uns selbst jeden Tag machen können.

Heute will ich es zulassen, daß die Gefühle mich lehren, aufrichtiger zu sein. Ich muß vor mir selbst oder anderen nichts mehr geheimhalten.

SK

Das Problem des Individuums wird nicht geklärt, indem man den Antagonismus zwischen ihm und der Gesellschaft betont, sondern herausstellt, wie sie sich gegenseitig bestärken. Ruth Benedict

Seit der Zeit der Romantik, die den Gegensatz zwischen Künstler und Gesellschaft hervorhob, tendierten wir dazu, die Werte des Individuums über und gegen jene der sozialen Ordnung zu stellen. Wir sprechen viel vom Willen und von der Freiheit des einzelnen und weniger über die Vorstellungen und Ideale der Gemeinschaft.

Vielleicht fühlen sich deswegen so viele von uns allein. Einige von uns, besonders die Männer, wurden dazu erzogen, unabhängig, selbstbewußt und ehrgeizig zu sein, und wir mögen dies nun eher als Last denn als Segen empfinden.

Jetzt haben wir die Möglichkeit, neue Verbindungen zu knüpfen, neue Beziehungen aufzubauen. Unser Zwölf-Schritte-Programm hat sich behutsam und bewußt in Form einer unabhängigen Gemeinschaft entwickelt, deren Grundlage die gegenseitige Hilfe und deren sittliche Haltung die Liebe, nicht der Konkurrenzkampf ist. Wenn wir lernen, nach dem Programm zu leben, jeden Tag, tragen wir diese Botschaft zu anderen, die unter einem Leben in Einsamkeit und destruktiver Sucht leiden.

Ich bin stolz, ein Mitglied jener Gruppe zu sein, die Liebe und Gemeinschaftssinn höher einschätzt als alles andere.

PW

29. September

Es muß das lauschende Ohr genauso geben wie die Stimme des Gewissens. »God Calling«

Wenn wir in der Vergangenheit Hilfe brauchten, war unsere Sex-Sucht das Mittel, um mit den Schwierigkeiten zurechtzukommen. Sie half uns, zu entfliehen, der Realität auszuweichen und Menschen zu manipulieren. Da dies nun keine Alternative mehr ist — wie können wir beginnen, anders zu handeln?

Ja, Übung macht den Meister; wir können etwa üben, um Hilfe zu bitten. Wir können einfach damit anfangen, daß wir uns weiterhin bewußt machen, wo wir verletzbar sind. Es hilft uns, wenn wir dem Schamgefühl die Macht über unsere Selbstachtung entreißen. Wir können uns klarmachen, daß wir nicht nach anderen Grundsätzen leben müssen als die übrigen; wir brauchen nicht abgesondert und isoliert zu sein. Wir müssen auch nicht perfekt sein, sondern nur den Tatsachen ins Auge sehen. Es ist in Ordnung, wenn man um Hilfe bittet.

Es gibt eine Höhere Macht, die uns all die Hilfe zur Verfügung stellt, die wir brauchen, und Antworten liefert, die kein menschliches Wesen je geben könnte. Wenn wir uns unfähig fühlen, auf andere zuzugehen — obwohl wir es eigentlich wollen —, dann können wir ein Wagnis eingehen und uns der Höheren Macht zuwenden. Als wir uns der Sex-Sucht hingaben, wurde nie ein Problem gelöst; das geschieht erst, wenn wir uns der Höheren Macht öffnen.

Ich muß nicht meine geistige Gesundheit opfern, nur um meine Probleme zu lösen; ich kann loslassen und Gott die Dinge überlassen.

SK

Es gibt für uns kein gesellschaftliches Zusammenleben, wenn wir die Umwelt zerstören.

Margaret Mead

Unsere Umwelt ist all das, was uns umgibt und womit wir verbunden sind. Wir leben nicht getrennt von unserer Umwelt, sondern sind ein Teil von ihr — Teil eines lebendigen Ganzen, in dem alles sich wechselseitig stärkt und trägt.

Wir müssen uns diese Beziehung klarmachen, sie empfinden und uns zutiefst als Teil einer gesunden Welt erfahren. Unsere Sex-Sucht verhindert dies, denn sie isoliert uns von der Welt und führt uns in den Egoismus und ins Elend, wodurch wir völlig gleichgültig werden.

Auf dem Weg der Heilung sein bedeutet: neue Beziehungen aufzubauen, neue Verbindungen zu knüpfen, uns selbst nah und in Berührung zu sein mit der Schönheit all dessen, was uns umgibt. Wir wollen nach draußen gehen und die Welt, in der wir leben, erkunden und wertschätzen. Wir gehören ihr an und müssen sie genauso hegen und pflegen wie uns selbst. Der Heilungsprozeß schenkt uns die Kraft, auf die Welt zuzugehen und liebevoll für sie Sorge zu tragen.

Wir wollen uns gemeinsam einsetzen für intakte Beziehungen in einer intakten Umwelt, in der wir uns wohl fühlen.

PW

Oktober

Wir sprechen über Verwurzeltsein und Freisein; über Liebe, die so große Anziehungskraft besitzt, daß sie hält, und doch so großzügig ist, daß wir uns in die Lüfte erheben können. Charles R. Swindoll

Dieser Spruch ist für jenen Tag gedacht, an dem uns bewußt wird, daß wir es keine Minute länger mit unserem Ehepartner oder Lebensgefährten aushalten. Er eignet sich für die Gelegenheit, wenn alles in uns auf einen unverzüglichen, möglichst dauerhaften Rückzug drängt.

Die Behauptung: »Niemand hat je gesagt, daß es leicht ist, eine Beziehung zu führen«, klingt für einen Sex-Süchtigen immer noch untertrieben. Wenn wir mit dem Menschen, den wir lieben, eine schwierige Phase durchmachen, müssen wir die Dinge langsamer angehen und auf uns selbst achtgeben. Wir können eine innere Inventur unserer Gedanken und Gefühle vornehmen. Wir können ein Abkommen treffen, worin wir uns verpflichten, nichts zu überstürzen. Wir können etwas Abstand nehmen und unsere Probleme mit Humor betrachten.

Irgendwo in dir lebt die Liebe für deinen Partner und das Gefühl, mit ihm verbunden zu sein. Diese Liebe und innere Verbundenheit sind wirklich, egal, wie aufgebracht, verwirrend oder wie unwürdig er oder sie im Augenblick zu sein scheint. Sag zu dir selbst: »Auch dies wird vorübergehen« — denn das wird es tatsächlich.

Ich will um Ausgeglichenheit, Demut, Geduld und innere Losgelöstheit bitten, wenn ich Beziehungsprobleme habe.

SK

2. Oktober

Es gibt zwangsläufig immer eine Auseinandersetzung zwischen einem Elternteil und dem Kind; die eine Seite strebt nach Macht, die andere nach Unabhängigkeit.
Samuel Johnson

Wie traurig ist es, wenn wir uns nicht von den Eltern lösen können oder sie sich nicht von uns. Viele von uns versäumten es, diesen Trennungsprozeß in der Jugend durchzumachen, weil die Familie — die nicht intakt und mit Suchtproblemen belastet war — uns nicht loslassen konnte. Oder wir hatten uns schon der Sex-Sucht zugewandt, und sie raubte uns Zeit und Kraft. In einer Phase, in der wir hätten frei sein sollen, um die Vorstellungen zu erkunden, die zu unserer Entwicklung beitragen, wurden wir vom inneren Reifevorgang abgelenkt.

Hier also sind wir nun, erwachsen und vielleicht immer noch mit dem Versuch beschäftigt, von den Eltern loszukommen, die schon vor langer Zeit aus unserem Schlafzimmer einen Ort für »innere Angelegenheiten« hätten machen sollen. Was wir als Erwachsene unseren Eltern anzubieten haben, unterscheidet sich von dem, was wir ihnen als Kinder offerierten. Es ist nicht besser, nur anders. Im Heilungsprozeß sehnen wir uns heute danach, die wesentlichen Merkmale unserer Reife, um die wir gekämpft haben, auch ihnen zukommen zu lassen: Weisheit, Urteilsvermögen, emotionales Gleichgewicht, Mitgefühl, neu erlernte Fähigkeiten. Aber wir können unsere Eltern nicht ändern; wir können uns nur in Liebe von ihnen lösen und Gott bitten, er möge für sie Sorge tragen und sie in den Heilungsprozeß führen, wenn das für sie am besten ist.

Alles in mir hat meine Wertschätzung verdient: sowohl die Kindlichkeit wie auch die Reife des Erwachsenen.

SK

3. Oktober

Das meiste Unheil im Leben rührt daher, daß der Mensch nicht fähig ist, ruhig in einem Zimmer zu sitzen.
Blaise Pascal

Viele von uns sind zu lange allein gewesen, und so ist es gut und richtig, daß wir uns nun nach draußen orientieren und uns neuen Gemeinschaften anschließen. Wir brauchen die Interaktion mit anderen Menschen, um den Bann unserer Phantasien zu brechen, die nur allzuleicht unser Leben regieren. Unsere Spiritualität entwickelt sich, indem wir uns öffnen und Verbindungen mit anderen anknüpfen.

Zugleich aber müssen wir Zeit für uns allein haben. Gerade in der Abgeschiedenheit kommen wir in Kontakt mit uns selbst und mit unserer Höheren Macht. Wir sehen uns selbst als Teil von etwas Größerem, Höherem, und das ist notwendig und fördert unsere Heilung.

Wir müssen die Geduld entwickeln, es mit uns selbst auszuhalten in der Abgeschiedenheit, ohne Zuflucht zu nehmen zu Phantasien oder sexuellen Aktivitäten, mit denen wir unsere Sucht ausagieren. Wir brauchen unseren eigenen Raum und Zeit, um allein zu sein. Abgeschiedenheit ist etwas anderes als Isolation oder Einsamkeit. Oft sind wir gerade in der Abgeschiedenheit am kreativsten — und am gesündesten.

Ich lerne, die Stille und den inneren Reichtum der Abgeschiedenheit willkommen zu heißen.

PW

4. Oktober

Kein anderer kann für dich deine Grenzen setzen.
Lois J.

Gesunde Grenzen gegenüber anderen Menschen bauen wir etwa dadurch auf, daß wir in unseren Beziehungen Prioritäten setzen. In der Vergangenheit haben wir, bedingt durch unsere Einsamkeit und Bedürftigkeit, mit allen möglichen Leuten geredet — ob die jeweilige Person nun zuhören wollte oder nicht. In der chaotischen Welt der Sex-Sucht hielten wir unsere wahren Gefühle oft vor Menschen zurück, die uns nahestanden, ließen ihnen jedoch etwa in Gegenwart eines Bankbeamten freien Lauf.

In dem Maße, wie unsere Selbstachtung wächst, verbessern sich unsere Beziehungen, und wir unternehmen etwas, um unsere Bedürfnisse zu stillen. Dann haben wir ein deutlicheres Gefühl dafür, wer wir sind. Wir treffen Entscheidungen in unseren Beziehungen und übernehmen Verantwortung für sie. Wir lernen, den Schmerz zu ertragen, wenn einige unserer Grenzen nicht respektiert werden, und genießen die innere Gelassenheit, wenn andere allgemein beachtet werden.

Wir müssen nicht mehr hier und dort, Stück für Stück, unser Innerstes preisgeben; wir wissen jetzt, wie es ist, sich als ganzer Mensch zu fühlen. Wir können in unserem Leben gleichzeitig Bekannte, Freunde, Arbeitskollegen und auch intime Beziehungen mit Menschen haben — sowohl sexueller als auch nichtsexueller Art. Wir können darauf vertrauen, daß wir der Situation gemäß handeln und daß unsere Grenzen uns sicher beschützen werden.

Jedem Menschen gegenüber entwickelt man jeweils andere Grenzen. Heute will ich feiern, daß ich fähig bin zu wissen, wie ich zu anderen stehe.

SK

Es ist besser, ein Licht zu entzünden, als die Dunkelheit zu verfluchen. Chinesisches Sprichwort

Wenn wir niedergeschlagen sind, denken wir gewöhnlich nur an unser eigenes Leben und werden böse auf uns selbst oder auf unser Schicksal. Wir fühlen uns abgeschnitten von der Welt und verloren in einer dunklen Nacht, die kein Ende zu nehmen scheint.

Wenn wir in unserem Schmerz und unserer Traurigkeit allein bleiben, werden wir wahrscheinlich auch weiterhin in der Dunkelheit verloren sein. Wir können uns mit unseren Gedanken so lange im Kreise drehen, bis wir die Verbindung zu anderen Menschen verlieren und unsere Dunkelheit sich weiter vertieft.

Aber wenn wir etwas aus uns herausgehen und uns einer liebevollen, fürsorglichen Gruppe anschließen, die uns unterstützt, stellen wir mit einemmal fest, daß wir nicht allein sind. Wir werden daran erinnert, daß auch andere leiden — unter einer Sucht, unter der Einsamkeit, der Scham, einer Krankheit, weil sie im Stich gelassen wurden oder einen schmerzlichen Verlust hinnehmen mußten. Sobald sie uns an ihren Gefühlen teilhaben lassen und wir darauf eingehen, finden wir gemeinsam den Mut und die Stärke, die Finsternis zu durchdringen. Und gemeinsam beobachten wir dann den Anbruch eines neuen Tages.

Ich weiß, daß ich Stärke und Liebe finden kann, indem ich mit den Gefährten meiner Zwölf-Schritte-Gruppe eine Kerze der Hoffnung entzünde.

PW

6. Oktober

Was die Forscher vor mir gelernt haben, ist dies: Menschliche Stärke liegt nicht im Widerstand, sondern im Geben. Reine Hingabe und Glauben sind der Schlüssel zum Gebet. Will Steger

Es ist notwendig, daß wir uns vom Lärm der Welt und unserer eigenen Gedanken abschirmen, um fähig zu sein zum Zuhören. Und auf wen wollen wir hören?

Es gibt eine Stimme in uns — in jedem Menschen ist es eine andere —, die uns ruft. Aber genauso, wie es anstrengend ist, mit jemandem zu sprechen, der die ganze Zeit redet, ist es mühsam für unsere Höhere Macht, uns zu antworten, wenn wir nie zuhören. Zum Glück schenkt Gott uns die Möglichkeit zuzuhören. Wir haben unser Herz, unseren Verstand, unseren Willen, unsere Einbildungskraft, unsere Gefühle, unsere Erinnerungen. Durch all dies werden wir offen für das Gebet.

Es kann hilfreich sein, sich das Gebet nur als eine Reihe von Wörtern vorzustellen, die wir sagen, ohne uns darum zu kümmern, was als nächstes passiert. Aber das spirituelle Leben fordert mehr von uns. Wenn wir einfach beten und demütig zuhören, sind wir bereit, Gottes Antwort zu empfangen. Und ist es letzten Ende nicht das, wonach sich das menschliche Herz sehnt?

Ich will heute zu Dir sprechen, Gott, und auf Deine Antwort hören.

SK

7. Oktober

Es ist immer das Liebenswürdige, das Liebenswürdiges bewirkt. Sophokles

Warum sind die Menschen abweisend zu mir? Warum sieht heute jeder so trübsinnig aus? Was ist los mit der Welt?

Warum machen wir die Welt dafür verantwortlich, daß *wir* nicht ganz auf dem Posten sind? Das Leben selbst ist schließlich neutral. Es sind unsere Stimmungen und Einstellungen, die unseren Blick auf die Dinge beeinflussen, und die Antworten, die wir daraus empfangen. Wenn wir das Leben durch die dunkle Brille der Melancholie betrachten, dann können wir nicht der Welt die Schuld daran geben, daß sie trostlos erscheint.

Wenn wir uns wohl fühlen mit uns selbst und das eigene Leben uns ganz vertraut vorkommt, werden uns auch die anderen Menschen freundlich und gelassen erscheinen. Ein Lächeln wird ein Lächeln hervorrufen; auf einen Gruß wird eine liebenswürdige Antwort folgen. Und wenn ich meinem Nachbarn gegenüber rücksichtsvoll bin, werden dadurch gute Taten in die Wege geleitet. Liebenswürdigkeit ist ansteckend wie Lachen.

Ich glaube wirklich daran, daß die Welt durch Freundlichkeit und Liebe besser und heiterer wird.

PW

8. Oktober

Die Welt gehörte schon immer dir; du wolltest sie nur nicht annehmen. Archibald MacLeish

In einer schwierigen Zeit kann es passieren, daß wir vom eigentlichen Weg abkommen und uns in Selbstmitleid, Sorge, Wut oder Angst verlieren. Es mag leichter sein, sich diesen Stimmungen hinzugeben, als einen ehrlichen Blick auf unsere heutigen Verpflichtungen zu werfen. Wenn wir das Gefühl haben, daß wir uns gleichsam in Spiralen abwärts bewegen, möglicherweise direkt auf unsere Sex-Sucht zu, dann ist es an der Zeit, einige schwerwiegende Fragen zu stellen.

Wofür werde ich mich heute entscheiden? Bin ich bereit, für mich selbst Sorge zu tragen, bevor ich es für jemand anderen oder etwas anderes tue? Gibt es einen Schritt, an dem ich arbeiten kann, etwas, das ich tun kann, um mit meinem Heilungsprogramm verbunden zu bleiben?

Die Antworten liegen in uns. Wir haben unerschöpfliche innere Quellen und Potentiale. Es gibt Menschen, auf die wir zugehen können. Wir haben unsere Höhere Macht, und wir haben eine Verpflichtung uns selbst gegenüber. Durch all diese werden wir die Hoffnung und Ermunterung finden, die wir brauchen — einfach nur für den heutigen Tag.

Vielleicht habe ich das Gefühl, gegen den Strom anzuschwimmen — das ist in Ordnung. Ich muß nur mein Bestes geben.

SK

9. Oktober

Träume sind die Prüfsteine unseres Charakters.
Henry David Thoreau

Prüfsteine wurden benutzt, um Metall zu testen, um den Unterschied zwischen dem edlen und dem unedlen Material zu bestimmen. Wenn wir unseren Träumen Beachtung schenken, stellen wir fest, daß sie uns helfen, das Bedeutsame vom Wertlosen zu trennen, so daß wir unsere Wertmaßstäbe besser verstehen können.

Träume enthalten häufig offenkundige oder versteckte Botschaften über unser Leben, unsere Hoffnungen und Ängste. In dem Maße, wie wir auf unserem inneren Weg voranschreiten, werden wir empfänglicher für diese Botschaften, die sich als Prüfsteine unserer Heilung erweisen. Träume können uns helfen, zwischen dem zu unterscheiden, was wir wirklich wollen, und dem, was uns unverzichtbar erschien, weil die Sucht uns davon überzeugt hatte.

Manchmal mögen unsere Träume schrecklich und quälend sein. Wir fühlen uns vielleicht zurückversetzt in unsere Sucht oder unsere unglückliche Kindheit. Aber wir müssen keine Angst haben; die Sex-Sucht ist Teil unserer Vergangenheit, und dennoch muß sie keine aktive, zerstörerische Rolle in unserem gegenwärtigen Leben spielen — es sei denn, wir lassen dies zu. Es steht uns schließlich frei, Fortschritte zu machen und unser Leben zu ändern. Und sobald wir dies tun, stellen wir fest, daß auch unsere Träume eine andere Gestalt annehmen.

Ich heiße meine Träume willkommen und erkenne Botschaften in ihnen, die mich über mein Leben unterrichten.

PW

10. Oktober

Leben und leben lassen, ohne lautstark nach Ruhm oder Anerkennung zu verlangen; der göttlichen Liebe dienen; auf der Tafel des Herzens als erstes das Wort »Wahrheit« schreiben — all dies ist Gesundheit und Vollkommenheit des Lebens: und mein menschliches Ideal. Mary Baker Eddy

So vieles im Heilungsprozeß ist ganz einfach Routine. Wir treffen eine Wahl, und dann treffen wir sie erneut. Im Gegensatz zu dem unkontrollierten Leben eines Menschen, der die Sex-Sucht ausübt, ist unser Leben geprägt von Gesundheit, weil wir so lange die richtigen Entscheidungen treffen, bis neue Gewohnheiten daraus entstehen. Alles in uns mag sich dagegen auflehnen. Unsere Sucht wird uns zu verstehen geben, daß ein gesundes Leben langweilig und banal ist. Aber das ist es nicht: es macht uns frei, weil wir es leben können.

Es sind die kleinen Entscheidungen, die ins Gewicht fallen. Vielleicht sehen wir uns andere Filme an oder hören andere Musik. Vielleicht nehmen wir unser Mittagessen am Arbeitsplatz ein, anstatt die gestohlene Mittagsstunde für das Ausagieren unserer Sucht zu nutzen. Vielleicht besuchen wir noch ein zusätzliches Gruppentreffen, bevor wir zu einer Verabredung gehen.

Alles, was wir tun müssen, ist: eine Wahl treffen — und zwar für diese vierundzwanzig Stunden, Tag für Tag. Wir können das Gebet der Gelassenheit als Hilfe verwenden. Es kommt auf unsere innere Bereitschaft, dic Dcmut und unseren starken Glauben an.

Ich will versuchen, die täglichen Routineangelegenheiten so zu sehen, daß sie mir die Gesundheit und den inneren Halt geben, die ich brauche, um mich geborgen zu fühlen.

Die Sprache ist die Kultur selbst ... Sie ist Schweigen, in dem die Dinge sich herauskristallisieren.
Thomas Mann

Wenn wir in Versuchung geraten, die Sucht auszuagieren, stellen wir oft fest, daß durch das Gespräch mit einem anderen Menschen der Bann unserer Obsession gebrochen wird und wir in die reale Welt zurückkehren können. Unsere Sucht lebt von der Heimlichkeit und einem tranceartigen Schweigen, vom Mangel an Kommunikation und konstruktiver Kritik durch andere Menschen.

In unseren Gruppen lernen wir, die Wörter zu finden, die unseren Schmerz, unsere Einsamkeit, unsere Sorge und unsere Erniedrigung zum Ausdruck bringen. Vielleicht gehen wir dabei tief in unsere Vergangenheit zurück und sprechen einige Dinge durch, so daß sie für uns und andere sichtbar und hörbar werden. Die Sprache holt sie heraus, bringt sie ans Licht. Wörter können aufschlußreich sein, überzeugend und heilsam.

Wir müssen sprechen — über Dinge sprechen, Dinge durchsprechen, Dinge aussprechen. Durch die Sprache treten wir in Verbindung mit anderen und werden Teil der menschlichen Gemeinschaft.

Ich bin dabei, Wörter zu finden, durch die ich mit mir selbst in Berührung komme und Kontakte knüpfe mit anderen.

PW

12. Oktober

Die Zeit beruhigt, die Zeit klärt; keine Stimmung kann über Stunden hinweg völlig unverändert aufrechterhalten werden. Thomas Mann

Es ist gut, sich gelegentlich die Frage zu stellen: »Wie fühle ich mich gerade in diesem Augenblick? Bin ich durcheinander, wütend, entmutigt? Bin ich hoffnungsvoll, glücklich, zufrieden? Bin ich dies alles, oder noch mehr?« Egal, in welchem emotionalen Zustand wir uns befinden, wir gehören ihm an. Die Gegenwart ist immer der richtige Ort für uns.

Als wir in den Heilungsprozeß eintraten, war das Vokabular unserer Gefühle durch unsere Sex-Sucht begrenzt. Aber nun sehen wir, wie wunderbar es ist, über eine ganze Skala von Gefühlen zu verfügen. Wir können entrüstet, frustriert, irritiert, verdutzt, froh, neugierig sein. Wir können verletzbar, abwehrend, vorsichtig, vertrauensvoll, stark, zuversichtlich oder ambivalent sein. Und das ist erst der Anfang.

Wir bekommen all die Zeit, die wir brauchen; denn es erfordert Zeit, mit unserem Gefühlsbereich vertraut zu werden. Wenn wir uns bewußt sind, wie wir uns fühlen, können wir uns selbst annehmen, so wie wir sind, und uns dem Augenblick hingeben.

Mein Gebet und meine Meditation können heute zum Teil darin bestehen, daß ich einen ehrlichen Blick auf den Zustand meiner Gefühle werfe. Der Zehnte Schritt wird mir dabei helfen.

SK

13. Oktober

Nicht das Schicksal ist blind, wir sind es.
Sir Thomas Browne

Die Verdrängung ist einer der Aspekte unserer Krankheit, der mit am schwersten zu überwinden ist. Das resultiert daraus, daß viele von uns ihre Sucht verdrängen — und unsere Sucht wiederum lebt von der Verdrängung.

Wir verdrängen, daß wir krank sind, wenn wir unser Verhalten auf jemand anderen oder auf einen äußeren Umstand projizieren. Wir mögen schon gesagt haben: »Meine Mutter hat mich unterdrückt, und deshalb agiere ich ab und zu mein Verlangen bei Prostituierten aus.« Oder: »Ich kann nichts für mein zwanghaftes Verhalten; es liegt in der Familie.« Oder: »Es ist Schicksal, es ist mein Los, anders zu sein.« Wenn wir solche Dinge von uns geben, verdrängen wir nicht nur dieses Verhalten — wir verleugnen unsere Verantwortung. Und dadurch wird verhindert, daß wir uns nach Hilfe umsehen und allmählich gesund werden.

Die Verdrängung ist wie ein Netz, in das wir uns verwickeln und das uns davon abhält, frei zu sein und Entscheidungen zu treffen. Wir müssen Verantwortung übernehmen, ohne deshalb Scham zu empfinden; wir müssen eine »gründliche und furchtlose Inventur in unserem Inneren« vornehmen und dann die guten und die schlechten Seiten unseres Charakters zur Sprache bringen. Nur wenn wir weiterhin blind sind gegenüber uns selbst, werden wir unserer Sucht verfallen bleiben.

Ich möchte mich selbst kennenlernen und Verantwortung übernehmen für die guten und die schlechten Dinge in meinem Leben.

PW

14. Oktober

In mir ist Finsternis. Aber durch Dich ist Licht.
Dietrich Bonhoeffer

Bei einem Gruppentreffen sagte eine Teilnehmerin: »Wenn ich Fehler mache, brauche ich jenen Mut, der tief von innen kommt, um trotzdem weiterzumachen.« Sie sprach davon, daß sie die Entscheidung getroffen habe, ihren Willen und ihr Leben der Höheren Macht zu überantworten, und wie sich das in ihrem Leben auswirkt. Wenn wir unseren Willen und unser Leben immer wieder der Sorge Gottes anvertrauen, betreten wir dadurch unbekanntes Gebiet. Wir werden Fehler machen — und deshalb brauchen wir Gottes Fürsorge, wie wir sie im Dritten Schritt kennenlernen.

Es ist anstrengend, den begonnenen Weg fortzusetzen, wenn wir einmal einen Fehltritt begangen haben — und vor allem dann, wenn wir immer und immer wieder straucheln. Indem wir sexuell enthaltsam leben, stellt sich jene innere Klarheit und Bewußtheit ein, die uns befähigt, einen ehrlichen Blick auf uns selbst und unsere Fehler zu werfen. Wir wollen aufhören, Fehler zu machen. Wir wollen vollkommen sein. Wir brennen darauf, uns zu ändern. Aber die Veränderung geschieht nicht auf diese Weise. Statt dessen fängt ein fürsorglicher Gott uns auf, wenn wir fallen, liebt uns, ohne Bedingungen zu stellen, und gibt uns alles, was wir brauchen. Wenn Gott uns die Fehler vergibt, die wir machen — wie sollten wir dann nicht auch dazu imstande sein?

Wenn ich heute falle, falle ich in die Arme meiner Höheren Macht. Und dann stehe ich wieder auf.

SK

Mach dich selbst nicht so groß, denn du bist gar nicht so klein. Jüdisches Sprichwort

Viele von uns haben sich so sehr daran gewöhnt, mit anderen zu konkurrieren, daß wir — selbst wenn gar nichts auf dem Spiel steht — unsere Vorzüge übertrieben darstellen und mit unseren Leistungen prahlen. Wir stellen manchmal das zur Schau, was man ein »hochtrabendes Ego« nennen könnte: denn es ist anmaßend und falsch. Eine solche Haltung trifft besonders auf Sex-Süchtige zu, denn wir empfinden oft das Bedürfnis, uns hinter einem übersteigerten Bild von uns selbst zu verstecken. Weshalb? Weil wir Angst haben, man würde uns durchschauen. Wir glauben, wir könnten andere Menschen davon abhalten, alles über uns in Erfahrung zu bringen.

Sobald wir in den Heilungsprozeß eintreten, stellen wir fest, daß wir Einblick in unser Inneres und Selbstvertrauen gewinnen. Wir gehören nicht länger zu jenen Menschen, deren Gefühle in Scham gründen, und so müssen wir uns nicht mehr hinter einer Maske verstecken. Unsere Sexualität ist nun ein Teil von uns, an dem wir Vergnügen finden, und nicht mehr die Ursache von Angst und Scham. Wir bekommen ein Gespür für die Verhältnisse in unserem Leben und sehen uns selbst aus einer gesunden Perspektive.

Wir sind jetzt weder Engel noch Scheusal, und wir können stolz darauf sein, daß wir Menschen sind.

Ich bin froh, daß ich mich an einem Ort befinde, wo ich ganz und gar Mensch sein kann — ob ich nun allein bin oder mit anderen.

PW

16. Oktober

Du bist nicht untätig; in deiner höheren Sphäre wendet sich dein Geist liebevollen Aufgaben zu.

James Russell Lowell

Da viele von uns Kinder von Sex-Süchtigen, Alkoholikern oder von Eltern mit anderen suchterzeugenden und schädlichen Verhaltensweisen sind, haben wir wohl früh im Leben gelernt, Dinge zu verschweigen, uns mit Vorsicht zu bewegen und auf Nummer Sicher zu gehen. Ebenso lernten wir zu reagieren, statt zu agieren. Eine beherzte, gründlich durchdachte Handlung war nichts für uns. Wir waren impulsiv.

Als Erwachsene, die nun auf dem Weg der Heilung sind, befinden wir uns immer noch im Lernprozeß, wenn wir anderen zuschauen — aber wir müssen nicht mehr so handeln wie das vorsichtige und doch so impulsive Kind. Wir können uns entscheiden, wie Erwachsene zu agieren, und darüber bestimmen, wann wir eingreifen und wann wir abwarten. Es gibt viel zu lernen, und es gibt neue Vorbilder, die uns dabei helfen: Unsere Bezugsperson in der Gruppe, die uns mit Rat und Tat zur Seite steht, Freunde, die einen heilsamen Einfluß auf uns ausüben, unsere Gefährten und Gefährtinnen im Rahmen des Programms — sie alle sind auf unserer Seite. Wir können ihnen Fragen stellen, unsere Ängste und Anliegen zur Sprache bringen und auf unsere Weisheit bauen, die immer weiter zunimmt. Wir können verletzbar sein und uns dennoch geborgen fühlen.

Heute werde ich, wenn ich Angst habe, sie auch zugeben, dem Kind in mir das Gefühl der Sicherheit geben, überhaupt loslassen und Gott die Dinge tun lassen.

SK

17. Oktober

Es gibt nur einen Sinn des Lebens: das Leben selbst.
Erich Fromm

Vielleicht verbringen wir zuviel Zeit damit, nach dem Sinn des Lebens zu suchen, als ob er in eine Formel zu fassen wäre, die uns Weisheit, Macht und Glück verleiht. Es gibt nicht nur einen Sinn im Leben oder nur einen Zweck, der für alle gilt.

In unserer Sucht hatten wir das Gefühl, es müsse eine einzige Antwort auf all unsere Probleme geben. Eine magische Formel vielleicht, die uns augenblicklich heilen und frei machen würde. Wie sehr wünschten wir uns doch, daß jemand käme und uns diese Formel geben würde!

Aber wenn es nur eine einzige Antwort gäbe, wäre das Leben für alle gleich. Und wie langweilig wäre das! Im Heilungsprozeß lernen wir, daß das Leben für jeden von uns nur durch unsere eigenen Handlungen und durch die Art und Weise, wie wir es verbringen, seine Bedeutung gewinnt: erst dadurch wird unser Leben einzigartig und abenteuerlich.

Ich bin froh, daß ich ein ganzes Leben lang mit der Suche nach dem Sinn beschäftigt bin.

PW

18. Oktober

Denn obwohl es stimmt, daß Angst und Verzweiflung uns überwältigen können, erringen wir nur dann Hoffnung, wenn wir kein Gefühl verdrängen.

Susan Griffin

Auf dem Weg der Heilung begehen die meisten von uns auch einmal einen Fehltritt. Es ist wahr: Je entschlossener wir unsere Enthaltsamkeit durchsetzen, desto weiter entfernt sind wir von der Möglichkeit, rückfällig zu werden. Doch weil wir eben Menschen sind und weil wir der Sex-Sucht machtlos gegenüberstehen, sind diese Ausrutscher eine Realität, der wir alle uns stellen müssen.

Wenn wir rückfällig werden, so können wir ehrlich sein gegenüber uns selbst und anderen Menschen, die am Programm teilnehmen. Sie werden — zusammen mit unserer Höheren Macht — verstehen, wie wir uns fühlen. Wir müssen nie alleine die Gewissensbisse, die Entfremdung und die Scham ertragen. Wir können auch dem Drang widerstehen, uns mit Alkohol oder anderen Drogen zu betäuben, um dem Schmerz angesichts unseres Fehltritts auszuweichen. Durch unser Programm haben wir gelernt, wie wir Schaden wiedergutmachen können, besonders bei uns selbst. Wir können uns dieses Wissen wieder zunutze machen, wenn wir rückfällig werden.

Obwohl ein solcher Rückfall schmerzt, ist er noch lange kein Grund, an den Punkt zurückzuweichen, wo wir angefangen haben. Statt dessen können wir uns erneut der Gesundheit, einem geordneten Leben, dem Loslassen der Vergangenheit und der Enthaltsamkeit, die heute aufrechterhalten werden muß, verpflichtet fühlen.

Meine Enthaltsamkeit beginnt mit diesem Moment. Ich kann die Gegenwart in den Griff bekommen und hier und heute gesund werden.

SK

Der Zweifel ist kein angenehmer, die Gewißheit aber ein lächerlicher Zustand. Voltaire

Im Heilungsprozeß kann es leicht vorkommen, daß wir allmählich zu überzeugt sind von uns selbst. In der Gruppe bereden wir manche Probleme, legen unsere Grenzen fest, leben einige Zeit enthaltsam und denken dann, wir könnten ein wenig experimentieren ... nur einmal ... um zu beweisen, daß wir die Dinge immer noch »in der Hand haben«.

Hochmut kommt vor dem Fall; in der Tat, das ist wahr. Und Hochmut ist oft nichts anderes als die Überzeugung, daß wir immer recht haben. Wir werden größenwahnsinnig in unserer übertriebenen Sicherheit — und erleiden dann plötzlich Rückfälle, die uns erschrecken und unseren Heilungsprozeß gefährden.

An einem vernünftigen Maß an Zweifel ist nichts auszusetzen. Es gibt viele Dinge, deren wir uns nicht sicher sind, und wir können sie ehrlich eingestehen. Der Zweifel kann ein Weg sein, der uns zur Wahrheit führt — und gewiß ist er ein gutes Mittel gegen übersteigertes Selbstvertrauen.

Ich erkenne die Gefahr, die im Hochmut liegt, und befolge die Schritte, um in meinem Heilungsprozeß voranzukommen.

PW

20. Oktober

Durch dieses gewaltige Schweigen mögen wir fähig sein, eine ruhige, leise Stimme zu vernehmen — und die Wörter werden neu geboren. Madeleine L'Engle

Ein Sex-Süchtiger, der sich bereits auf dem Weg der Heilung befindet, beschrieb seinen isolierten Zustand folgendermaßen: »Gewöhnlich kehrte ich am Ende des Tages in mein Apartment zurück, und es wurde mir schmerzlich bewußt, daß niemand da war. Ich wollte weinen, weil ich mich so einsam fühlte. Nie kam es mir in den Sinn, daß ich nicht allein war — denn ich war ja da.«

Es besteht ein Unterschied zwischen allein sein und isoliert sein. Man geht ein Wagnis ein, wenn man lernt, allein zu sein — aber es ist der Mühe wert. Wenn wir mit dem, was wir tun, zufrieden sind, finden wir in der Abgeschiedenheit eine Kraft, die uns erneuert. Wenn wir aus dem Fenster auf einen Baum schauen und dadurch gestärkt werden, so ist das ein fruchtbares Erlebnis.

Indem wir Zeit mit uns allein verbringen, entdecken wir, wer wir sind. Wir haben dabei die Möglichkeit, nachzudenken, zu träumen und mit unserer Höheren Macht zu sprechen. Wir werden fähig, dem Wunder unseres eigenen Wesens zu begegnen. Allein können wir die Erfahrung machen, uns selbst anzunehmen; wir werden auf den richtigen Weg geführt und empfangen Weisheit und geistigen Frieden. Allein können wir neu geboren werden. Wenn wir uns dagegen isolieren, riskieren wir, uns selbst zu zerstören. In welchem Zustand also werden wir heute sein?

Ich werde mir heute Zeit für mich selbst nehmen. Ich brauche keine Angst haben, allein zu sein, denn ich bin es nie.

SK

Die einzig wahre Hoffnung für die Zivilisation besteht darin, daß der einzelne überzeugt ist, durch sein inneres Leben äußere Ereignisse beeinflussen zu können. Stephen Spender

Unsere Sucht mag uns wenig Zeit gelassen haben, über die Gesellschaft und die Welt nachzudenken. Wir haben vielleicht ungeheure Summen an Geld und eine Menge Energie aufgewendet, um die Krankheit zu nähren, die uns aufzehrte. Und die Welt beschränkte sich auf jene Phantasievorstellungen, die in unserem Kopf herumwirbelten.

Wir haben Besseres verdient. Und wir sind imstande, uns zu verändern. Es gibt eine Beziehung zwischen dem, was wir denken, und dem, was wir tun — und was wir tun, beeinflußt andere ebenso wie uns selbst. Unsere Sucht hat einigen Menschen viel Leid gebracht. Unsere Heilung dagegen bringt ihnen sowie uns selbst Freude.

Wenn wir unser inneres Leben ändern, uns aus dem Würgegriff unserer Sucht befreien, werden neue Energien und Wünsche freigesetzt, die, nach außen gewendet, auf die Welt einwirken. Wieder und wieder unternehmen wir unsere Zwölf Schritte und geben die Botschaft der Hoffnung und Heilung an andere weiter. Wir nehmen an Aktivitäten innerhalb der Gruppe teil und entdecken, daß wir uns spirituell entwickeln. Wenn wir unserem Weg folgen, erkennen wir, daß wir fähig sind zu Veränderungen und sie auch bewirken, indem wir anderen helfen, ihr inneres Potential voll auszuschöpfen.

Ich bin keine Insel, sondern Teil einer Gemeinschaft, die von meinen Überzeugungen und Handlungen beeinflußt wird.

PW

22. Oktober

Solange es in deinem Innern immer noch so viel lärmende Unruhe gibt, wird es den anderen schwerfallen, dir näherzukommen — nicht aber jenen, die tiefer blicken und die unteren Strömungen fühlen, den Lebensstrom, der niemals endet. Etty Hillesum

Es gibt einen Unterschied zwischen dem Zwang, den man sich selbst auferlegt, um zu handeln, und der Selbstdisziplin. Diese kommt von innen. Durch sie verspüren wir den Drang, etwas zu tun, was sich lohnt, egal wie geringfügig es sein mag. Wenn wir uns dagegen zwingen, etwas zu tun, so verweist das gewöhnlich auf eine Autorität außerhalb von uns selbst. Wir mögen es uns zum Prinzip machen, pünktlich zur Arbeit zu kommen, weil unser Chef darauf besteht — und nicht, weil wir es möchten. Oder vielleicht besuchen wir ein Gruppentreffen, weil unsere Bezugsperson dort sagt, es sei gut für uns — und nicht, weil wir uns dazu entschieden haben.

Wenn wir uns zu etwas zwingen, mag dabei etwas herauskommen — aber für einen Sex-Süchtigen ist das nicht heilsam. Es verstärkt nur unseren Wunsch, aufzubegehren und unseren Kopf durchzusetzen. Indem wir unseren Glauben an die eigene übermächtige Willenskraft loslassen, läßt damit auch das Bedürfnis nach, äußere Zwänge aufzubauen, denen wir uns nur widersetzen. Irgendwo in unserem Innern haben wir — selbst wenn es nur schwach ausgeprägt ist — ein Gefühl dafür, was am besten für uns ist, was wir wirklich tun wollen. Vielleicht bekämpfen wir dieses Gefühl sogar, doch unser Herz weiß es besser. Und es trifft die richtige Wahl.

Freude, Vergnügen und innere Gelassenheit sind jeden Tag mein, wenn ich weiterhin in mir ruhe und Selbstdisziplin übe.

SK

Wenn man kritiklos liebt, wird man betrogen.
Djuna Barnes

Wir sprechen von bedingungsloser Liebe und denken dabei vielleicht an Liebe ohne Streit. Aber wo echte Liebe ist, wird es auch Konflikte geben, denn sie sind Teil unseres wahren Menschseins.

Wenn uns jemand kritisiert, den wir lieben, bekommen wir es manchmal mit der Angst zu tun. Vielleicht glauben wir, wir werden diesen Menschen verlieren, weil wir nichts wert sind; wir wenden uns womöglich gegen uns selbst und dann gegen unsere Liebe.

Aber sobald wir allmählich an uns selbst glauben und durch unseren Heilungsprozeß die Demut entdecken, können wir unser Bedürfnis nach Rat und hilfreicher Kritik eingestehen. Wir müssen vor der Meinung eines anderen keine Angst haben. Wenn sie liebevoll vorgebracht wird, kann Kritik uns helfen, die Dinge in neuem Licht zu sehen. Liebe muß nicht blind sein; sie kann scharfsichtig, aufrichtig und offen sein.

Ich lerne mich so zu akzeptieren, wie ich bin; ich kann Kritik entgegennehmen von jenen, die mich kennen und lieben.

PW

24. Oktober

Die Möglichkeiten von morgen übersteigen meistens unsere Erwartungen. Anonym

Wenn es uns sehr schwerfällt zu glauben, daß wir hoffnungsvoll, produktiv und fähig sind, fürsorglich mit anderen Menschen umzugehen und sie zu lieben, müssen wir vielleicht *vorgeben,* wir seien dies alles. Im Rahmen des Programms nennt man diese Einstellung »handeln, als ob«. Wir können so tun, als seien wir hoffnungsvoll; als seien wir produktiv; als seien wir fürsorglich. Vielleicht sind wir noch nicht lange mit diesen Einstellungen vertraut, vielleicht wissen wir manchmal gar nicht, wie sie überhaupt zustande kommen sollen, aber das ist auch gar nicht nötig. Wir haben das Versprechen, daß unsere Höhere Macht Sorge für uns trägt und uns helfen wird, die Dinge zu bewältigen, die wir nicht aus eigener Kraft schaffen.

»Handeln, als ob« ist harte Arbeit. Es bedarf dazu des ständigen inneren Loslassens. Wir mögen uns völlig ungeeignet fühlen, in der Wirklichkeit zu leben, und verstimmt sein, daß wir dazu gezwungen sind. Unser Größenwahn gibt uns ein, die Wirklichkeit sei langweilig und unter unserer Würde. Wir seien etwas »Besonderes«; wir bräuchten nicht die gleichen Regeln zu befolgen wie andere Menschen.

Indem wir bewußt unseren Willen und unser Leben Gott übergeben, wird diese Stimme der Sucht zum Verstummen gebracht und unsere Kraft auf das eigentliche Leben gerichtet. Wir werden Teil des Lebens, anstatt ihm feindlich gegenüberzustehen. Und wir spüren die Freude, die sich durch unsere Bemühungen einstellt.

Wenn heute ein Tag ist, um zu »handeln, als ob«, so werde ich das akzeptieren und mein Bestes geben.

SK

Dein Kummer kommt gut mit sich allein zurecht, aber um den tiefen Wert der Freude zu erfahren, mußt du sie mit jemandem teilen. Mark Twain

Als Sex-Süchtige verloren viele von uns die Fähigkeit, sich mit anderen Menschen zu freuen. Noch immer können wir uns nur selten freuen und haben Angst, im Beisein von anderen Männern und Frauen wirklich loszulassen. Als wir unsere Sucht ausagierten, dachten wir vielleicht, uns völlig ungeniert verhalten zu können, aber wir haben erkannt, daß wir von unseren zwanghaften Bedürfnissen getrieben wurden und durch unsere Obsessionen in Abhängigkeit gerieten. Es ist schwierig, Gefühle spontan und frei zum Ausdruck zu bringen.

In unseren Gruppen lernen wir, ehrlich gegenüber uns selbst und offen mit anderen zu sein. »Danke, daß ihr auf mich eingegangen seid!« — wie oft hören wir diese Worte, während wir lernen, mit anderen in der Gruppe zu interagieren. Bald lachen wir dann und weinen — und freuen uns und fühlen uns befreit, weil wir loslassen können.

Wenn wir nun Fußabdrücke im Sand sehen oder eine Ente, die sich auf dem Wasser niederläßt, ein Flugzeug, das gerade abhebt, einen Windsurfer, der vorübergleitet, oder ein Kind, das den Mund verzieht und prustet vor Lachen, dann können wir uns den Freunden zuwenden und uns gemeinsam mit ihnen an diesem Augenblick erfreuen. Wir erkennen allmählich, wie reich das Leben sein kann, wenn wir seine einfachen Freuden mit jenen teilen, die wir lieben.

Ich fühle mich wohl, wenn ich loslasse und meine Freude mit jemandem teile, den ich liebe.

PW

26. Oktober

Jeder Teil in der Natur enthält die ganze Macht der Natur. Alles wird aus einem verborgenen Stoff gestaltet. Ralph Waldo Emerson

Der Gedanke an Macht — daran, was sie eigentlich ist und wie man mit ihr umgeht — ruft bei Sex-Süchtigen oft Angst hervor und wirft Fragen auf. Wir alle müssen in unserem Leben ein Gefühl von Macht haben. Aber wenn wir als Kind unserer eigenen Macht beraubt wurden, sei es, weil wir Mißhandlungen ausgesetzt waren oder den Umgang mit der Macht nie gelernt haben, sind wir auch als Erwachsene nicht in der Lage, sie plötzlich auf magische Weise zu besitzen.

Als wir zwanghaft unsere sexuellen Bedürfnisse ausagierten, ersehnten wir Macht und bedienten uns der Sucht, um sie zu erreichen. Wir benutzten die Sucht als Vorwand, um unser Leben in den Griff zu bekommen — alle Menschen haben dieses Bedürfnis. Aber wir wußten einfach nicht, wie wir das zustande bringen sollten. Wir können es nun lernen, indem wir heute damit anfangen. Wir können die Spielart der Macht verwerfen, die nicht funktioniert, und nach jener suchen, die uns hilft.

Wahre Macht ist eher schöpferisch als zerstörerisch. Sie verfährt frei und ist flexibel, nicht starr. Sie ist nicht abhängig von unserem Ego. Sie ist ein spirituelles Mittel, über das wir verfügen — sie bedeutet nicht Herrschaft über andere, die uns von jemandem übertragen wird. Wenn wir nach innen blicken, wird dort eine Macht sein, die darauf wartet, von uns entdeckt zu werden.

Der Erste Schritt half mir, daß ich lernen konnte, was Machtlosigkeit ist. Die anderen Schritte werden mir helfen, eine Macht zu erzeugen, durch die ich innerlich wachse.

SK

27. Oktober

Bei virilen Männern ist die weibliche Seite am anziehendsten; bei femininen Frauen ist es die männliche.
Susan Sontag

Manche fürchten sich vielleicht vor dem anderen Geschlecht in uns. Insbesondere Männer verachten oft das Weibliche in sich und setzen alles daran, um sich als »Macho« zu geben. Aber auch die Frauen fühlen sich nicht immer wohl mit den männlichen Aspekten ihres Wesens.

Viele Dichter, Philosophen und Psychologen vertreten die Auffassung, daß jeder von uns eine komplexe Mischung männlicher und weiblicher Wesenszüge darstellt. Wenn wir die einen unterdrücken, bringen wir damit uns selbst in Gefahr. Vielleicht haben wir gerade vor jenen Eigenschaften in uns am meisten Angst, die wir am anderen Geschlecht nicht mögen oder gegen die wir uns sperren.

Innerlich ganz werden heißt auch: das großzügige Erbe beider Geschlechter annehmen. Im Rahmen unseres Heilungsprozesses können wir in Berührung kommen mit dem Weiblichen und Männlichen in uns und anderen Menschen. Wenn das geschieht, werden wir feststellen, daß unser Leben erfüllter ist.

Mit Liebe und Erstaunen nehme ich mich selbst als ganzen Menschen an.

PW

28. Oktober

Dieser Schmerz dauert nicht ewig.

Teresa von Ávila

Viele von uns haben schon den Drang verspürt, den Telefonhörer abzunehmen und den falschen Anruf zu tätigen. Wir alle wissen, welcher gemeint ist. Nicht, daß wir den Wunsch dazu verspürten; wir wollen ihn eigentlich nicht. Wir können — wie ein Mitglied der Gruppe — zu uns selbst sagen: »Es könnte sein, daß ich damit den Schmerz wähle.« Doch ungeachtet dessen, was wir tun: Schließlich kommt der Augenblick, in dem es nur noch das Telefon gibt und uns selbst. Und es zieht uns an wie ein Magnet.

In dieser Situation müssen wir bereit sein, vor nichts zurückzuschrecken. Dieser erste Anruf kann uns zu allem verleiten — besonders zu einem Fehltritt. Das Programm gibt uns die Mittel an die Hand, die wir brauchen, um ihn zu umgehen; dazu eignen sich vor allem die ersten drei Schritte. Anstelle der Person, die in unserer Sex-Sucht eine wichtige Rolle spielt, können wir jemanden aus unserer Gruppe anrufen. Wir können uns für die Enthaltsamkeit entscheiden, und zwar von Augenblick zu Augenblick, wenn das notwendig ist. Wir mögen uns allein fühlen mit unserer Angst, der Einsamkeit und den zwanghaften Bedürfnissen, doch wir sind es nicht. Mit der Hilfe unserer Höheren Macht werden wir unversehrt aus diesem inneren Kampf hervorgehen, und auch unsere Enthaltsamkeit wird keinen Schaden nehmen.

Hilf mir, Gott, daß ich jenen Momenten zwanghaften Verhaltens mit Geduld, innerer Bereitschaft und Mut begegne.

SK

Der Erfolg hat gewöhnlich einen Haken: er verärgert die eigenen Freunde. P. G. Wodehouse

Einige unter uns fürchten sich regelrecht vor dem Erfolg, zum Teil deshalb, weil er Verantwortung mit sich bringt. Oft aber ist der eigentliche Grund der, daß wir uns immer noch minderwertig fühlen.

Als wir unsere Sex-Sucht ausübten, hatten wir Angst, man würde uns auf die Schliche kommen. Häufig wichen wir den anderen Menschen aus und führten ein düsteres, verzweifeltes Leben. Und vielleicht tendieren wir immer noch dazu, den Erfolg zu meiden, weil unsere Person dann einer Prüfung unterzogen … und unter Umständen demaskiert werden könnte. So bekämen die anderen den Menschen zu Gesicht, der wir in Wahrheit sind — beziehungsweise den, der uns angst macht. Und wir haben uns schon so daran gewöhnt, uns selbst für Versager zu halten, daß wir nicht in der Lage sind, uns vorzustellen, wie wir möglicherweise Erfolg ernten oder ihn verdient haben könnten. Wie also sind wir imstande, uns durchzusetzen?

Wir müssen uns selbst daran erinnern, daß wir nicht wieder unseren alten, selbstzerstörerischen Einstellungen verfallen dürfen. Im Heilungsprozeß können wir diese nicht aufrechterhalten, denn unsere neuen Freunde würden es nicht zulassen. Allmählich stellen wir fest, daß wir die Angst vor dem Mißerfolg genauso abstreifen wie die Angst vor dem Erfolg. In dem Maße, wie unsere Selbstachtung wächst, werden wir fähiger, ein fruchtbares und freudvolles Leben zu führen.

Ich beginne, mich glücklich und erfolgreich zu fühlen bei all den Unternehmungen, zu denen ich mich entschließe.

30. Oktober

Wir werden dem ähnlicher, was wir lieben.
Bernhard von Clairvaux

Es kommt der Tag, an dem wir erkennen, daß die Suche nach rein äußerlichen Problemlösungen nichts bringt. Wie unergiebig war doch die Zeit, als wir unsere Kraft damit verschwendeten, Ausschau zu halten nach dem perfekten Gefährten, dem perfekten Job, dem perfekten Leben. Statt dessen beginnen wir nun, nach inneren Lösungen zu suchen. Und allmählich verändern wir uns.

Dieser Prozeß der inneren Wandlung ist etwas ganz anderes als der Versuch, sich selbst zu kontrollieren — was im Grunde nicht funktionieren kann. Aber wenn wir damit beginnen, diese Kontrolle, unsere Unbeugsamkeit, den Hang zum Perfektionismus und jenen übermächtigen Eigenwillen aufzugeben, machen wir den ersten Schritt, um uns zu ändern. Diese Verwandlung erscheint wie ein Wunder, denn sie ist es tatsächlich. Sie ist ein unfaßbares Geschenk unserer Höheren Macht, deren Liebe unsere Vorstellungskraft übersteigt. Je stärker wir unseren Blick von den äußeren Dingen auf das Innere lenken, desto fähiger sind wir, uns selbst anzunehmen. Mit jeder kleinen Entscheidung, uns so zu akzeptieren, wie wir sind, erlangen wir eine demütige Haltung. Wir werden zu ganzen Menschen, indem wir es bei dieser einen Wahl für heute bewenden lassen.

Lebe ich heute in mir oder außerhalb meiner selbst? Ich muß mich selbst annehmen, wenn die innere Mitte gewahrt bleiben soll.

SK

Die entscheidende Leistung der Zivilisation liegt in der Fähigkeit des einzelnen, die freie Zeit auf intelligente Weise auszufüllen. Arnold Toynbee

Einige von uns verfügen über eine Menge Zeit, die sie anderen Tätigkeiten als ihrer Arbeit widmen. Wenn wir es zulassen, daß unsere Sucht diese Zeit ausfüllt — was leicht geschehen kann —, fühlen wir uns mehr und mehr ausgelaugt und deprimiert. Es gibt nichts Zeitraubenderes, nichts Anstrengenderes als eine Obsession.

In dem Maße, wie wir zu uns selbst finden, stellen wir fest, daß uns mehr Zeit zur freien Gestaltung und zum Spielen bleibt. Wir können uns Zeit nehmen, um Freunde und geliebte Menschen zu besuchen, um hinaus ins Freie zu gehen, Hobbies zu pflegen, Sport zu betreiben und auf all jene herrlichen und aufregenden Dinge zu schauen und zu hören, die uns umgeben.

Wir brauchen freie Zeit. Wenn wir unsere Energie in sie einbringen und ihr einen Sinn geben, wird sie uns aufmuntern und beleben. Wir wandeln uns und fühlen uns dankbar gegenüber unserer Höheren Macht, weil wir das Gefühl, im Innern gelassen zu sein und ein Ziel vor Augen zu haben, ganz neu erfahren. Nun sind wir fähig zu spielen: frei heraus und voller Freude und in Einklang mit den Wundern des Lebens.

Die Zeit, die ich nicht mit der Sucht zubringe, kann ich verwenden, um als freier Mensch zu leben und zu lieben.

PW

November

Es ist nicht an dir, die Aufgabe zu vollenden, aber genausowenig steht es dir frei, dich nicht an ihr zu beteiligen. Anonym

Fast jedes Mal, wenn wir eine Entscheidung treffen, verzichten wir damit auf etwas anderes. Wenn wir uns nicht sicher sind, was wir tun sollen, können wir uns selbst fragen, ob die eine Entscheidung positivere Folgen haben wird als die andere: »Was wird mir helfen, damit ich mich wohl fühle mit mir selbst? Was rät mir die Stimme meines Herzens?« Wir können uns selbst einräumen, daß wir keine Perfektion erwarten, aber das Beste geben müssen, wozu wir imstande sind — und dann loslassen. Jede aufrichtige Entscheidung verstärkt unsere Selbstachtung, unser Vertrauen in die Fähigkeit, uns zu ändern, und die innere Bereitschaft, weiterhin an uns zu arbeiten.

Erinnern wir uns noch an das erste Gruppentreffen? Von diesem Augenblick an waren wir vielleicht schon nicht mehr allein. Wir fanden eine gemeinsame Basis mit anderen, indem wir uns einer Gruppe anschlossen, in der sich ein jeder für seine Gesundheit entschieden hatte. Als wir in die Heilung einwilligten, war dies wohl die eindringlichste Liebeserklärung, die wir uns selbst je gemacht haben.

Wir haben das Programm für uns entdeckt, wir bleiben dabei und arbeiten es jeden Tag durch. Wir sind wahre Muster an Mut und Treue, glänzende Beispiele dafür, daß Gottes Achtung vor unseren Entscheidungen unendlich groß ist.

Mögen sie klein oder groß sein: Die Entscheidungen, die ich heute treffe, fallen ins Gewicht. Ich werde bei jeder mein Bestes geben.

SK

2. November

Wir können uns mit Zynismus und Desillusionierung auf genauso verheerende Weise zerstören wie mit Bomben. Kenneth Clark

In einigen Kreisen gilt es als geistreich, zynisch und übertrieben kritisch zu sein. Es mag Zeiten gegeben haben, in denen wir versuchten, uns selbst groß erscheinen zu lassen, indem wir alles in unserer Umgebung herabwürdigten oder es einfach nicht an uns heranließen. Wir benahmen uns so, als hätten wir das alles schon längst gesehen und gemacht, als würden wir über allem stehen, als wären wir die einzigen, die wüßten, was in der Szene läuft.

Im Heilungsprozeß haben wir begonnen, uns der unzählig vielen und schönen Dinge bewußt zu werden, die es in der Welt ringsumher gibt. Wir haben entdeckt, daß wir noch nicht zu abgestumpft sind, um einen Sonnenuntergang zu bewundern, nicht zu kultiviert, um uns einmal auf der Tanzfläche gehenzulassen, nicht zu alt und zu müde, um auf das Lachen eines Kindes zu reagieren. Unser Beispiel wirkt auf andere, vor allem auf unsere Kinder. Wir möchten nicht, daß ihr Blick auf die Welt noch länger durch unsere Gleichgültigkeit und unsere höhnischen Bemerkungen getrübt wird.

Möge unser eigener Blick unverbraucht und offen bleiben für die Wunder des alltäglichen Lebens. Wir sind nicht auf der Welt, um zu spotten oder auszulachen, sondern um die Schönheit und Vielfalt des Lebens zu würdigen.

Ich lerne, mein Dasein zu lieben, und möchte meinen Glauben an die Reichhaltigkeit und Güte der Welt bekräftigen.

PW

Ein Wort, gesprochen zur rechten Zeit, ist wie goldene Äpfel auf silbernen Schalen.

Die Sprüche Salomos 25,11

Es kann sein, daß wir entmutigt werden, wenn wir uns der eigenen Unehrlichkeit stellen, doch die Bewahrung einer absolut ehrlichen Einstellung gehört zu den grundlegenden Voraussetzungen unseres Heilungsprogramms. Die Bibel spricht von einer »tiefen« Ehrlichkeit, und für einen Sex-Süchtigen beginnt sie damit, daß er enthaltsam lebt. Es hat einfach keinen Sinn zu glauben, wir könnten ehrlich sein ohne die feste Entschlossenheit zur Abstinenz.

Je stärker wir innerlich wachsen, desto mehr entwickeln wir die Fähigkeit, eine Entscheidung nach der anderen zu treffen, ein Gefühl nach dem anderen zu erleben und nach und nach, in jeder Situation, die Wahrheit zu sagen. Wir bekennen uns zu unseren Schuldgefühlen, zu der Wut, der Angst und den Ressentiments — zu all diesen negativen Regungen, mit denen man nur schwer zurechtkommt.

Indem wir aufrichtig sind, wird uns schließlich klar, was uns angesichts der Sucht so durcheinanderbrachte. Wenn wir einen einheitlichen Zusammenhang schaffen zwischen ehrlichem Fühlen, ehrlichem Denken und ehrlichem Handeln, werden wir feststellen, daß wir zu ehrlichen Menschen geworden sind.

Meine Ehrlichkeit ist ein Geschenk meines Heilungsprozesses, für das ich Gott jeden Tag danke.

SK

4. November

Wenn irgend etwas heilig ist, dann der menschliche Körper. Walt Whitman

Whitman, einer der größten Dichter Amerikas, sang die Hymne auf den vitalen, dynamischen Körper. Wir sind nicht gespalten in Seele und Körper, sondern einheitliche, ganze Wesen. Wir müssen uns in unserem Körper wohl fühlen und spüren, daß er lebendig ist.

Die Sex-Sucht hemmt uns und läßt uns verkümmern. Wir werden gedemütigt durch die eigene Sexualität und schämen uns dafür, einen Körper zu haben. Wir werden krank, stecken uns vielleicht sogar mit etwas Schlimmerem an. Wenn wir die Sucht ausagieren, sind wir nicht eins mit uns, sondern gespalten in die unterschiedlichen Aspekte unserer Person. Und wir sehen uns selbst zu, wie wir unser Menschsein verraten. Das obsessive Sexualverhalten macht uns zu Menschen, die nur halb am Leben sind.

Wir haben den ersten Schritt getan, um wieder ein gesundes Gefühl für uns selbst zu bekommen. Das geschieht dadurch, daß wir offen und furchtlos über unsere Sucht sprechen und in eine neue Beziehung mit unserer Höheren Macht, mit anderen Menschen und mit uns selbst treten. Wir stellen fest, daß wir durch dieses neue Gefühl, das wir für uns selbst hegen, auch die Ganzheit unseres Körpers, der wieder vollkommen lebendig ist, auf richtige Weise erleben.

Während ich mich verändere, will ich mir Notizen darüber machen, wie ich die Ganzheit meines Körpers immer deutlicher empfinde.

PW

»Hier«, sagte sie, »an diesem Ort, sind wir Körper; Körper, der weint und lacht; Körper, der barfuß tanzt im Gras. Liebe ihn, liebe ihn heftig.«

Toni Morrison

Unser Körper gehört zu uns, er ist ein Teil unserer Person. Wir *sind* genauso Körper, wie wir Verstand, Geist und Gefühl sind. Als Sex-Süchtige empfinden wir oft eine Haßliebe gegenüber dem eigenen Körper. Häufig koppeln wir uns von ihm ab, um keinen Schmerz zu empfinden — besonders dann, wenn wir unsere Lust befriedigen. Aber es schadet uns, wenn wir einen Teil von uns selbst ausschalten. Zwar kompensieren wir diesen Verlust, so gut wir können — wie jemand, der mit einem verstauchten Knöchel herumläuft —, aber ein Teil von uns fehlt; ein Teil funktioniert nicht so, wie es sein sollte. Und dieser Teil ist nichts anderes als unser Gefühl für das körperliche Wesen, das wir sind.

Heilung bedeutet: unseren Körper wiedergewinnen. Wir beginnen an dem Punkt, an dem wir uns gerade befinden, und bauen eine neue Beziehung zu uns selbst auf. Das können wir dadurch erreichen, daß wir etwa unsere Eßgewohnheiten ändern, körperliche Übungen machen, mehr auf unser Äußeres achten und, wenn nötig, zum Arzt gehen. Geduldig lassen wir unserem Körper die bisher vermißte Pflege und Aufmerksamkeit zuteil werden. Dann wird unser Gefühl für den ganzen Menschen, der wir sind, unsere neuentdeckte Liebe für den eigenen Körper mit einschließen.

Ich habe nur einen Körper. Er wurde mir nicht gegeben, um ihn für falsche Zwecke zu mißbrauchen, sondern um ihn zu lieben und zu pflegen.

SK

6. November

Eines der Anzeichen dafür, daß die Jugend vorübergeht, ist das Aufkommen des Gefühls, mit anderen Menschen verbunden zu sein, während wir unseren Platz unter ihnen einnehmen. Virginia Woolf

In jungen Jahren waren viele von uns fest dazu entschlossen, vorwärtszukommen und ihre Talente und Fähigkeiten auszubilden — manchmal in einer Konkurrenzsituation, oft aber allein. In unserer Gesellschaft wird besonderer Wert auf die Entfaltung des einzelnen in der Kindheit und Jugend gelegt. Die Folge davon ist, daß viele von uns heranwachsen mit dem Gefühl, isoliert zu sein.

Einige von uns bleiben allein. Wir schaffen es nicht, unseren Platz in einer Gemeinschaft zu finden — oder wir finden nicht die Gemeinschaft, die uns gefällt. Und wenn wir süchtig sind, ziehen wir uns in eine Welt der Selbstzufriedenheit und des bloßen Eigeninteresses zurück, in der wir uns gegen andere Menschen wappnen.

Eine der Herausforderungen und zugleich Belohnungen in der Arbeit an einem Zwölf-Schritte-Programm besteht darin, daß wir die Möglichkeit haben, gemeinsam mit anderen Menschen zu leben, zu arbeiten und uns zu entwikkeln und dabei ihre Hoffnungen, Ängste, Nöte und Wünsche zu teilen. Wir fangen an, das zu sehen, worauf es — noch über unsere individuellen Begabungen hinaus — wirklich ankommt: Gemeinschaftssinn und Liebe.

Ich bin dankbar für die Möglichkeit, aus mir selbst heraustreten zu können, um mich mit anderen am Abenteuer der Heilung zu beteiligen.

PW

Bereit sein ist alles. William Shakespeare

Die innere Bereitschaft ist vergleichbar mit unserem Glauben. Wir wissen, daß sie vorhanden ist, denn wir erfahren sie — aber wir können sie nicht genau definieren. Dennoch sind Demut, Hingabe und geistiger Friede, die mit dieser inneren Bereitschaft verbunden sind und die wir empfinden, Anzeichen dafür, daß sie wirklich existiert.

Ein Süchtiger, der geheilt wurde und vor kurzem seine Therapie abschloß, erzählte folgende Geschichte: »Ich ging in der Innenstadt spazieren und bekam mindestens dreimal das Angebot, Drogen oder Sex zu kaufen. Ich sagte nein. In diesem Moment war meine innere Bereitschaft vorhanden, nein zu sagen.«

Oft machen wir Fortschritte, ohne zu wissen, wohin wir eigentlich gehen. Aber in jenen seltenen, strahlenden Augenblicken innerer Bereitschaft, wenn wir unseren Willen in Einklang bringen mit Gottes Willen, haben wir unsere Richtung klar vor Augen. Und wir erleben eine innere Wandlung.

Möge meine innere Bereitschaft — wie mein Glaube — stärker werden, sobald ich mich meiner Höheren Macht ausliefere.

SK

8. November

Laß deine Tränen fließen. Laß sie deine Seele netzen.
Eileen Mayhew

Oft möchten wir uns hinsetzen und weinen, aber die Tränen scheinen nicht fließen zu wollen. Jahrelang haben wir vielleicht darum gekämpft, das Weinen zurückzuhalten, weil man uns das Gefühl gab, Tränen seien ein Zeichen von Schwäche. Und vor unseren »robusten« Freunden wollen wir ganz bestimmt nicht dumm und verletzlich aussehen!

Wenn wir uns einer Gruppe von Menschen anschließen, die sich gerade im Heilungsprozeß befinden, und gemeinsam mit ihnen eine Atmosphäre des Vertrauens schaffen, ist es eine wirklich gute Sache, die eigenen Schutzmaßnahmen fallenzulassen und sich nicht mehr ausgenutzt zu fühlen. Wir können anderen unsere Zärtlichkeit entgegenbringen und darum bitten, daß sie sich um uns kümmern. Unsere Sucht hat uns von den Menschen ferngehalten, doch nun können wir anfangen, ihnen näherzukommen. Wir wissen, daß wir jetzt sicher und unter Menschen sind, die ihrerseits wissen, was es heißt, wieder Vertrauen zu haben und zu lieben.

Wenn wir also das Gefühl haben, daß uns Tränen in die Augen steigen, können wir ihnen nun auch freien Lauf lassen. Welch eine Erleichterung ist es doch, über das verletzte Kind in uns oder über eine schmerzliche Trennung zu weinen. Tränen helfen uns, die eigenen Verluste zu beklagen, und bringen uns mit der Gegenwart in Berührung.

Ich habe keine Angst mehr, meine Gefühle zu zeigen. Weinend und lachend teile ich meine Erfahrungen mit.

PW

Das Glück ist kein endgültiger Zustand, den man erreicht, sondern eine bestimmte Art und Weise, unterwegs zu sein. Margaret Lee Runbeck

Wir alle wollen glücklich sein. Wenn wir es nicht sind, versuchen wir, die Gründe dafür herauszufinden. Wir denken darüber nach, und vielleicht gehen wir in eine Therapie oder besuchen ein weiteres Gruppentreffen. Wir geben uns selbst, unseren Eltern oder unserer Sex-Sucht die Schuld daran, aber glücklich sind wir immer noch nicht.

Glücklichsein ist genau das: ein Zustand, in dem wir uns gerade befinden. Wir alle kennen den Unterschied zwischen dem Glück, das wir uns nur vorgaukeln, und dem Glück, das wir wirklich empfinden. Wir haben Jahre damit verbracht, so zu tun, als seien wir glücklich, weil wir dachten, die Menschen würden das von uns erwarten. Als wir unsere Sex-Sucht ausübten und von der anderen Seite eines unüberbrückbaren Abgrunds auf das Glück schauten, wußten wir einfach nicht, wie es sich anfühlte, weil wir es kaum erfahren hatten. Aber der Heilungsprozeß führt uns das Beispiel glücklicher Menschen vor Augen, die uns das Glücklichsein lehren — bis wir schließlich imstande sind, es uns selbst beizubringen.

Ich kann heute glücklich sein. Es mag mir nicht leichtfallen, und wahrscheinlich wird das Gefühl auch nicht vollkommen sein — aber schon ein einziger glücklicher Augenblick ist der Mühe wert.

SK

10. November

Wichtig ist, daß man nicht aufhört, Fragen zu stellen.
Albert Einstein

Gewöhnlich dachten wir, wir wüßten alles. Wir hatten hochtrabende Ansichten über uns selbst. Wir hörten auf, jene ernsten Fragen zu stellen, die unsere zerbrechliche Welt aus Heuchelei und Hinterhältigkeit zum Einsturz hätten bringen können. Wir beschützten unsere Sucht, indem wir den Fragen auswichen, durch die es möglich gewesen wäre, uns auf den Weg der Heilung zu führen.

Eines Tages brach ungehindert eine Flut von Fragen über uns herein. Warum habe ich mich nicht mehr im Griff? Wie kommt es, daß ich meinem geliebten Wesen nicht in die Augen sehen kann? Weshalb habe ich keine Zeit für meine Freunde? Warum bin ich verärgert über meine Kinder? Warum denke ich so schlecht von mir selbst und bin so tief beschämt? Warum komme ich mit den Dingen nicht zurecht? Warum kann ich mein Leben nicht bewältigen?

Nicht bewältigen? Wenn wir uns ernsthaft mit dieser Frage auseinandersetzen, sind wir bereits auf dem Weg der Heilung — denn wir wissen, daß wir nicht länger allein weitermachen können. Die Frage legt eine Antwort nahe: Wir brauchen andere Menschen, ein anderes Bezugssystem, das uns Kraft gibt, ein Heilungsprogramm, eine Höhere Macht, innere Gelassenheit, Liebe.

Das ist es, was wir wirklich wollten und benötigten, und genau das ist es, was wir in unserem Zwölf-Schritte-Programm auch finden.

Wenn wir lernen, ehrlich zu sein, bedeutet das: Wir stellen weiterhin Fragen, die uns selbst und unsere Situation in der Welt betreffen.

PW

Allein die Liebe ist imstande, lebendige Wesen in einer Weise zu vereinigen, die sie erfüllt und ganz werden läßt — denn sie allein umfängt und verbindet sie durch das, was am tiefsten in ihnen ist.

Teilhard de Chardin

Hat der Heilungsprozeß einmal begonnen, zielt das Erlebnis der eigenen Sexualität auf immer neue Herausforderungen. Sobald unsere Sucht ans Licht gekommen ist, stellt alles sich ganz anders dar, vor allem das Sexuelle. Eines der ersten Dinge, die wir lernen, ist, daß wir immer sexuelle Wesen sind, ob wir nun in einer Beziehung mit jemandem stehen oder mit uns allein sind.

Von der Sex-Sucht geheilt werden bedeutet nicht, der Sexualität zu entsagen; es bedeutet vielmehr, sie auf neue Weise anzunehmen und liebzugewinnen. Unsere Enthaltsamkeit bestimmt unser Verhalten und hilft uns zu entscheiden, wann es angebracht ist, die eigenen sexuellen Bedürfnisse auszuleben. Wir beschließen, ob oder wann wir sie allein befriedigen und wie wir bei einem sexuellen Erlebnis dennoch abstinent bleiben. Wir verfügen über neue Wertmaßstäbe, die Unterstützung von anderen, die Weisheit des Programms und über unseren Geist, um auf den richtigen Weg geführt zu werden. Mit Hilfe des Heilungsprozesses werden wir lernen, unsere Sexualität zu achten, zu pflegen und schließlich zu lieben; genauso, wie wir lernen, diese Sorgfalt den anderen Aspekten unseres Wesens zukommen zu lassen.

Ich glaube daran, daß meine Sexualität mit jedem Tag gesünder wird, wenn ich liebevoll mit mir selbst umgehe.

SK

12. November

Die Welt braucht Mut, nicht Unfehlbarkeit ... Aus dem Mut spricht stets die überzeugendste Weisheit.

Sir Wilfred Grenfell

Es erfordert Geduld, Unterstützung und Mut, die Schamgefühle zu überwinden und den eigenen Wünschen eine neue Richtung zu geben. Wir mögen versucht sein, uns selbst zu sagen, daß diese Aufgabe zu schwierig ist und daß wir sehr wohl damit zufrieden sind, in der bisherigen Art weiterzumachen.

Aber die Weisheit, die wir in uns tragen, sagt etwas anderes. Weisheit ist jenes Verständnis und Wissen, das wir erlangt haben, indem wir begannen, nach den Grundsätzen des Heilungsprogrammes zu leben. Und die Weisheit gibt uns zu verstehen, daß wir uns ändern und von unserer Sucht loskommen müssen. Wenn wir nicht auf diese weise Stimme hören, bleiben unsere Talente und inneren Potentiale ungenutzt, die wir als menschliche Wesen besitzen.

Weisheit ist der Einblick und der Ausblick, den wir in bezug auf uns selbst und die Welt gewinnen. Mut ist die Basis jener Handlung, durch die wir unsere Überzeugungen und Verhaltensweisen ändern und anderen auf ihrem Weg zur Seite stehen. Weisheit und Mut: zusammen führen sie uns zu innerer Gelassenheit und dem Wissen, daß wir uns Tag für Tag weiterentwickeln und ein erfüllteres und gesünderes Leben verbringen.

Ich brauche Mut, um mich zu ändern; ich werde ihn finden, wenn ich weise genug bin, die wahren Vorteile des Heilungsprozesses zu erkennen, durch den ich von meiner Sucht befreit werde.

PW

In der finstersten Stunde wird die Seele erneuert und gestärkt, damit sie weiterlebe und ausharre.

Heart Warrior Chosa

Im Abgrund der Sex-Sucht haßten einige von uns sich selbst so sehr, daß wir glaubten, das Leben nicht verdient zu haben. Manchen wurde diese fixe Idee schon in der Kindheit eingeimpft. Einige führten ein Leben, das nicht lebenswert schien. Und einige von uns litten in solchem Maße unter der Sucht, daß wir bereit waren, alles zu tun, um sie loszuwerden. Wenn die Situation derart erdrückend ist, denken manche an Selbstmord.

Wie machen wir weiter, wenn wir einfach nicht mehr können? Auf sehr sanfte Art und Weise. Wir setzen alles ein, was uns helfen kann, am Leben zu bleiben: der Gedanke an ein geliebtes Kind, die Freundschaft mit einem Mitglied der Gruppe, eine Zeit, in der wir Abstand nehmen von unserem üblichen Leben, und die Hingabe an unsere Höhere Macht. Wenn wir am liebsten sterben möchten, gibt es nichts mehr, was uns noch angeht; wir fühlen uns entfremdet und isoliert. Aber wir sind es nicht. Selbst wenn wir nur weiteratmen, bleiben wir mit dem Leben verbunden. Und wenn wir uns der Fülle des Augenblicks öffnen, werden sich unsere Beziehungen durch diesen elementaren Akt ins Unendliche erweitern. Wir müssen nur geduldig warten, Minute für Minute — und es wird Anlaß geben zu neuer Hoffnung.

Mein Leben ist wertvoll, weil es mir von meiner Höheren Macht, die mich liebt, geschenkt wurde.

SK

14. November

Leidenschaften sind weniger schädlich als Langeweile, denn sie haben die Tendenz nachzulassen, während die Langeweile größer zu werden droht.

Barbey d'Aurevilly

Eine der großen modernen Krankheiten ist die Langeweile, und bei vielen von uns bildet sie die Ursache der Sex-Sucht. Wenn die Zeit bedrückend ist und nur langsam vergeht, gleiten wir ab in unsere Phantasievorstellungen und Obsessionen. Und als nächstes agieren wir dann vielleicht unsere zwanghaften Bedürfnisse auch aus. Dieser Mechanismus kann uns so stark beherrschen, daß wir das Gefühl haben, wir könnten nicht sehr viel tun, um aus dem Teufelskreis von Langeweile und Sucht auszubrechen.

Aber das moderne Leben ist so reich, so mannigfaltig und abwechslungsreich wie das Leben zu jeder anderen Zeit. Die meisten von uns, die gesund sind, stehen allen möglichen Herausforderungen und aufregenden Situationen gegenüber. Alles, was wir tun müssen, ist, in die Welt hinauszugehen und unsere Sinne zu gebrauchen. Eine Unzahl von Freuden erwartet uns.

Vielleicht müssen wir einen Tagesplan mit regelmäßigen Übungen einhalten; sie müssen weder anstrengend noch kostspielig sein. Ein einfacher Spaziergang kann Wunder bewirken. Wir werden lernen, die Welt nicht durch jene Bilder zu sehen, die unsere Wunschvorstellung erzeugt, sondern als einen wirklichen und greifbaren Ort. Wir gewinnen Kraft, indem wir aktiv sind in der Welt; wir verlieren sie, wenn wir unsere Sucht ausagieren.

Ich muß meine Aktivitäten planen und mich nach draußen begeben, in die Welt.

PW

15. November

Andere Menschen zu lieben ist immer noch die einzige Sache, für die zu leben sich lohnt; ohne diese Liebe kann man nicht wirklich leben.

Sören Kierkegaard

Wenn wir einander vor Unheil bewahren könnten, wäre ein jeder von uns Gott. Aber wir können es nicht, und wir sind nicht Gott. Wir sind jedoch imstande, etwas zu ändern. Wir tragen dazu bei, uns selbst von der Sex-Sucht zu befreien, indem wir uns darum bemühen, daß andere davon freikommen. Manchmal müssen wir ein Wagnis eingehen und unsere Anonymität aufgeben, um dort Hoffnung und Verständnis anbieten zu können, wo sie nicht vorhanden waren. Manchmal müssen wir innehalten und warten, bis Gott die Zeit für gekommen hält, selbst wenn alles in unserem Innern sagt: Tu etwas. Mitunter kann ganz einfach nichts getan werden. Oft muß ein Mensch sein Leid so lange tragen, bis *er* sich entschließt, nicht länger zu leiden — und erst dann tut sich ein anderer Weg auf.

Das bedeutet jedoch nicht, daß wir nicht unser stilles Gebet darbringen könnten, damit Gottes Wille geschehe. Das bedeutet nicht, daß wir kein Mitgefühl haben sollten. Wir können den anderen zuhören, selbst wenn wir keine Lust dazu haben; wir können das Programm anbieten, selbst wenn es auf taube Ohren zu stoßen scheint; und am besten können wir durch unser eigenes Leben als Vorbild dienen. Wenn wir gewillt sind loszulassen, verbinden wir unseren Willen mit dem Willen Gottes — und das ist das größte von allen Geschenken, die wir geben können.

Wenn heute jemand meine Hilfe benötigt, werde ich den Zwölften Schritt benutzen, damit ich in meinem Tun richtig geführt werde.

SK

16. November

Ein Mensch wird an der Gesellschaft erkannt, mit welcher er geistigen Umgang pflegt.

Thomas Bailey Aldrich

Oft werden wir nach den Freunden beurteilt, die wir haben, aber vielleicht werden wir auch an dem erkannt, was wir lesen, wem wir Gehör schenken und welche Filme wir uns im Kino oder im Fernsehen ansehen. Ganz bestimmt übt alles, was uns widerfährt, eine Wirkung auf uns aus, und alles, was uns berührt, beeinflußt die Art und Weise, wie wir mit anderen Menschen umgehen und die Welt betrachten.

Viele Sex-Süchtige verzehren sich nach Pornographie, besuchen Kinos, in denen Sexfilme laufen, und sehen sich »heiße« Videos an. »Das ist harmlos«, sagen wir. »In diesem Land haben wir das Recht, das zu sehen und zu hören, was wir wollen.«

Die Befreiung von der Zensur — das ist ein Thema für sich. Doch als Sex-Süchtige sind wir ganz besonders anfällig für Filme und Bücher, in denen der menschliche Körper ausschließlich als Lustobjekt erscheint, das für alle möglichen Zwecke benutzt werden kann. Jedenfalls neigen gerade wir dazu, andere ihrer menschlichen Würde zu berauben und den Sex als einen von jeglicher Intimität losgelösten Akt aufzufassen, der keinerlei Folgen hat. Wenn wir uns solchen »Materialien« aussetzen, die das Sexuelle in den Schmutz ziehen, werden unsere Fixierungen, unsere Isolation, unsere Phantasievorstellungen und unsere Schamgefühle verstärkt.

Es gibt so vieles zu sehen und auszukosten in der Welt. Weshalb sollten wir uns selbst durch Handlungen erniedrigen, die nur tiefer in Scham und Verzweiflung führen?

Ich muß offen werden für die Wunder des Lebens und des Wissens.

PW

17. November

Ein Akt der Liebe, der mißlingt, ist ebenso Teil des göttlichen Lebens wie einer, der glückt — denn die Liebe wird an ihrem inneren Reichtum gemessen, nicht daran, wie sie aufgenommen wird.

Harold Loukes

Die Liebe ist ihrem Wesen nach schöpferisch, und jedem noch so geringfügigen Akt der Liebe wohnt eine starke Kraft inne. Wenn wir uns entscheiden, jemandem zu vergeben, anstatt die Schuld auf ihn abzuwälzen, tun wir etwas Gutes: also ist dies ein Akt der Liebe. Wenn wir uns von der Sex-Sucht frei machen und weiterhin enthaltsam leben, so hat das die gleiche Wirkung. Der Besitz äußerer Dinge garantiert kein Glück, aber es macht uns glücklich, das Gute in der Welt zu vermehren.

Für einen Sex-Süchtigen ist »Liebe« ein Wort, das oft von Schmerz und unerfüllten Sehnsüchten begleitet wird. Wenn wir die Liebe nie kennengelernt haben, so ist »Liebe« nur ein Wort, nichts weiter. Vielleicht haben wir eine rein intellektuelle Vorstellung von der Liebe; sie bleibt jedoch ohne Wirklichkeitsgehalt, wenn wir die dazugehörigen Erfahrungen nicht machen.

Der Heilungsprozeß erlaubt uns, Liebe, Intimität, Zärtlichkeit, Nähe und Wärme auf erfülltere Weise zu erleben. Zunächst mag all das ungewohnt sein, und vielleicht haben wir Schwierigkeiten, es zuzulassen oder anzunehmen. Doch wenn wir uns ins Gedächtnis rufen, daß die Liebe nur Gutes hervorbringt, werden wir im Leben einen Sinn sehen und einen Grund haben, uns um ihn zu bemühen.

Ich bin ein guter Mensch. Ich bin ein liebevoller Mensch. Heute werde ich diesen Überzeugungen treu bleiben.

SK

18. November

Wenn wir rühmen das Verlorne,
Wird Erinnrung uns teuer. William Shakespeare

Viele von uns, die sex-süchtig sind, blicken bedauernd oder reumütig auf die Vergangenheit zurück. Entweder vermissen wir sie wegen der Vergnügungen, die sie uns bereitete, oder wir fühlen uns schuldig wegen der Verletzungen, die wir anderen zufügten. Unsere Erinnerungen halten uns in Bann — und dadurch werden sie auf einen engen, ichbezogenen Bereich reduziert.

Wenn wir mit anderen zusammentreffen und durch Gespräche zu einer ausgewogenen Betrachtung unserer selbst gelangen, werden wir wahrscheinlich unsere Vorstellungen von der Vergangenheit revidieren. Zu unserer Überraschung und Freude stellen wir dann fest, daß sich unser Blickfeld erweitert; wir beziehen andere Menschen mit ein. Wir sind nicht mehr isolierte Einzelwesen, sondern sind Teil einer Landschaft, die mit Familienmitgliedern und Freunden bevölkert ist.

Eine wichtige Begleiterscheinung unserer wiedergefundenen Gesundheit ist diese Fähigkeit, gerne und freudig an eine immer reicher werdende Vergangenheit zurückdenken zu können, sobald wir eine umfassendere, großzügigere Perspektive gewinnen. Unsere Welt wird größer und bekommt eine komplexere, tiefere Bedeutung.

Nun ist mein Geist wieder gesund. Ich kann meinen Blick in die Vergangenheit ausweiten und dort viel Liebens- und Rühmenswertes entdecken.

PW

Sittlich gut ist, was dich mit einem guten Gefühl zurückläßt. Ernest Hemingway

Lange Zeit machten wir unser Wohlbefinden abhängig von der nur kurz anhaltenden Befriedigung unserer Wollust. Eine der Konsequenzen der Sex-Sucht ist die Schwächung oder, schlimmer noch, die beinahe geschehene Zerstörung unserer sittlichen Wertvorstellungen. Wenn wir im Rahmen des Heilungsprozesses eine Inventur unseres Inneren vornehmen, so hilft uns das, wieder zu wirklich tugendhaften Menschen zu werden.

Mit Hilfe der Erfahrung, der Weisheit des Programms und der Führung unserer Höheren Macht können wir unsere ethischen Grundsätze festlegen. Eines der größten Geschenke der Heilung ist moralische Integrität, ein innerer und unerschütterlicher Sinn dafür, was richtig und was falsch ist. Haben wir diesen Sinn nicht, sind wir gezwungenermaßen angewiesen auf äußere Dinge. Wenn wir öffentlich für etwas eintreten, ohne wirklich daran zu glauben, so werden wir auch nicht danach leben. Unsere Heilung hängt von einheitlichen Wertmaßstäben ab — vor allem von solchen, die unsere Sexualität betreffen —, durch die wir uns gelassen und wohl mit uns selbst fühlen. Mit Hilfe einer gründlichen und furchtlosen Inventur können wir nun gemäß unserer sittlichen Gesinnung leben und wieder ein wahrhaftes Wohlbehagen empfinden.

Ich werde offen sein für die Ansichten anderer Menschen — aber zugleich werde ich mich an meinen eigenen Wertvorstellungen orientieren.

SK

20. November

Wenn Gott mir doch nur ein klares Zeichen senden würde! Zum Beispiel in Form einer großen Menge Geld, die, unter meinem Namen, auf einem Schweizer Bankkonto deponiert ist. Woody Allen

Es ist kein Aberglaube, wenn wir daran festhalten, daß wir manchmal aufgrund einer inneren Stimme oder eines äußeren Zeichens wissen, was wir tun müssen. Ein Gefühl, ein Traum, eine Ahnung, das Wort eines Freundes, ein Blick des Menschen, den wir lieben — all dies sind möglicherweise Mittel und Wege, durch die unsere Höhere Macht in unser Leben eingreift.

Solche Zeichen sind vielleicht nicht klar erkennbar, und sie mögen nicht immer sofort als günstig erachtet werden. Als wir die Tatsache akzeptierten, daß unser Leben nicht mehr zu bewältigen war, reagierten wir vielleicht mit panischer Angst und Hoffnungslosigkeit. Was kann ich tun? fragten wir und: Aus welchem Grund sollten sich die anderen um mich kümmern?

Tatsächlich führen uns die ersten beiden Schritte des Programms zu einem neuen Verständnis für das Spirituelle. Wir gaben zu, machtlos zu sein gegenüber der Sucht, und bejahten unsere Abhängigkeit von einer Macht, die größer ist als wir. Das ist ein wichtiger Abschnitt jenes Weges, auf dem wir unsere Gesundheit wiedergewinnen.

Wir wollen lernen, die heilsamen Zeichen am Wegrand zu lesen. Wir wollen Mut fassen aus der Tatsache, daß uns geholfen werden kann durch Kräfte, die außerhalb von uns selbst liegen — und daß wir nicht allein sind.

Ich erkenne, daß die Welt voller Zeichen ist, die mir helfen können, mich selbst und meinen Lebensweg zu verstehen.

PW

Wir geben nur kleine Fehler zu, um so den Eindruck zu erwecken, wir seien von größeren frei.
François de la Rochefoucauld

Nichts schüchtert uns so sehr ein wie jene gründliche und furchtlose Inventur, die wir in unserem Inneren machen. Kein Wunder, daß wir versucht sind, der Herausforderung dieses Schrittes auszuweichen. Aber wir können uns die Inventur etwa dadurch erleichtern, daß wir sie mit Hilfe unserer Höheren Macht vornehmen. Wenn wir nicht durch Gottes bedingungslose Liebe gestärkt werden, kann es erdrückend sein, uns so zu sehen, wie wir sind — und wie wir in der Vergangenheit waren.

Wenn wir alles tun, um die Selbsterkenntnis zu fördern, werden wir dankbar für das, was wir durch unsere innere Bestandsaufnahme lernen. Unsere Angst wird nachlassen. Aber selbst wenn wir im Augenblick noch davor zurückscheuen, so ist es doch wichtig, den Sprung zu wagen und unser Bestmögliches zu tun. Wir müssen nicht warten, bis wir perfekt sind, denn dieser Zustand wird niemals eintreten. Wir können unsere Inventur einfach angehen und sie jeweils nur in kleinen Schritten durchführen, oder wir nehmen sie auf einmal in Angriff und holen alles aus uns heraus. Es geht nur darum, daß wir sie überhaupt vornehmen. Wir müssen unsere Charakterfehler nicht mit uns herumschleppen wie einen Sack alter, nutzloser Werkzeuge. Wir müssen der sein, der wir heute sind.

Eine innere Inventur hilft mir, die Vergangenheit zu heilen, in der Gegenwart zu leben und in die Zukunft zu blicken.

SK

22. November

Man braucht seine Wünsche nicht aufzugeben. Sie sind starke Stimulantien für Kreativität, Liebe und ein langes Leben. Alexander Bogomoletz

In unserer Sex-Sucht richteten sich unsere Wünsche nach innen, auf unsere eigene Befriedigung, ohne die anderen Menschen noch wirklich mit einzubeziehen. Wir schlossen uns ab in Phantasiewelten, wo wir allein regierten und die anderen zum bloßen Spielball unserer Gelüste wurden. Wir hatten die Verbindung zur Welt verloren.

Wünsche sind gesunde und starke Kräfte, durch die wir uns verändern, uns weiterentwickeln und lieben. Wir können über unsere Sexualität bestimmen und müssen nicht zulassen, daß sie über uns bestimmt; dann sind wir imstande, unsere Wünsche an den liebevollen Handlungen draußen in der Welt neu zu orientieren.

Zu lange schon haben uns die eigenen Wünsche von den anderen abgetrennt. Wir wurden hochmütig in unserem Eigeninteresse, in unserer Weigerung, andere Menschen an unserem Leben teilhaben zu lassen. Der Heilungsprozeß wird unsere sexuellen Energien auf neue Art und Weise bündeln — und wir werden nicht Leid und Überdruß erfahren in unseren Beziehungen, sondern Freude und Kraft.

Meine Wünsche sind Triebkräfte für Veränderung, Liebe und Erneuerung.

PW

Ich werde wandeln im Angesicht des Herrn im Lande der Lebendigen. Psalm 116,9

Wenn wir uns selbst gut behandeln wollen, müssen wir dafür sorgen, daß wir Möglichkeiten haben, das Leben zu genießen. Selbst wenn wir vielleicht unsere Fähigkeit zu solchen Freuden falsch nutzten, als wir unsere Sucht ausagierten, so sind wir doch nun, da wir enthaltsam leben, nicht zu einem langweiligen und gefühllosen Leben verurteilt. Im Gegenteil, wir können das Leben noch mehr genießen, sobald wir unsere Fähigkeit zur Freude über die enggezogenen Grenzen unserer Sucht hinaus erweitern.

Es gibt allerlei Mittel und Wege, eine gesunde Befriedigung im Leben zu finden, ohne die anderen Menschen zu mißachten. Dazu gehört vielleicht die körperliche Betätigung, etwa beim Sport, wenn wir richtig trainieren; oder das Vergnügen, das wir empfinden, wenn wir eine Stunde lang schöpferisch arbeiten; oder ein Gespräch mit einem guten Freund, denn es bringt uns tiefe Erfüllung.

Wir können jene Vergangenheit hinter uns lassen, als wir unser Vergnügen vor allem aus der Sex-Sucht bezogen. Wir erkennen jetzt, daß alle Menschen darauf angewiesen sind, ihre Bedürfnisse zu befriedigen und Freude zu empfinden. Im Stadium der Heilung sein heißt nicht, auf alles verzichten zu müssen; es bedeutet vielmehr, daß wir eine Lebensweise pflegen, die es uns erlaubt, offen zu werden und jene wirklich wertvollen Dinge zu genießen, die das Leben uns bietet. Wenn wir nicht von Angst beherrscht sind, können wir mehr schätzen, wie angenehm es wirklich ist, am Leben zu sein.

Welche Freuden warten heute darauf, von mir entdeckt zu werden?

SK

24. November

Der Roman ist das beste Medium, um in unseren realen Beziehungen die wechselhafte Gestalt des Regenbogens zu offenbaren. D. H. Lawrence

Wir wissen oft so genau, was in unserem Alltag als nächstes passieren wird, daß wir uns der Veränderungen im Leben gar nicht mehr bewußt sind. Wir gehen Verbindungen ein mit anderen Menschen und betrachten diese dann einfach als selbstverständlich. Sogar in unseren intimen Beziehungen nehmen wir die Veränderungen, die sich ergeben, vielleicht gar nicht mehr wahr.

Aber der Wechsel ist das Grundgesetz des Lebens. Nichts bleibt sich gleich, am allerwenigsten die Menschen. Das wird uns klar, wenn wir einen gut geschriebenen Roman lesen und die agierenden Personen unter einem ständig wechselnden Blickwinkel sehen, weil *sie* sich im Verlauf der Geschichte entwickeln und verändern. Vom bevorzugten, objektiven Standpunkt des Lesers aus verfolgen wir das Auf und Ab der Beziehungen, die sich weiter entfalten und dem Wandel unterworfen sind.

Wir können diese Perspektive auf unser eigenes Leben anwenden. Wir können den vielschichtigen Zusammenhängen und Feinheiten unseres Innenlebens sowie den Beziehungen zu den Menschen, die wir lieben, mehr Beachtung schenken. Wenn wir von der Sucht geheilt werden, fällt es uns leichter, den neuen und wunderbaren Veränderungen in unseren Beziehungen offen zu begegnen.

Ich will auf die Veränderungen und Erneuerungen achten, die um mich herum geschehen, vor allem in meinen Beziehungen zu anderen Menschen.

PW

Bei jenen, die zu müde zum Schlafen,
Sind Visionen wie Samen, die Bilder erzeugen
In weinenden Augen. Amy Lowell

Viele von uns haben im Laufe ihres Lebens mit Depressionen zu kämpfen gehabt. Und oft schämten wir uns dafür, daß wir deprimiert waren, denn es hatte den Anschein, als seien wir faul oder würden uns nicht genug anstrengen.

Aber das stimmt nicht. Die Ursachen der Depression sind vielschichtig, und jene, die darunter leiden, sind es sich selbst schuldig, weiterhin nach Möglichkeiten zu suchen, wie sie davon befreit werden können. Nun, da wir von unserer Sucht genesen, sehnen wir uns danach, diesem neuen Leben all unsere Kraft zukommen zu lassen. Denn die Gefühle der Hoffnungslosigkeit und der Apathie sowie die Selbstanklagen, die mit der Depression einhergingen, können sich lähmend und sogar lebensbedrohend auswirken. Während des Heilungsprozesses, in dem wir stressige Situationen vermeiden müssen, stellt die Depression eine unnötige Belastung dar.

Egal, ob nun unsere Gefühle aus äußeren Umständen resultieren oder aus chemischen Abläufen in unserem Körper: Wir können gut auf uns selbst achtgeben. Wir können unsere Wut und Traurigkeit zulassen. Wir können, falls nötig, von berufener Seite Hilfe erbitten. Der Heilungsprozeß macht dem Leiden kein Ende, aber das Progamm läßt darauf hoffen, daß es irgendwann einmal vorübergehen wird. Es *ist* möglich, daß wir nicht mehr unter Depressionen leiden. Wir haben allen Grund zu der Hoffnung, daß wir wieder Freude empfinden werden.

Im Mitgefühl, das die Höhere Macht meinen Leiden entgegenbringt, finde ich Kraft und Trost.

SK

26. November

Die Einsicht, daß man sein Vergnügen nicht sofort haben muß, ist, wie ich glaube, ein Zeichen von Reife.

Peggy Cahn

Als wir der Sex-Sucht frönten, bestanden unsere Schwierigkeiten unter anderem darin, daß wir unfähig waren, unser eigenes Vergnügen auch einmal auf einen späteren Zeitpunkt zu verschieben. Wir lebten in der Welt des »vergnügungssüchtigen Ego« und stellten uns vor, alle würden nach unserer Pfeife tanzen. Da wir durch unseren Egoismus von der Wirklichkeit abgeschnitten waren, dachten wir, unsere Wünsche »genau jetzt« befriedigen zu müssen, ohne Rücksicht auf Konsequenzen.

Aber die Wirklichkeit schließt andere Menschen mit ein, die vielleicht nicht an unseren Vergnügungen teilnehmen oder auf unsere Forderungen eingehen wollen. Sie müssen ihr eigenes Leben leben und ihre eigenen Entscheidungen treffen. Bei einigen von uns verursachte dieses Verhalten ungestüme Wutanfälle, in denen wir mit Schimpfwörtern um uns warfen oder gar gewalttätig wurden. Wir waren so daran gewöhnt, unseren Kopf durchzusetzen, daß jede Opposition uns buchstäblich rasend machte.

Im Heilungsprozeß lernen wir, daß die Welt nicht nur für uns allein erschaffen wurde. Ihre Eigentümlichkeiten und Schönheiten sind dazu da, genossen zu werden — aber nicht nur von uns und nicht unbedingt in diesem Augenblick. Wir sind jetzt imstande zu warten, geduldig zu sein und die Wünsche anderer Menschen zu respektieren. Dabei nehmen wir freudig wahr, wie die Höhere Macht den für uns vorgesehenen Lebensplan allmählich enthüllt.

Ich weiß, daß ich oft immer noch selbstsüchtig und ungeduldig bin; aber ich lerne, den Austausch von Gefälligkeiten draußen in der Welt zu fördern.

PW

27. November

Der Preis der Unehrlichkeit ist Selbstzerstörung.

Rita Mae Brown

Selbst wenn wir in einer kleineren, offensichtlich belanglosen Sache unaufrichtig waren, glauben wir wohl trotzdem daran, daß wir ehrlich sind und die richtige Entscheidung treffen, sobald wichtigere Fragen auf uns zukommen. Aber die wahre Ehrlichkeit resultiert aus den hundert kleinen Entscheidungen, die wir jeden Tag treffen.

Es fällt uns leichter, aufrichtig zu sein, wenn wir mit uns selbst im Einklang sind, wenn Verstand, Körper, Geist und Gefühl zusammen harmonieren. Als Sex-Süchtige haben wir alle das innere Tauziehen zwischen diesen einzelnen Aspekten miterlebt. Als die Sucht unser Verhalten steuerte, gaben wir jenem Teil von uns den Vorzug, der seine Bedürfnisse am dringendsten äußerte: meistens war es der Körper.

Im Rahmen des Programms lernen wir, wie wir ehrlich sein können, und allmählich lernen wir auch, wie wir als ganze Menschen leben können. Wir können frei sein von Schamgefühlen, Selbstmitleid, Selbstgerechtigkeit und Ressentiments — von all jenen Charakterfehlern also, die, zusammengenommen, unsere Unehrlichkeit ausmachen. Die Sex-Sucht wirkt sich auf die ganze Persönlichkeit aus — die Heilung ebenfalls. Erstere ist durch und durch von unaufrichtigem Verhalten gekennzeichnet; letztere bietet uns innere Einheit.

Jeder der Schritte zeigt mir auf jeweils unterschiedliche Weise, wie ich ehrlich sein kann. Welchen brauche ich heute, um mir selbst treu zu bleiben?

SK

28. November

Was für ein wunderbares Leben ich hatte! Ich wünschte nur, ich hätte das eher gewußt.

Colette

Colette war eine französische Schriftstellerin, deren Bücher uns die Vorstellung von einem Leben vermitteln, das in vollen Zügen genossen wird. Dennoch bedauerte gerade sie es, daß sie ihr Glück nicht schon früher zu schätzen gewußt hatte. Erst durch das Schreiben begriff sie allmählich, wie gut das Schicksal es mit ihr meinte und wie glücklich sie war; erst so konnte sie lernen, das Leben zu preisen.

Auch viele von uns erkennen erst sehr spät, wie reich das eigene Leben bisher gewesen ist. Oft können wir erst im Rückblick das Schöne wahrnehmen und Freude empfinden. Wie wunderbar doch dieser eine Tag war! Wie sehr ich geliebt wurde! Wieviel Glück ich doch hatte, solche Freunde um mich zu haben! Was für ein reizendes Kind ich war!

Warum haben wir nicht gesehen, was vor unseren Augen geschah? Warum waren wir nicht fähig, den Augenblick auszukosten? Es ist gut, sich zu erinnern, aber es ist auch herrlich, in der Gegenwart zu leben und jeden Moment zu schätzen, wie er sich gerade ereignet.

Ich lerne, loszulassen und in der intensiven Atmosphäre des Hier und Jetzt zu leben.

PW

Ehrbare Kühnheit wird immer Freunde zur Seite haben. Homer

Innere Gelassenheit ist das Ziel unseres Heilungsprozesses. Um es zu erreichen, brauchen wir sowohl Weisheit wie Mut. Es ist schwierig, über Mut zu sprechen, wenn man ihn nicht aus dem Zusammenhang begreift; aber wir wissen, bei welcher Gelegenheit wir Mut verspüren oder wann er bei anderen festzustellen ist. Er beweist sich genauso in alltäglichen Handlungen wie in großen Gesten.

Wir müssen tapfer genug sein, unserer Krankheit ins Auge zu sehen. Sie wird nicht verschwinden, nur weil wir sie verabscheuen; wir müssen Schritte dagegen unternehmen, jeden Tag — kleine, entschlossene Schritte.

Dafür benötigen wir eine mutige Haltung. Und im Rahmen unseres Programms werden wir ihr jedesmal begegnen, wenn wir jemandem zuhören, der über seine Erfahrungen mit dem Ersten Schritt spricht. Wir treffen viele tapfere Menschen, die zugeben, daß sie ihr Leben nicht mehr in den Griff bekommen können, und die Schritte unternehmen, um es zu ändern.

Mut ist ansteckend. Wenn wir sehen, daß andere Mut haben, wenn wir ihn selbst empfinden oder wenn wir von einer mutigen Tat hören, sind wir davon beeindruckt, betroffen und bekommen Kraft. Wenn wir unsere Augen und Ohren offen halten, werden wir viele mutige Dinge sehen und hören, die sich in unseren Gruppen ereignen. Und sobald wir von unserer Sucht genesen, werden wir unsere eigenen Handlungen darunter finden.

Ich bin froh, daß ich in meiner Gruppe mit tapferen Menschen in Verbindung stehe; ihre mutige Haltung beflügelt mich, meinerseits mutig zu sein.

PW

30. November

Eine Verhaltensweise, die äußerlich korrekt, im Grunde aber unredlich ist, irritiert stets jene, die tiefer blicken. James Bryant Conant

Das Ausagieren unserer Sex-Sucht war in vielerlei Hinsicht eine nicht enden wollende Suche nach Macht. Wir strebten danach, Macht über andere Menschen zu gewinnen, so daß wir unser zwanghaftes Verlangen nach Sex befriedigen konnten. Wir behandelten andere als Objekt und fühlten uns dabei stark. Wir blickten auf eine Welt, die besessen ist von Sex und in der die Menschen ungestraft Sex und Macht mißbrauchen. Und wir dachten, wenn *sie* das tun können, so können wir es auch. Genau das ist eine Denkweise, die in die Sucht und damit zu bloß illusorischer Macht führt.

Wirklich stark werden wir dadurch, daß wir lernen, uns selbst zu lieben und dann auch danach zu handeln. Wir werden stark, indem wir uns unserer Höheren Macht zuwenden.

Gershen Kaufman hat gesunde Stärke so definiert: »Man trifft Entscheidungen, lebt bewußt und fühlt sich verantwortlich. Diese gesunde Stärke gibt uns Auftrieb, verhilft uns zu innerem Wohlbefinden und zentriert unsere Energien. Wir finden diese Stärke durch einfache Entscheidungen, die unsere Aufmerksamkeit nach innen lenken, auf die wirklichen Bedürfnisse. Dann üben wir, mit unserer Stärke umzugehen, Tag für Tag.«

Woher beziehe ich heute meine Stärke? Ich habe die Wahl: entweder aus meiner Sucht oder von meiner Höheren Macht.

SK

Dezember

1. Dezember

Jeder Anfang ist die Konsequenz von etwas — jeder Anfang ist das Ende von etwas. Paul Valéry

Der Heilungsprozeß stellt einen Anfang dar, eine Wiedergeburt, den Anbruch eines neuen Lebens. Er ist nicht einfach ein Wunder, das vom Himmel fällt; er ist das Resultat unseres Wunsches nach Veränderung, nach Erneuerung unseres Lebens mit Hilfe unserer Höheren Macht.

Vor diesem Heilungsprozeß verlief unser Leben nicht mehr in geordneten Bahnen — und dieses Wissen war der Anfang unserer Heilung. Uns war klar, daß wir eine ganze Reihe neuer Überzeugungen nötig hatten. Diesen Überzeugungen nachzugehen, ist ein Bestandteil unserer Heilung.

Unsere innere Gesundung bedeutet zugleich das Ende alter Verhaltensweisen. Vielleicht haben wir das Bedürfnis, das Absterben unseres früheren Ich zu beklagen, weil es uns in all diesen Jahren vertraut geworden ist. Manchmal werden wir unsere Sucht vermissen — diese Tatsache müssen wir uns eingestehen. Doch mit Geduld lernen wir, neue Ziele ausfindig zu machen, auf die sich unsere Energien und Wünsche konzentrieren können. Eine bestimmte Lebensweise, die uns Leid, Kummer und Hoffnungslosigkeit bescherte, ist zu Ende. Wir können sie nun loslassen, denn sie ist wirklich vorbei. Wir sind auf dem Weg zu neuen Anfängen.

Ich beklage und akzeptiere zugleich das Absterben meines süchtigen Ich und heiße den Anfang eines neuen Lebens willkommen.

PW

2. Dezember

Ich lag auf einer Wiese, bis die reine Gelassenheit sich meiner bemächtigte und mich mit dem stillen Grün, den dahinziehenden Wolken vereinigte.

Alice James

Manchmal wirbeln die Gedanken wie Staubteilchen durch unseren Kopf, und unsere innere Gelassenheit verschwindet wie ein Dunstschleier im Sonnenlicht. Dennoch ist in unserem Heilungsprozeß nichts wichtiger als innere Gelassenheit; sie bedingt unsere Fähigkeit, enthaltsam zu leben.

Wahre Gelassenheit ist geistiger Friede, der es uns erlaubt, die Welt realistisch zu betrachten. Wir haben an ihr teil und sind doch zugleich losgelöst von ihr. Es mögen Stürme um uns wehen — im Kern unseres Wesens herrscht völlige Stille.

Gelassenheit ist von vielen kleineren Dingen abhängig. In Zeiten starker innerer Belastung kann es passieren, daß wir uns ihrer nicht mehr sicher sind. Dann können wir sanft, geduldig und versöhnlich mit uns selbst umgehen. Wir müssen uns darauf besinnen, auf welche Weise wir unsere Gelassenheit hegen und pflegen. Abgeschiedenheit, besänftigende Musik, ein ruhiges Gespräch, nahrhafte Kost, ein Gebet, Ideen — all das vermag Körper, Verstand, Gefühl und Geist zu stärken, so daß wir gedeihen können. Vor allem aber hängt die Gelassenheit davon ab, daß wir in unserem Inneren die Gegenwart Gottes erkennen. Dann wissen wir, egal, was auch geschehen mag: Alles ist gut.

Ich kann die Entscheidung treffen, mich selbst von den Hindernissen zu befreien, die meiner Gelassenheit im Wege stehen, indem ich den Frieden in mir hege.

SK

3. Dezember

Jene, die ihre Mitmenschen nicht lieben, führen ein fruchtloses Leben und bereiten sich für ihre alten Tage ein elendes Grab. Percy Bysshe Shelley

Wenn wir manchmal ältere Leute betrachten, bekommen wir eine vage Vorstellung davon, wie sie ihr Leben verbracht haben. Sie können innerlich gelassen und humorvoll sein und Freunde und geliebte Menschen um sich haben. Sie können grimmig und langweilig sein, isoliert und ängstlich. An ihren Früchten werden wir sie erkennen.

Wenn wir weiterhin tief in unsere Sucht verstrickt sind, wird unser Leben eng und bedrückend. Es gibt nichts, was so beengend ist wie ein Leben in der Sex-Sucht — mit ihrer Machtlosigkeit, ihrer Hoffnungslosigkeit und ihren Heimlichkeiten.

Unsere Programme zwingen uns, Schritte zu unternehmen — Schritte, die die spirituelle Beziehung zu uns selbst, zu anderen und zu unserer Höheren Macht verstärken. Wir lernen, zu geben und zu nehmen, anderen unsere Hilfe anzubieten und unsererseits Liebe und Freundschaft zu empfangen. Allmählich erschließt sich uns eine einfache Wahrheit: Wir alle sind Wanderer auf einem Weg, dessen stärkste Herausforderung darin besteht, daß wir den Weggefährten unsere Hilfe zuteil werden lassen.

Wir müssen nicht auf ein elendes Grab zugehen. Wir können in Würde unseren Lebensweg gehen.

Ich muß Schritte unternehmen, um am Geben und Nehmen des Lebens teilzunehmen.

PW

Die Suche nach einer neuen Persönlichkeit ist sinnlos; sinnvoll dagegen ist das zutiefst menschliche Interesse, das die alte Persönlichkeit neuen Gedanken und Handlungsmöglichkeiten entgegenbringen kann.
Cesare Pavese

Wir wollen einmal die folgenden Sätze vervollständigen. Ich habe Vergnügen an: ____________________ Meine Lieblingsfarbe ist: ____________________ Fünf gute Eigenschaften von mir sind: ____________________ Schwierig, nicht wahr? Meistens ist es einfacher, mit fünf schlechten Eigenschaften aufzuwarten. Und trotzdem: Wenn wir wissen, wer wir sind, und das auch zum Ausdruck bringen können, stärken wir damit unsere Selbstachtung. Wir fühlen uns gut, wenn wir fähig sind, Positives über uns selbst zu sagen. Wir gewinnen neue Einsichten in unsere Persönlichkeit, vor allem dann, wenn wir das Wagnis eingehen, einem anderen Menschen von uns zu erzählen. Es sind die kleinen, scheinbar unwichtigen Dinge — unsere Vorlieben und Eigenarten —, die unsere Persönlichkeit lebendig werden lassen und sie bereichern.

Je länger wir im Heilungsprozeß sind, desto größere Freude empfinden wir über die einzigartige Verbindung unserer Eigenschaften. Wir können einen Anfang machen, indem wir uns ihrer immer wieder versichern. Wir können uns auf uns selbst konzentrieren — nicht auf großtuerische oder egoistische Weise, sondern liebevoll. Sich selbst zu entdecken ist ein Abenteuer — eines, an dem wir jeden Tag Gefallen finden können.

Ich bin ein einzigartiges Wesen. Es gibt nur einen Menschen, der so ist wie ich: Ich selbst. Ich bin wertvoll, fähig und liebenswert.

SK

5. Dezember

Die Kindheit ist das Königreich, in dem niemand stirbt. Edna St. Vincent Millay

Kinder empfinden sich selbst als allmächtig in einer Welt, die unendlich ist. Nichts verschwindet, nichts geht zu Ende. In unseren frühesten Tagen waren unsere Freuden grenzenlos und währten ewig. Die Wirklichkeit stellte nur ein kleines Hindernis dar auf dem Weg zu den Genüssen und Belohnungen.

Sex-süchtige Menschen stagnieren oft in einer ähnlich vergnügungsorientierten Welt. Wir mögen es nicht, wenn jemand nein zu uns sagt. Manchmal versuchen wir, die Realität zu manipulieren, damit sie unseren Zwecken gerecht wird. Wir betrachten andere als Objekt, das uns Genugtuung verschaffen soll. In unseren Phantasievorstellungen rufen wir oft noch einmal die omnipotente, zeitlose Welt der Kindheit hervor, in der wir über alles bestimmen. Unser Vergnügen kennt keine Grenzen.

Wir müssen unsere Kindlichkeit bewahren und weiterhin von Staunen erfüllt sein, zugleich aber müssen wir auch diese kindischen Phantasien ablegen. Wir können kreativ sein, ohne uns selbst für unsterblich und unbesiegbar zu halten. Wir können in das Königreich unserer frühesten Tage zurückkehren, ohne den kleinen Tyrannen zu spielen.

Wir wollen uns an die einzigartige Zeit unserer Kindheit erinnern und ihre ichbezogenen Einstellungen hinter uns lassen. Die Liebe, die wir anderen und dem Leben entgegenbringen, ist das Heilmittel gegen den tödlichen Kreislauf unserer Sucht.

Ich will verbunden bleiben mit meiner Kindheit und zugleich meine Erfahrungen in der realen Welt erweitern.

PW

Verlangen. Verlangen. Ungesehen
Hebt sich der Nebel im Raum.
Dein Herz gibt seine großen Schläge kund -
Allein. Adrienne Rich

Die Neulinge in unserem Programm haben häufig die Befürchtung, sie seien dazu verurteilt, nie mehr ihre sexuellen Bedürfnisse ausleben zu können. Schließlich hören die Alkoholiker mit dem Trinken auf, und auch die anderen Abhängigen halten sich von Drogen fern. Die Neulinge sind oft besorgt darüber, daß es sich mit der sexuellen Enthaltsamkeit genauso verhalten könnte. Die Sex-Sucht jedoch ist nicht wie andere Süchte. Wir verschließen nicht einfach die Flasche und lassen sie irgendwo stehen.

Die Herausforderung für uns besteht darin, wie wir trotz Enthaltsamkeit unsere Sexualität erleben können. Weder wollen wir unsere Sexualität beseitigen, noch wären wir überhaupt dazu imstande. Was wir allerdings aufgeben müssen, ist unser süchtiges Verhalten. Sobald wir einmal enthaltsam leben, beginnen wir uns selbst als ganze Menschen zu sehen, und unsere Sexualität nimmt den Platz in uns ein, der ihr zukommt. In der Enthaltsamkeit — die jeder von uns auf seine Weise definiert — erfahren wir, was es heißt, sich sicher zu fühlen sowie andere Menschen und uns selbst zu achten. Wir entdecken auch jene wunderbare Verbindung, die sich einstellt, wenn wir unsere Sexualität mit einem anderen Menschen teilen. Wir nehmen Abstand von den früheren sexuellen Gewohnheiten und ersetzen sie durch etwas viel Wertvolleres.

Heute werde ich meine Enthaltsamkeit auf eine Weise erfahren, die mir entspricht. Selbst wenn ich sexuellen Kontakt mit jemandem habe, kann ich im Innersten abstinent bleiben.

SK

7. Dezember

Aus dem Kernpunkt einer Überzeugung manifestiert sich eine Gewohnheit. Charles Pearce

Oft scheuen wir davor zurück, an eine Höhere Macht zu glauben, weil uns beigebracht wurde, »es ganz alleine zu machen« und auf nichts und niemanden außer uns selbst zu vertrauen. Es ist schwer, seine Überzeugungen zu ändern, vor allem dann, wenn wir uns mehr oder weniger wohl fühlen mit dem, was wir all die Jahre über in uns zur Entfaltung gebracht haben.

Die eigenen Überzeugungen zu ändern ist nicht nur eine intellektuelle Anstrengung. Es geschieht durch Diskussionen und Auseinandersetzungen und indem wir neue Verhaltensweisen ausprobieren.

Genau darin liegt die Bedeutung unserer Zwölf-Schritte-Gruppe, in der wir geistige Nahrung und Unterstützung bekommen. Hier lernen wir, unsere Einstellungen zu ändern und unsere Selbstachtung zu fördern. Sobald wir anfangen, gemäß unserem Heilungsprogramm zu handeln, stellen wir fest, daß unsere Überzeugungen gefestigt werden. Wir müssen es uns nur zur Gewohnheit machen, auf neue und positive Weise über die Dinge nachzudenken.

Wenn ich die Werte, die das Programm vertritt, in mein Leben mit einbeziehe, werde ich feststellen, daß diese Überzeugungen zu meinen eigenen werden.

PW

Selbst eine Uhr, die stehengeblieben ist, geht zweimal am Tag richtig. Marie von Ebner-Eschenbach

Eines der größten Geschenke, das wir uns selbst machen können, ist eine versöhnliche Haltung. Wenn wir an die Vergangenheit zurückdenken, stellen wir häufig fest, daß wir mit uns selbst viel härter ins Gericht gegangen sind als mit anderen Menschen. Vielleicht können wir uns gar nicht mehr an die meisten unserer Missetaten erinnern, doch es ist gar nicht so leicht, die Auswirkungen dieser Selbstbestrafung auf unsere Persönlichkeit und unsere Selbstachtung zu beseitigen.

Es besteht kein Grund, uns selbst zu bestrafen. Wir können bei uns selbst Schaden wiedergutmachen, genauso wie wir es bei anderen tun. Und dann können wir uns selbst verzeihen, genauso wie wir anderen verzeihen, und genauso, wie sie uns verzeihen.

Wenn es uns schwerfällt, uns selbst zu verzeihen, können wir bestimmte Maßnahmen ergreifen: Wir können jemanden anrufen, am Zehnten Schritt arbeiten oder versuchen, die wahren Gefühle herauszufinden, die diesem dringenden Bedürfnis nach Selbstbestrafung zugrunde liegen. Wir können stets ehrlich sein und uns für einen sanften Umgang mit uns selbst entscheiden. Wir können außerdem nüchtern und sachlich bleiben, die Dinge realistisch betrachten und müssen keine Katastrophe heraufbeschwören, wenn es gar keinen Anlaß dafür gibt. Wir können uns unserer Höheren Macht zuwenden, sie um eine versöhnlichere Haltung bitten und uns darauf verlassen, daß sie uns Verständnis und Liebe entgegenbringen wird.

Verberge ich nicht etwas vor mir selbst, wenn ich es ablehne, mir zu verzeihen? Ich weiß: Sich selbst zu verzeihen ist nichts anderes, als sich selbst zu lieben.

SK

9. Dezember

Berühre die Erde, liebe die Erde, ehre die Erde, ihre Ebenen, ihre Täler, ihre Hügel und ihre Meere; laß deinen Geist Ruhe finden an ihren abgeschiedenen Orten. Henry Beston

Viele von uns betrachten das Leben als etwas Selbstverständliches und machen sich nicht die Mühe, den Blick umherschweifen zu lassen und die Welt ob ihrer strahlenden Schönheit zu preisen. Vor allem dann, wenn wir süchtig sind, neigen wir dazu, in uns selbst zu verharren, und vergessen, daß wir Teil einer Welt sind, die erfüllt ist von Geheimnissen und lebendiger Schönheit.

Die Sex-Sucht hält uns davon ab, mit der realen Welt in Beziehung zu treten. Wir erstreben und ersehnen ein Vergnügen, das nur uns selbst zufriedenstellt. Je öfter wir dieses Vergnügen unter einem inneren Zwang wiederholen, desto sinnloser wird es. Wir wissen nicht genau, wonach wir suchen, aber wir wissen, was wir vorfinden: Dunkelheit und Verzweiflung.

Wir wollen uns dem Licht zuwenden, dem Licht der lebendigen Welt. Ob wir nun in die Natur gehen für Studienzwecke oder zur Entspannung, um Abenteuer zu erleben oder um allein zu sein — durch diesen Kontakt können wir stets unsere eigene Welt und die Welt um uns bereichern. Wir fühlen uns allmählich als Teil von etwas, das mehr Bestand hat und anregender ist als unsere eigene Person, die in Täuschungen gefangen war. So wird sich unser Leben weiterhin entwickeln und erweitern.

Ich lerne, nach draußen zu schauen und die einfachen Schönheiten der Welt, die mich umgibt, zu genießen.

PW

Alle Naturen sind in der Natur.

Jennie Jerome Churchill

Keiner von uns, der in den Heilungsprozeß eintritt, ist wie der andere. Jeder von uns hat seine eigene Geschichte. Vielleicht schauen wir uns unsere Gefährten und Gefährtinnen an, die ebenfalls von der Sucht genesen wollen, und vergleichen unser Leben und unseren inneren Fortschritt mit dem ihren. Vielleicht vergleichen wir uns auch mit jenen Menschen, die wir als »normal« bezeichnen. Derartige Vergleiche sind jedoch sinnlos. Es ist menschlich, wenn wir nach Ähnlichkeiten zwischen uns und anderen suchen; wir alle forschen nach einer Gemeinsamkeit mit anderen Menschen. Aber es ist eine befreiende Erfahrung, klar zu erkennen, daß jeder von uns ein einzigartiges Wesen ist.

Einige Menschen sind gesünder, als wir es sind, und einige sind kränker. Weder der eine noch der andere Zustand muß sich negativ auf uns auswirken, denn wir selbst sind da, wo wir sein sollen — das besagt die Weisheit des Programms. Wir können uns die bisherige innere Entwicklung als Verdienst anrechnen, indem wir uns daran erinnern, wo wir angefangen haben, und dankbar anerkennen, wie weit wir gekommen sind. Auch können wir uns weigern, in der Erwartung zu leben, Vollkommenheit sei möglich; dadurch werden wir nur entmutigt und sabotieren uns selbst. Es liegt Hoffnung und Trost in dem Wissen, daß wir uns sowohl ähnlich als auch voneinander verschieden sind.

Heute werde ich die Unterschiede zwischen mir und anderen Menschen akzeptieren und lernen, ihnen Vertrauen und Liebe zu schenken.

SK

11. Dezember

Es ist die Aufgabe kreativer Menschen, die Beziehungen zwischen Gedanken oder Dingen oder Ausdrucksweisen, die völlig unterschiedlich scheinen, zu erkennen und fähig zu sein, sie zu neuen Formen zu verbinden. Es geht um die Kraft, das scheinbar Unvereinbare zusammenzufügen. William Plomer

Wenn wir den anderen in der Gruppe dabei zuhören, wie sie von ihrer Sucht und ihrem Heilungsprozeß berichten, identifizieren wir uns vielleicht nicht mit allen Teilen ihrer Geschichte. Aber wenn wir auf die Details achten, ahnen wir das Grundmuster in diesen Menschenleben, die sich von unserem unterscheiden — und uns doch auf seltsame Weise vertraut sind.

Wir alle sind Mitglieder der menschlichen Familie. Im Verlauf unserer Lebensreise ändern und trennen sich unsere Wege. Und das ist gut so. Jenseits der großartigen Skala verschiedener Möglichkeiten aber verfolgen wir sicher ähnliche Ziele: Wir streben nach dem Wunderbaren, nach Weisheit, Gemeinschaft und dem großen Abenteuer der Liebe.

Wenn wir mit anderen sprechen und ihnen aufmerksam zuhören, werden wir etwas über unser eigenes Leben erfahren — über unsere Hoffnungen und Leiden, unser Bemühen und unser Scheitern, unseren Mut und unsere Verzweiflung. Bei diesem liebevollen Austausch werden die Zeichen sichtbar, die uns zu unserer eigenen Gelassenheit führen.

Indem ich mit anderen spreche und ihnen zuhöre, erkenne ich allmählich die Grundmuster ihres Lebens; so lerne ich, diese mit meinem eigenen Leben und meinem Heilungsprozeß in Verbindung zu bringen.

PW

Zeige uns den geraden Weg, den Weg jener Menschen, denen Du Deine Gnade erwiesen hast, deren Erbe nicht der Zorn ist und die nicht fehlgehen.

Aus dem Koran

Glaube, Liebe, Hoffnung sind kreative Kräfte. Wenn wir lernen, jeden Tag im Glauben, in Hoffnung und mit Liebe zu verbringen, leben wir in einem spirituellen Zustand. Dann wird das im Zwölften Schritt angekündigte geistige Erwachen Wirklichkeit werden. Dieses Erwachen sorgt für den inneren Schwung, die Motivation, die Weisheit und die Kraft, um uns auf dem Weg zur Heilung zu beflügeln.

Der Glaube hilft uns, den Sprung zu schaffen: im Heilungsprozeß zu leben anstatt in der Sucht. Die Hoffnung hält uns am Leben. Sie veranlaßt uns weiterzugehen, vor allem dann, wenn die Welt am dunkelsten ist. Und die Liebe? Für Sex-Süchtige ist die Liebe der Inbegriff der Heilung, die Kraft des Guten, die uns wiedergegeben wurde, weil wir ernsthaft bereit waren, sie von neuem in unserem Leben zu erfahren. Die Liebe ist unter allen Kräften die wirkungsvollste: sie ist unerklärbar, menschlich, göttlich, mächtig. Sie ist der Grund unseres Daseins, unseres Werdens. Wenn wir die Liebe mit unserem Glauben und unserer Hoffnung verbinden, wissen wir ganz genau, daß uns der Heilungsprozeß Dinge bescheren kann, von denen wir nie zuvor geträumt hätten.

Haß, Ungläubigkeit und Verzweiflung haben in meinem Leben keinen Platz. Statt dessen will ich mit jeder Faser meines Seins Glaube, Liebe und Hoffnung empfinden.

SK

13. Dezember

Jene, die heute verlieren, sind vielleicht die Sieger von morgen. Cervantes

Die Sex-Sucht macht uns zu Verlierern. Unser zwanghaftes Verhalten und unsere Angst vor Intimität haben dazu geführt, daß wir nicht nur Freunde verloren haben, sondern auch den Kontakt mit unserer Höheren Macht und unser Selbstwertgefühl. Wir sind der Intimität und der Gemeinschaft mit anderen Menschen ausgewichen und befanden uns in beschämenden und einsamen Situationen.

Aber in unseren Gruppen beginnen wir, uns selbst wiederzuentdecken, indem wir in eine neue Beziehung mit anderen und unserer Höheren Macht treten. Wir akzeptieren, daß wir teilhaben an Welten, die größer sind als wir, und schließen uns an den Energiestrom der Liebe an. Indem wir das tun, gewinnen wir uns selbst zurück.

Ob wir gewinnen oder verlieren, ist im Sport oder im Geschäftsleben nicht so wichtig wie dann, wenn unser Leben auf dem Spiel steht. Durch die Sex-Sucht ist unser Leben tatsächlich in Gefahr, denn wir riskieren, alles zu verlieren: Familie, Ansehen, Freunde, Arbeit, körperliche und geistige Gesundheit sowie die Möglichkeit, intimen Umgang zu pflegen und andere Menschen zu lieben. Doch all das muß nicht geschehen, wenn wir unserem Programm Schritt für Schritt Folge leisten.

Wir wollen beschließen, dann auf der Seite der Sieger zu stehen, wenn es um unser eigenes Leben geht.

Wir alle sind Sieger, wenn wir über unsere Sexualität bestimmen und sie in einer intimen und liebevollen Atmosphäre erfahren.

PW

Geh nicht barfuß, wenn du Dornen streust.
Italienisches Sprichwort

Unsere negativen Gefühle, Gedanken oder Verhaltensweisen lassen sich etwa dadurch ändern, daß wir uns genau für das Gegenteil entscheiden: Wir begegnen der Unaufrichtigkeit mit Aufrichtigkeit, der Angst mit Vertrauen und dem Selbsthaß mit dem Mitgefühl, das wir anderen entgegenbringen. Wir können uns frei machen von Zorn, indem wir unsere Bedürfnisse zugeben. Anstatt in Ressentiments zu verfallen, können wir die Dankbarkeit wählen.

Wenn wir positive Gefühle und Verhaltensweisen entwickeln, werden wir gelassener und bereiten uns auf die Entscheidung vor, unseren Willen der Höheren Macht anzuvertrauen. Damit bleiben wir auch der Gegenwart verpflichtet und bekommen Kraft, unsere Entscheidungen nicht mehr in jener Gedankenverlorenheit zu treffen, die sich mit einer negativen Grundhaltung einstellt.

Während wir uns im Laufe des Tages all das Positive wieder ins Gedächtnis rufen, können wir liebenswürdig und sanft mit uns selbst umgehen. Wir werden erstaunt sein, wie viele positive Gefühle und Handlungen in uns zum Leben erwachen und allmählich Wirklichkeit für uns werden.

Wenn ich heute eine innere Inventur vornehme, kann ich die negativen Gefühle aufführen, mit denen ich zu kämpfen habe, und die positiven benennen, die ihnen entgegenwirken.

SK

15. Dezember

Ein Mensch, der sich nie verändert, ist absurd.
Auguste Barthélémy

Oft macht es uns ganz krank, und wir werden es überdrüssig, der zu sein, der wir sind, weil es so aussieht, als wären wir immer gleich, als würden wir uns nie verändern. Das trifft vor allem auf Sex-Süchtige zu: Unser Gefühlsleben erscheint uns oft wie eine Tretmühle, nie kommt Abwechslung in unsere Phantasien und Rituale. Wir haben nichts unternommen, die Dinge zu ändern; wir haben nur unsere Sucht ausagiert. Dabei wurden wir zwanghaft dazu getrieben, jene Handlungen zu wiederholen, die uns kaum Vergnügen und schon gar keine Freude bereiteten.

Manchmal beschleichen uns die gleichen Gefühle im Verlaufe unserer Heilung. Wir sagen: »Alles ist immer dasselbe« oder: »Ich komme einfach nicht weiter.« Unser tagtägliches Leben scheint mehr oder weniger gleich abzulaufen; nichts Dramatisches ist geschehen, nichts Besonderes wird geschehen. Trägheit! Verzweiflung!

Wir wollen einen Blick auf andere Menschen in unserer Gruppe werfen und einige Dinge überprüfen. Vielleicht können wir die Veränderungen, die eingetreten sind, bei anderen klarer erkennen. Ja, es wird uns bewußt, daß unser Freund Johannes anders geworden ist, ruhiger, und Marie ist nun aktiv und geht mehr aus sich heraus. Veränderungen mögen sich zwar langsam vollziehen, aber sie finden statt. Ganz bestimmt.

Auch wir verändern uns. Sicher.

Ich will mir der Veränderungen bewußt werden, die jeden Tag in mir stattfinden.

PW

Wen sie verletzten, den hassen sie auch. Seneca

Wenn ein anderer etwas besitzt, das wir auch gerne hätten, sind wir vielleicht überrascht, mit welcher Heftigkeit und wie plötzlich uns der Neid überkommen kann. Im ersten Augenblick sind wir noch glücklich; im nächsten von Sehnsucht erfüllt. Sobald wir einmal ehrlich sind zu uns selbst und zugeben, daß wir uns neidisch fühlen, können wir daran arbeiten, uns vom Neid frei zu machen. Wir erfahren unzählige Wohltaten in unserem Leben, und wenn wir uns einfach die Zeit nehmen, sie zu zählen, wird der Neid in dem Maße aus unserem Gedächtnis verschwinden, wie die Dankbarkeit in den Vordergrund tritt.

Dankbarkeit kann uns helfen, den Neid loszuwerden, vor allem die Dankbarkeit dafür, daß wir heute der Sex-Sucht nicht nachgegeben haben. Außerdem können wir ein Gruppenmitglied anrufen, um die dem Neid zugrunde liegenden Gefühle mit jemandem zu teilen. Im Heilungsprozeß stehen wir vor der Aufgabe, uns selbst so zu akzeptieren, wie wir sind, und es dabei bewenden zu lassen. Das ist im Grunde schon mehr als genug, denn alles, was wir sind, kommt von Gott. Es ist besser, wenn wir uns selbst wie jenes sprichwörtliche Glas betrachten: zur Hälfte gefüllt, nicht halb leer. Egal, welche Person, welches Ereignis oder welcher Gegenstand uns dazu veranlaßte, neidisch zu reagieren: Wir können sie alle loslassen und preisen, daß wir wieder wir selbst und ganz sein können.

Der Neid ist eine Obsession. Ich werde auf meinen eigenen Weg vertrauen, anstatt Salz in die Wunden meines Neids zu streuen.

SK

17. Dezember

Ich suche. Ich ringe. Ich bin aus ganzem Herzen dabei. Vincent van Gogh

Van Gogh war nicht nur ein phantastischer Künstler; er war auch ein Mensch mit einer starken spirituellen Kraft, der ganz seiner Malerei und für andere Menschen lebte. Er liebte seine Arbeit und sein Leben, und er war davon überzeugt, daß die Kunst imstande ist, unsere Beziehungen zu anderen Menschen und zur Welt zu verändern.

Wir alle müssen suchen und uns bemühen, um das zu finden, was unser Leben reich und schöpferisch macht. Wenn wir süchtig sind nach Sex, ohne Liebe zu empfinden, wird unser Herz arm und leer sein. Uns fehlt geistige Nahrung und die Kraft, anderen Menschen etwas zu geben. Die Sex-Sucht gedeiht nur im Schatten des Todes.

Zum Glück aber gibt es kreative Menschen wie van Gogh, die die Kraft besitzen, das Leben nicht nur durch ihre Kunst zu bereichern, sondern auch durch ihre Leidenschaft für das Abenteuer des Lebens. Sie und all die anderen, die ihnen gleichen, überzeugen uns davon, daß wir es dem Leben schuldig sind, gesund zu werden und jene Liebe und Wahrheit und Schönheit zu finden, die für immer im Herzen lebt.

Ich bin dankbar, daß es kreative Geister unter uns gibt; durch ihr Beispiel möchte ich mein eigenes Leben bereichern..

PW

Ein Freund ist ein Geschenk, das man sich selbst macht. Robert Louis Stevenson

Als Sex-Süchtige wollen wir meistens mehr; wir glauben, »mehr« hieße »besser«. Aber es gibt einige Dinge, bei denen weniger mehr bedeutet, und dazu gehört zum Beispiel eine enge Freundschaft. In Wahrheit haben wir nicht viele besondere Freunde; deshalb sind sie ja so besonders.

Zwischen solchen Freunden besteht eine Verbindung, die auf Verständnis, Ehrlichkeit, gegenseitiger Anerkennung und Liebe beruht und die mit der Zeit an Wert gewinnt. Durch treue Freunde erhalten wir die Chance zu lernen, wie wir vertrauten Umgang pflegen mit Menschen und immer wieder zulassen, daß man uns als den erkennt, der wir in Wirklichkeit sind. In diesem wechselseitigen Austausch empfangen wir, was wir brauchen. Wir können auch einmal etwas riskieren in dem sicheren Bewußtsein, daß die Freundschaft diese Probe bestehen wird. Wir müssen nicht perfekt sein, denn wir werden geliebt, so wie wir sind. In diesen Freundschaften herrscht eine ureigene Freiheit.

Solche Freundschaften können platonisch oder romantisch sein. Es ist einerlei. In guten wie in schlechten Zeiten spüren wir die Gegenwart unserer Höheren Macht, die ein göttliches Dreieck aus innerem Wachstum und Liebe vervollständigt.

Heute bin ich dankbar für meine guten Freunde. Möge meine Liebe ein Segen für sie sein, so wie es ihre Liebe für mich ist.

SK

19. Dezember

Ich bin Herr über mein Schicksal —
Ich bin der Lenker meiner Seele. William Henley

Wenn wir wirklich Herr über unser Schicksal wären, besäßen wir die absolute Kontrolle über uns selbst und hätten nichts zu befürchten. Krankheit, Alter oder Sucht könnten uns nicht gefährden. Wir wären in der Tat übermenschlich und unsterblich.

Viele von uns wurden erzogen in dem Glauben, unser Ego und unser Wille seien die wichtigsten Bestandteile unseres Lebens. Uns wurde nicht beigebracht, daß jeder von uns ein Teil einer Welt ist, die viele Dinge mit einschließt, denen größere Bedeutung zukommt als jedem Einzelwesen: die Sprache, andere Menschen, Kultur, Natur und Tod. All diese Realitäten üben einen tiefen Einfluß auf unser Leben aus, und in mancher Hinsicht bestimmen und beherrschen sie uns.

Unsere Sex-Sucht hat uns bewußt gemacht, daß wir Teil eines kranken Systems sind, zu dem auch unsere Krankheit gehört. Um über die Sucht hinauszukommen, mußten wir eine Reihe von Verhaltensweisen und Beziehungen entdecken, die uns mehr Kraft gaben und insgesamt umfassender waren. Wir können weiterhin Beziehungen mit anderen Menschen eingehen und einen Ort suchen, an dem wir uns wohl fühlen und frei sind. Wir finden diesen Ort in unseren Gruppen; dort treffen wir auf Menschen, mit denen wir unser neues inneres Ich entwickeln können.

Ich lerne, meine Einstellungen gegenüber dem Schicksal und meiner eigenen Macht zu ändern, und erkenne, daß ich Teil eines ganzen Netzwerks bin, das mich mit anderen Menschen und dem Universum in Beziehung bringt.

PW

Nur einer, der zuhört, ist auch imstande zu sprechen.
Dag Hammarskjöld

Es wird immer Phasen geben, in denen eine Beziehung schwierig wird. Vielleicht geht es um eine Freundschaft, die Konflikten ausgesetzt ist, oder um eine Liebesbeziehung, die sich plötzlich und auf erschreckende Weise aufzulösen beginnt.

Wenn wir süchtig sind, kann eine unsichere Beziehung unsere Angst vor dem Verlassenwerden wachrufen. Das geschieht genau dann, wenn wir zwischen unserem alten Verhalten in der Sucht und unserem neuen Verhalten in der Therapie hin und her gerissen sind. Sollen wir aufgeben und davonlaufen? Sollen wir weitermachen, auch wenn wir keine Lust dazu haben? Wie ehrlich sollten wir sein? Was sollte unerwähnt bleiben und vielleicht besser mit einem anderen Menschen besprochen werden? Dies sind nur einige der Fragen, die wir uns selbst stellen müssen.

Die Weisheit des Programms lehrt uns, so lange nichts zu tun, bis wir wissen, was wir tun wollen. Alle Dinge, einschließlich der menschlichen Beziehungen, unterliegen dem Zeitplan Gottes. Ehe wir eine Entscheidung treffen, können wir einfach einen Tag nach dem anderen leben, Telefonanrufe tätigen, Gruppentreffen besuchen und an unserem Programm arbeiten. Alles, was wir tun können, ist, jeden Augenblick wirklich zu erleben und uns selbst die Liebe und geistige Nahrung zuteil werden zu lassen, die wir brauchen, bis die Schwierigkeiten schließlich ein Ende nehmen. Das Ergebnis mag nicht so sein, wie wir es erwartet haben, aber auch damit können wir fertig werden.

Ich akzeptiere alle meine Beziehungen so, wie sie heute sind. Ich will mein Bestes für sie geben.

SK

21. Dezember

Ein Kleptomane kann nichts dafür, daß er sich selbst bedient. Henry Morgan

Die Sucht anderer Menschen mag uns manchmal amüsant erscheinen — wenn sie zum Beispiel ihre Schnapsflasche in der Toilettenspülung verstecken, den gestohlenen Regenschirm in ihrem Hosenbein verschwinden lassen oder hinter der Garage heimlich eine Zigarette rauchen. Jeder Obsession haftet etwas Verrücktes, etwas genau Festgelegtes, Kompromißloses an, das die Menschen dazu bringt, ihr Leben mit Heimlichkeiten und Täuschungen zuzubringen. Wir machen uns gerne über andere lustig — aber nicht oft genug über uns selbst.

Vielleicht hilft es uns dabei, uns selbst zu sehen und auch ein wenig zu lächeln, wenn wir einmal besessen nach dem Bild oder der Vorstellung, nach dem Gegenstand oder der Person oder dem Ritual suchen, das wir ersehnen. Wie egoistisch und zugleich komisch sind wir doch, wenn unser Blick sich verengt und wir nur noch den eigenen niederen Wünschen folgen, um uns selbst zu bedienen!

Das Lachen mag dazu beitragen, daß wir unsere geistige Gesundheit und unsere Menschlichkeit wiederfinden. Wenn wir im Theater sitzen und mit anderen lachen, fühlen wir uns als Teil der menschlichen Gemeinschaft. Das Lachen, diese sehr menschliche Ausdrucksweise, wirkt integrierend und heilend.

Ich entwickle einen Sinn für Humor, der mir hilft, mich auf neue Art und Weise zu sehen.

PW

Wenn kommt, was man begehrt, tut es dem Herzen wohl. Die Sprüche Salomos 13,19

Wenn wir als Kind benachteiligt wurden, leben wir heute vielleicht immer noch mit dieser inneren Leere. Was hat man uns vorenthalten? Liebe, Sicherheit, Bestätigung, Anerkennung, Fürsorge, Mitgefühl? Wir machten diese Verluste wett, indem wir lernten, sie zu ertragen und zu überleben. Als Erwachsene tun wir nichts anderes: Wir überleben. Wir etablieren uns irgendwie; wir bitten nicht um die Dinge, die wir benötigen, weil wir glauben, wir verdienten überhaupt nichts. Aber wenn man sich immer nur mit den Brosamen des Lebens begnügt, entstehen Ressentiments, Selbstmitleid und Mangelgefühle. Wir bleiben Kinder, anstatt Erwachsene zu werden, die sich selbst als kompetent und wertvoll erachten.

Es gibt eine gesunde Mitte zwischen der absoluten Bedürfnislosigkeit und dem Wunsch, alles an sich zu reißen. Wenn wir imstande sind, unser Denken zu erweitern, um solche Begriffe wie Fülle, Erfüllung, Vergnügen, Befriedigung mit einzubeziehen, werden wir allmählich daran glauben, daß es von allem genug gibt. Dann werden wir uns der Reichhaltigkeit des Lebens um uns und in uns bewußt. Wenn wir wirklich in der Gegenwart leben, begreifen wir besser, daß wir alles haben, was wir im Augenblick brauchen. Diese Erkenntnis trägt dazu bei, daß wir uns als wertvolle, kompetente und erfüllte Menschen empfinden.

Gott, bitte nimm mir die Angst vor der Zufriedenheit und dem Vergnügen. Mach, daß ich mir bewußt werde, wie gut das Leben ist — ob es mir nun bringt, was ich erwarte, oder nicht.

SK

23. Dezember

Der Schmerz ist die Quelle des Wissens.

Simone Weil

Viele von uns füchten sich noch immer vor dem Schmerz und weichen ihm aus, sobald er sich ankündigt. In der Vergangenheit taten wir fast alles, um zu verhindern, daß wir verletzt wurden, und waren nicht bereit, Risiken in unserem Gefühlsleben einzugehen. Wir suchten unser Vergnügen in dem abgesicherten Bereich unserer Sucht, obwohl wir tief in unserem Innern wußten, daß wir ein gefährliches Spiel mit unserer geistigen Gesundheit trieben. Aber zumindest waren wir dadurch nicht verletzbar — dachten wir.

Leben ohne Schmerz ist nicht möglich. Das gleiche gilt für die Liebe. Die Menschen, die wir lieben, entfremden sich uns manchmal für eine gewisse Zeit. Vielleicht werden sie krank, verlassen uns oder sterben. Wir können über das Leben nicht bestimmen. Es zu akzeptieren und es zu lieben, wie es ist, mit allem, was an Unvorhersehbarem und Schmerzlichem dazugehört, ist eine der größten Herausforderungen des Heilungsprozesses.

Wir können den Schmerz annehmen als einen Teil des Lebens, ja sogar als Teil unserer inneren Entwicklung und Gesundheit. Wir können ihn annehmen, wenn wir mit Hilfe unseres Programms ein gesundes Maß an Gelassenheit erlangt haben — eben jene Gelassenheit, die Dinge zu akzeptieren, die wir nicht ändern können. Wir geben unsere falschen Machtvorstellungen auf, die dadurch entstehen, daß wir den Schmerz ausschließen — und schließlich fühlen wir uns vollkommen lebendig.

Ich will das Leid und den Schmerz akzeptieren und mein Leben mutig und endlich mit jener Gelassenheit angehen, die ich im Herzen trage.

PW

Wenn wir feiern, vergessen wir, um uns zu erinnern. Wir vergessen uns selbst, unsere Probleme, unsere Mühen. Wir lassen einfach los. Matthew Fox

Feiertage können eine ernsthafte Prüfung im Heilungsprozeß darstellen, vor allem für jene unter uns, die immer noch Tag für Tag, mit der Sex-Sucht zu kämpfen haben. Und besonders schwer haben es diejenigen, die allein sind.

Es ist an der Zeit, daß wir gut auf uns selbst achtgeben. Wir können ein zusätzliches Gruppentreffen besuchen, weiterhin unsere Anrufe tätigen und versuchen, ehrlich zu sein, anstatt nur ausgelassen. Wir können nein sagen, wenn wir uns mit Sex, Alkohol oder übermäßigem Essen betäuben wollen. Wir können andere Menschen finden, die sich von ihrer Sucht befreien, und mit ihnen zusammensein.

Vielleicht bieten uns die Feiertage eine Gelegenheit, über die Auswirkungen nachzudenken, die die Sucht auf unsere Beziehungen hatte, und wieviel es uns bedeutet, diese besondere Zeit des Jahres mit anderen Menschen teilen zu können. Wir sind auch fähig, das schätzen zu lernen, was wir bereits haben, und das Gute in unserem Leben besser zu begreifen, denn wir haben die durch unsere Krankheit bedingten Leiden und Entbehrungen kennengelernt.

In dieser Ferienzeit ist das Programm auf unserer Seite: Es bietet uns geistigen Frieden, Einfachheit und greifbare Wirklichkeit. Wir können uns für eine hoffnungsfrohe und dankbare Einstellung entscheiden. Indem wir unsere Erwartungen loslassen, entdecken wir vielleicht viel mehr, das zu feiern ist, als wir geahnt haben.

Ich habe genug, ich tue genug, ich bin genug.

SK

25. Dezember

Wer sein Brot ohne Hoffnung ißt, wird trotzdem verhungern. Pearl S. Buck

Wenn wir ohne Hoffnung leben, werden wir sicher den Halt in unserem Leben verlieren. Diejenigen unter uns, die süchtig sind nach Sex, ohne dabei Liebe oder Intimität zu empfinden, geraten nach und nach immer tiefer in Verzweiflung. Wir ziehen uns zurück in unsere kleine, beschränkte Welt, in der wir nur auf den eigenen Genuß bedacht sind. Allmählich vergessen wir, was es überhaupt heißt, wirklich zu leben.

Wenn wir uns umsehen und die Menschen im Heilungsprozeß betrachten, sind wir beeindruckt von dem Funkeln in ihren Augen, der Farbe auf ihren Wangen und ihrem federnden Schritt. Sie sind zurückgekehrt ins Leben. Sie haben gelernt, wieder auf sich selbst zu achten und keine Angst vor Nähe zu verspüren. Sie haben das Leben in seiner ganzen Dynamik und mit all seinen Hoffnungen auf Veränderung und Erneuerung wiedergefunden.

Diese Art von Energie ist ansteckend; darin liegt einer der vielen Vorteile der gemeinsamen Gruppenarbeit. Wir sehen, wie Menschen sich verändern und sich wieder dem Leben zuwenden. Wir erfahren, wie einsam sie waren, als sie nur ihrem sexuellen Vergnügen nachgingen. Ihre Heilung beeinflußt unser Leben und beflügelt uns, aus der Dunkelheit unserer Sucht ans helle Tageslicht zurückzukehren.

Mein Leben ändert sich durch den Kontakt mit anderen Menschen im Heilungsprozeß.

PW

Jede Wahrheit durchläuft drei Stadien. Zuerst wird sie verlacht. Dann wird sie heftig bekämpft. Und schließlich wird sie als selbstverständlich akzeptiert.
Arthur Schopenhauer

Entgegen der weitverbreiteten Auffassung gibt es so etwas wie den »typischen« Sex-Süchtigen gar nicht. Es wird behauptet, der typische Sex-Süchtige gehöre immer dem einen Geschlecht an (dem männlichen), habe eine ganz bestimmte Kindheit hinter sich (eine schlimme), habe dann angefangen, sich sexuell zu betätigen (Masturbation), und sei schließlich zu anderen, verwerflicheren Handlungen übergegangen (sexuelle Belästigung und Körperverletzung). Die Wahrheit ist: Jede unserer Lebensgeschichten ist einzigartig und gehört zu niemand anderem als zu uns selbst.

Wir sind Männer und Frauen. Wir sind verheiratet, alleinstehend, heterosexuell, homosexuell. Wir bedienten uns der Pornographie, hatten Affären, Phantasien, gingen auf Eroberungsjagd, trieben Mißbrauch mit unserer Sexualität und kamen mit dem Gesetz in Konflikt. Wir haben auch geweint, in stiller Angst gelebt, uns geschämt, unter Gewissensbissen gelitten und verzweifelt gegen unsere Machtlosigkeit angekämpft. Nun haben wir einen Namen für das, was wir erlebt haben: Sex-Sucht.

Unsere geistige Gemeinschaft resultiert ebenso aus unserem gemeinsamen Leiden wie aus unserer gemeinsamen Erfahrung, Stärke und Hoffnung. Die Gesellschaft mag unsere Sucht nicht verstehen, wir aber verstehen sie — und die Zahl derer, die sich mit jedem Tag im Heilungsprozeß entwickeln und ihre Liebe zum Ausdruck bringen, nimmt zu.

Im Akzeptieren der Realität liegt eine Kraft. Ich kann die Realität meiner Sucht akzeptieren und Heilung finden.

SK

27. Dezember

Solange noch eine Seele gefangen ist, bin auch ich nicht frei. Eugene V. Dibbs

Eine Aufgabe des Heilungsprozesses besteht darin, die Botschaft, die unser Programm verkündet, anderen Sex-Süchtigen zu übermitteln. Wir glauben daran, daß wir verpflichtet sind, die Idee der Gemeinschaft und der Fürsorge so weit wie möglich zu verbreiten.

Einigen von uns fällt dies schwer. Wenn wir irgendwohin gehen, um jemanden mit dem Programm bekannt zu machen, fühlen wir uns zunächst wahrscheinlich schüchtern und verlegen; in unserer Gesellschaft ist es schwer, offen über die Sex-Sucht zu sprechen. Sobald wir jedoch dem Programm und uns selbst vertrauen, fällt es uns leichter, fremde Menschen anzusprechen und die Botschaft weiterzutragen. Wenn wir in dieser Weise mit anderen in Kontakt kommen, fühlen wir uns mit der menschlichen Gemeinschaft stärker verbunden. Darüber hinaus können wir anderen ungezwungener helfen, sich von der Sex-Sucht zu befreien.

Unsere Einsamkeit und unser Schmerz verbinden uns. Und solange es Menschen gibt, die unter der Krankheit Sex-Sucht leiden, sind wir alle davon tief betroffen. Wir müssen alles tun, was wir können, um zu helfen.

Ich bin stolz, offen über meine Sucht sprechen zu können, und helfe jenen, die ebenfalls darunter leiden.

PW

Man ist, wie man ist, und jene Liebe, die nicht fähig ist, den ganzen Menschen zu umfassen, ist eine armselige Liebe. Marya Mannes

Wir alle haben uns sehr darum bemüht, die beste Art und Weise ausfindig zu machen, wie wir uns selbst und anderen verzeihen können. Verzeihen ist nicht leicht. Wenn jemand uns tief verletzt oder ungerecht behandelt hat, fühlen wir uns tatsächlich unfähig, ihm zu vergeben. Aber um unseres geistigen Friedens willen und um innerlich loszulassen, werden wir es schließlich doch versuchen. Man hat darauf hingewiesen, daß es unter bestimmten Bedingungen leichter fällt, Vergebung zu leisten. Hierzu gehören eine positive Beziehung zu dem Menschen, dem wir vergeben wollen, eine tiefe Verbindung mit Gott, wie wir Ihn verstehen — und sehr viel Zeit.

Oft geht der versöhnlichen Haltung ein tiefer Kummer voraus; zuerst müssen wir uns von der Verletzung kurieren, die uns zugefügt wurde. Mit ihrer Ehrlichkeit, ihrer Stärke und Weisheit führen uns die Zwölf Schritte sanft durch jenen Prozeß, in dem wir uns selbst und anderen verzeihen. Viele von uns haben auch die uneingeschränkte Vergebung durch unsere Höhere Macht erfahren, die uns als Vorbild dient. Wir bekennen, daß wir verantwortlich sind für unsere Taten, lassen die Ressentiments hinter uns, empfinden Schmerz — und schließlich vergeben wir.

Heute werde ich loslassen und Gott walten lassen.

SK

29. Dezember

Wir sind hier, und jetzt ist jetzt. Alles weitere Wissen ist Unsinn. H. L. Mencken

Einige von uns denken vielleicht, sie seien egoistisch, wenn sie sich allzusehr mit der Gegenwart beschäftigen. Sollten wir nicht lieber erhabene Gedanken pflegen oder für die Zukunft planen? Und die Vergangenheit — müssen wir sie etwa nicht in die richtige Perspektive rücken?

Das klingt alles ganz vernünftig. Aber wir wollen nicht vergessen, daß wir weder in der Vergangenheit noch in der Zukunft leben. Wir haben schmerzliche Erinnerungen, und sie sind ein realer Teil unserer Gegenwart. Aber eben nur ein Teil: Wir müssen nicht zwanghaft unsere Gegenwart mit Vergangenem anfüllen, nur um unsere eigene Geschichte zu bestätigen. Wir leben nicht dort; wir leben hier. Heute ist nicht damals, sondern heute — und wird es immer sein.

Wenn wir lernen, im Hier und Heute zu leben, finden wir dadurch unsere geistige Mitte und konzentrieren uns auf die Welt und die anderen Menschen. Wenn wir das, was jeden Augenblick geschieht, voll und ganz erleben, wird unser Leben sich erweitern und vertiefen und bereichert werden durch das lebhafte Gefühl, wirklich am Leben zu sein.

Ich will nicht mein ganzes Leben mit dem Wunsch verbringen, es möge doch alles anders sein. Ich bin zufrieden, der zu sein, der ich bin, und dort zu sein, wo ich gerade bin.

PW

Die Überzeugung ist genauso notwendig wie der Zweifel — sie widersprechen sich nicht, sondern wirken zusammen, damit wir die nächste schwierige Situation gut überstehen. Lillian Smith

Wenn wir das Gebet der Gelassenheit sprechen und Gott bitten, er möge uns Gelassenheit schenken, die Dinge zu akzeptieren, die wir nicht ändern können, geben wir damit unmittelbar und demütig zu, daß unsere Willenskraft und unser Ego letztendlich keine Macht über bestimmte Realitäten haben. Es gibt unzählige Dinge, die wir nicht ändern können, dazu gehören unsere Sex-Sucht, andere Menschen, die Inflationsrate, wann morgens die Zeitung ausgetragen wird, der Milchpreis.

Es ist einfacher, wenn wir akzeptieren, daß wir nicht alles in der Hand haben. Dann können wir unsere Energien für etwas Nützlicheres einsetzen — zum Beispiel für die Dinge, die wir ändern können. Im Grunde sind das meistens solche, die wir an uns selbst nicht mögen; eben deshalb braucht es so viel Mut, um etwas zu ändern. Im Gebet der Gelassenheit bitten wir nicht um Macht. Macht hat nun, da wir uns im Heilungsprozeß befinden, keinen Platz in unserem Leben. Vielmehr müssen wir versuchen, unsere Angst abzulegen, die sich in der Regel hinter unserem Bedürfnis nach Macht verbirgt. Dann können wir weitergehen und erkennen, daß Gelassenheit, Mut und Weisheit göttliche Geschenke sind.

Ich werde das Gebet der Gelassenheit nie hinter mir lassen; ich bin stets angewiesen auf Gelassenheit, Mut und Weisheit.

SK

31. Dezember

Ein Idealist ist ein Mensch, der aus der Feststellung, daß eine Rose besser riecht als Kohlgemüse, zu dem Schluß kommt, sie würde auch eine bessere Suppe ergeben. H. L. Mencken

Oft sind wir zu Recht stolz auf unsere Ideale, wie wir sie in unserem täglichen Leben zu verwirklichen suchen. Ideale geben uns Hoffnung und helfen uns, von besseren Welten zu träumen. Aber Ideale können sich leicht in Behauptungen verwandeln und dadurch erstarren. Sie können uns dazu bringen, der Mannigfaltigkeit des Lebens auszuweichen, so daß wir dann falsche Voraussetzungen treffen. Das einfache Kohlgemüse entspricht vielleicht nicht unserem Schönheitsideal, aber man kann daraus eine ausgezeichnete Suppe zubereiten.

Viele von uns Sex-Süchtigen sind Perfektionisten, die dazu erzogen wurden, an nichts anderes zu glauben als an ihre Ideale. Sobald wir davon abkommen, alles perfekt machen zu wollen, stürzen wir vom Gipfel der Ideale in die Tiefe der Verzweiflung und der Selbstbestrafungen.

Wir können es besser machen, indem wir weniger Perfektionismus an den Tag legen. Wenn wir mit dem Vierten und Fünften Schritt unsere wahren Stärken und Schwächen offenbaren und akzeptieren, diese dann im Sechsten und Siebten Schritt demütig der Höheren Macht anvertrauen, sehen wir uns selbst aus einem neuen Blickwinkel und haben das wahre Gefühl inneren Gleichgewichts. Wir lernen, flexibel zu sein und die Vielfalt des Lebens (selbst das einfache Kohlgemüse) zu schätzen.

Selbst wenn ich Kohlsuppe nicht besonders mag, kann ich doch anerkennen, daß alle Dinge gut sein können für die Menschen, die das Leben lieben und ihre Augen weit offen halten.

PW

Register

L

M

Z